改訂新版

まるごと授業 算数 2年(下)

喜楽研の
QRコードつき授業シリーズ

板書と授業展開がよくわかる

企画・編集：原田 善造・新川 雄也

わかる喜び学ぶ楽しさを創造する教育研究所　略称 喜楽研

はじめに

「子どもたちが楽しく学習ができた」「子どもたちのわかったという表情が嬉しかった」という声をこれまでにたくさんいただいております。喜楽研の「まるごと授業算数」を日々の授業に役立てていただき誠にありがとうございます。今回は，それを一層使いやすくなるように考え，2024年度新教科書にあわせて「喜楽研のQRコードつき授業シリーズ改訂新版　板書と授業展開がよくわかる まるごと授業算数 1年～6年」(上下巻計12冊)を発行することにいたしました。

今回の本書の特徴は，まず，ICTの活用で学習内容を豊かにできるということです。ＱＲコードから各授業で利用できる豊富な資料を簡単にアクセスすることができます。学習意欲を高めたり，理解を深めたりすることに役立つ動画や画像，子どもたちの学習を支援するワークシートや，学習の定着に役立つふりかえりシートも整えております。また，授業準備に役立つ板書用のイラストや図も含まれています。

次に，本書では，どの子もわかる楽しい授業になることを考えて各単元を構成しています。まず，全学年を通して実体験や手を使った操作活動を取り入れた学習過程を重視しています。子ども一人ひとりが理解できるまで操作活動に取り組み，相互に関わり合うことで，協働的な学びも成り立つと考えます。具体物を使った操作活動は，それを抽象化した図や表に発展します。図や表に表すことで学習内容が目で見えるようになりイメージしやすくなります。また，ゲームやクイズを取り入れた学習活動も満載です。紙芝居を使った授業プランもあります。それらは，子どもたちが楽しく学習に入っていけるように，そして，協働的な学びの中で学習内容が習熟できるような内容になっています。全国の地道に算数の授業づくりをしておられる先生方の情報を参考にしながらまとめ上げた内容になっています。

学校現場は，長時間勤務と多忙化に加えて，画一的な管理も一層厳しくなっていると聞きます。新型コロナ感染症の流行もありました。デジタル端末を使用することで学び方も大きく影響されてきています。そんな状況にあっても，未来を担う子どもたちのために，楽しくてわかる授業がしたいと，日々奮闘されている先生方がおられます。また，新たに教員になり，子どもたちと楽しい算数の授業をしてともに成長していきたいと願っている先生方もおられます。本書を刊行するにあたり，そのような先生方に敬意の念とエールを送るとともに，楽しくわかる授業を作り出していく参考としてお役に立ち，「楽しくわかる授業」を作り出していく輪が広がっていくことを心から願っています。

2024年3月

本書の特色

すべての単元・すべての授業の指導の流れがわかる

学習する全単元・全授業の進め方を掲載しています。学級での日々の授業や参観日の授業，研究授業や指導計画作成等の参考にしていただけます。

各単元の練習問題やテストの時間も必要なため，本書の各単元の授業時数は，教科書より少ない配当時数にしています。

1時間の展開例や板書例を見開き２ページでわかりやすく説明

実際の板書をイメージできるように，板書例を２色刷りで大きく掲載しています。また，細かい指導の流れについては，３～４の展開に分けて詳しく説明しています。どのように発問や指示をすればよいかが具体的にわかります。先生方の発問や指示の参考にしてください。

QR コンテンツの利用で，わかりやすく楽しい授業，きれいな板書づくりができる

各授業展開ページの QR コードに，それぞれの授業で活用できる画像やイラスト，ワークシートなどの QR コンテンツを収録しています。印刷して配布するか，タブレットなどのデジタル端末に配信することで，より楽しくわかりやすい授業づくりをサポートします。画像やイラストは大きく掲示すれば，きれいな板書づくりにも役立ちます。

ベテラン教師によるポイント解説や教具の紹介なども収録していますので参考にしてください。

ICT 活用のアイデアも掲載

それぞれの授業展開に応じて，電子黒板やデジタル端末などの ICT 機器の活用例を掲載しています。子ども自身や学校やクラスの実態にあわせて ICT 活用実践の参考にしてください。

2年（下） 目 次

QR コンテンツについて

授業内容を充実させるコンテンツを多数ご用意しました。右の QR コードを読み取るか下記 URL よりご利用ください。

URL：https://d-kiraku.com/4729/4729index.html
ユーザー名：kirakuken
パスワード：kU8Fg7

※ 各授業ページの QR コードからも，それぞれの時間で活用できる QR コンテンツを読み取ることができます。
※ 上記 URL は，学習指導要領の次回改訂が実施されるまで有効です。

1000 より大きい数

長いものの長さのたんい

図をつかって考えよう

分　数

はこの形

本書の使い方

◆ 板書例

時間ごとに表題（見出し）を記載し，1～4の展開に合わせて，およそ黒板を4つに分けて記載しています。（展開に合わせて1～4の番号を振っています）大切な箇所や「まとめ」は赤字や赤の枠を使用しています。ブロック操作など，実際は操作や作業などの活動もわかりやすいように記載しています。

◆ 目標

1時間の学習を通して，児童に身につけてほしい具体的目標を記載しています。

◆ POINT

時間ごとの授業のポイントやコツ，教師が身につけておきたいスキル等を記載しています。

◆ 授業の展開

① 1時間の授業の中身を3～4コマの場面に切り分け，およその授業内容を記載しています。

② Tは教師の発問等，Cは児童の発言や反応を記載しています。

③ 枠の中に，教師や児童の顔イラスト，吹き出し，説明図等を使って，授業の進め方をイメージしやすいように記載しています。

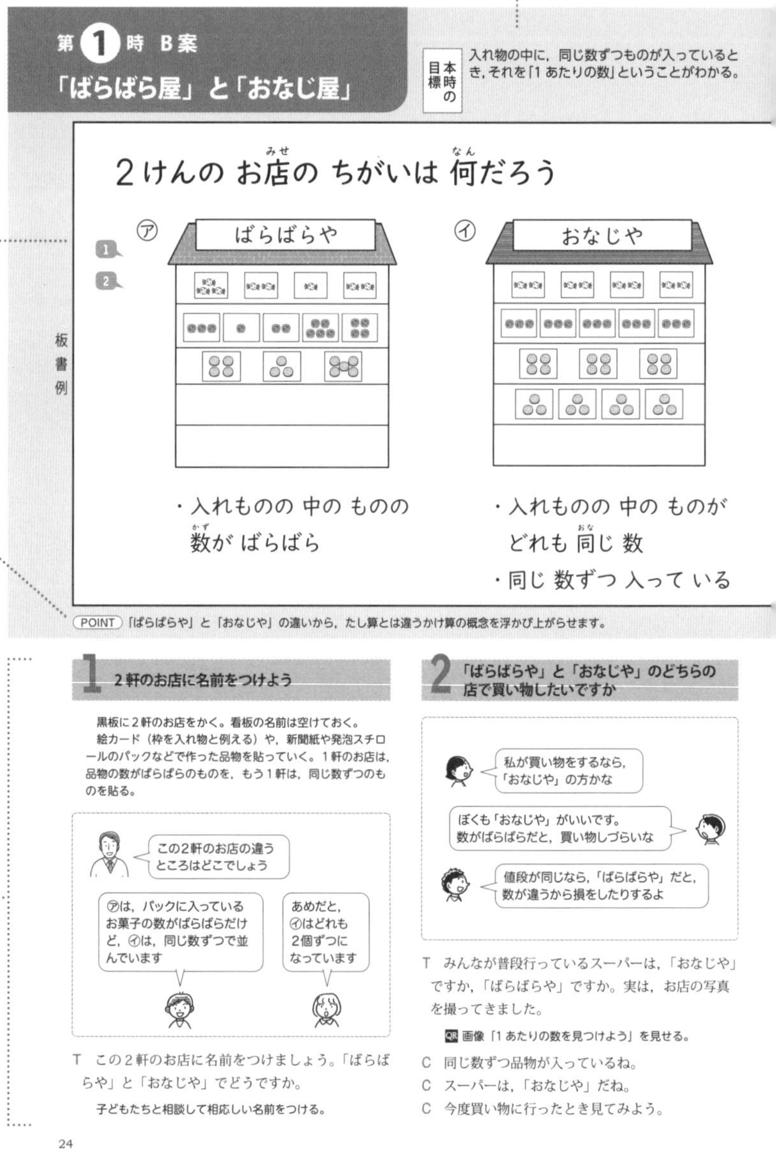
第1時 B案
「ばらばら屋」と「おなじ屋」

本時の目標　入れ物の中に，同じ数ずつものが入っているとき，それを「1あたりの数」ということがわかる。

板書例

2けんの お店の ちがいは 何だろう

㋐ ばらばらや　　㋑ おなじや

・入れものの 中の ものの 数が ばらばら

・入れものの 中の ものが どれも 同じ 数
・同じ 数ずつ 入って いる

POINT 「ばらばらや」と「おなじや」の違いから，たし算とは違うかけ算の概念を浮かび上がらせます。

1 2軒のお店に名前をつけよう

黒板に2軒のお店をかく。看板の名前は空けておく。
絵カード（枠を入れ物と例える）や，新聞紙や発泡スチロールのパックなどで作った品物を貼っていく。1軒のお店は，品物の数がばらばらのものを，もう1軒は，同じ数ずつのものを貼る。

T　この2軒のお店に名前をつけましょう。「ばらばらや」と「おなじや」でどうですか。
子どもたちと相談して相応しい名前をつける。

2 「ばらばらや」と「おなじや」のどちらの店で買い物したいですか

T　みんなが普段行っているスーパーは，「おなじや」ですか，「ばらばらや」ですか。実は，お店の写真を撮ってきました。
QR 画像「1あたりの数を見つけよう」を見せる。
C　同じ数ずつ品物が入っているね。
C　スーパーは，「おなじや」だね。
C　今度買い物に行ったとき見てみよう。

24

◆ 準備物

1時間の授業で使用する準備物を記載しています。準備物の数量は，児童の人数やグループ数などでも異なってきますので，確認して準備してください。

QR は，QR コードから使用できます。

◆ ICT

各授業案の ICT 活用例を記載しています。

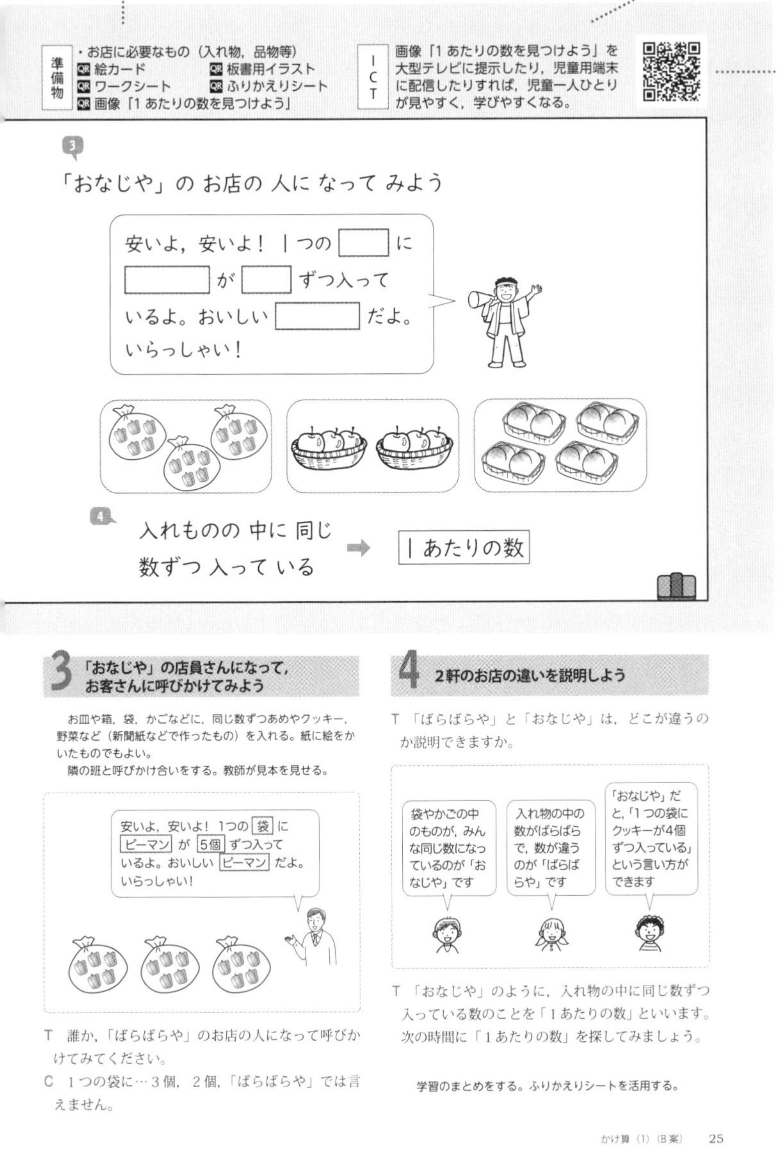

準備物
・お店に必要なもの（入れ物，品物等）
QR 絵カード　QR 板書用イラスト
QR ワークシート　QR ふりかえりシート
QR 画像「1 あたりの数を見つけよう」

ICT
画像「1 あたりの数を見つけよう」を大型テレビに提示したり，児童用端末に配信したりすれば，児童一人ひとりが見やすく，学びやすくなる。

3
「おなじや」の お店の 人に なって みよう

安いよ，安いよ！ １つの □ に □ が □ ずつ入っているよ。おいしい □ だよ。いらっしゃい！

4
入れものの 中に 同じ数ずつ 入って いる ➡ １あたりの数

3 「おなじや」の店員さんになって，お客さんに呼びかけてみよう

お皿や箱，袋，かごなどに，同じ数ずつあめやクッキー，野菜など（新聞紙などで作ったもの）を入れる。紙に絵をかいたものでもよい。

隣の班と呼びかけ合いをする。教師が見本を見せる。

安いよ，安いよ！ 1つの 袋 に ピーマン が 5個 ずつ入っているよ。おいしい ピーマン だよ。いらっしゃい！

T　誰か，「ばらばらや」のお店の人になって呼びかけてみてください。

C　１つの袋に…３個，２個，「ばらばらや」では言えません。

4 2軒のお店の違いを説明しよう

T 「ばらばらや」と「おなじや」は，どこが違うのか説明できますか。

袋やかごの中のものが，みんな同じ数になっているのが「おなじや」です

入れ物の中の数がばらばらで，数が違うのが「ばらばらや」です

「おなじや」だと，「1 つの袋にクッキーが4個ずつ入っている」という言い方ができます

T 「おなじや」のように，入れ物の中に同じ数ずつ入っている数のことを「１あたりの数」といいます。次の時間に「１あたりの数」を探してみましょう。

学習のまとめをする。ふりかえりシートを活用する。

かけ算（1）（B案）　25

◆ QR コード

1時間の授業で使用する QR コンテンツを読み取ることができます。

印刷して配布するか，児童のタブレットなどに配信してご利用ください。

（QR コンテンツの内容については，本書 p8, 9 で詳しく紹介しています）

※ QR コンテンツがない時間には，QR コードは記載されていません。

※ QR コンテンツを読み取る際には，パスワードが必要です。パスワードは本書 p4 に記載されています。

QR コンテンツの利用で楽しい授業・わかる授業ができる

授業動画や授業のポイント解説，簡単で便利な教具などを紹介

子どもが喜ぶ楽しい「紙芝居」を使った授業や，簡単に作れる教具を使った授業，各学年でポイントとなる単元の解説やカードを使った計算ゲームなど，算数のベテラン教師による動画が視聴できます。楽しいだけでなく，どの子も「わかる」授業ができるような工夫が詰め込まれています。

授業で使える「ふりかえりシート」「ワークシート」

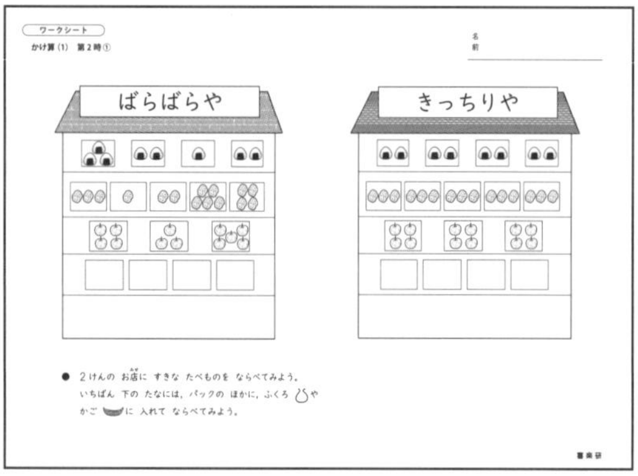

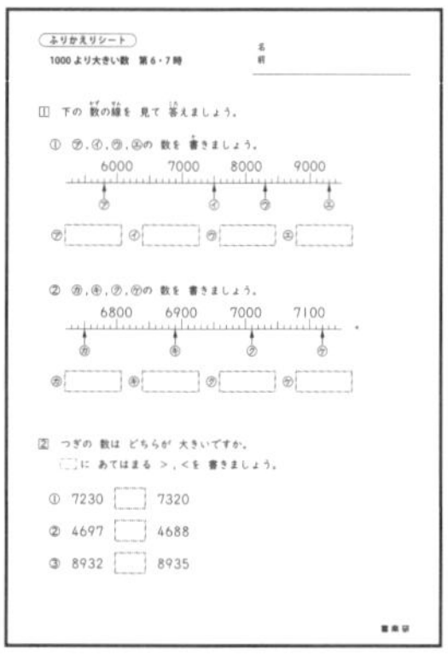

授業の展開で使える「ワークシート」や，授業のまとめや宿題として使える「ふりかえりシート」などを収録しています。クラスの実態や授業内容に応じて，印刷して配布するか，児童のタブレットなどに配信してご利用ください。

指導のポイント・教具紹介　　板書用絵カード

見てわかる・理解が深まる動画や画像

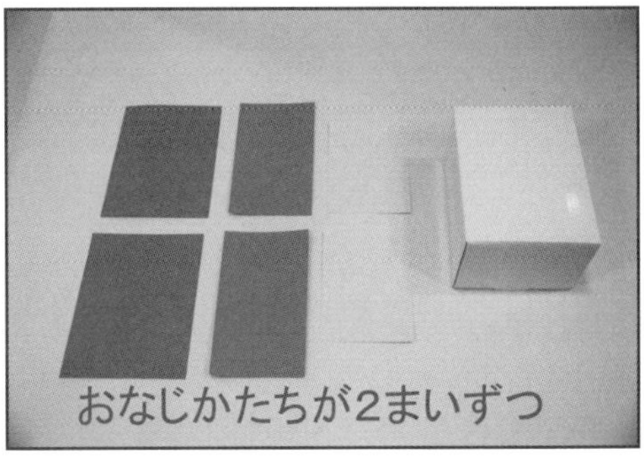

文章や口頭では説明の難しい内容は，映像を見せることでわかりやすく説明できます。視覚に訴えかけることで，児童の理解を深めると同時に，児童が興味を持って授業に取り組めます。

※ 動画には音声が含まれていないものもあります。

板書作りにも役立つイラストや図，カード

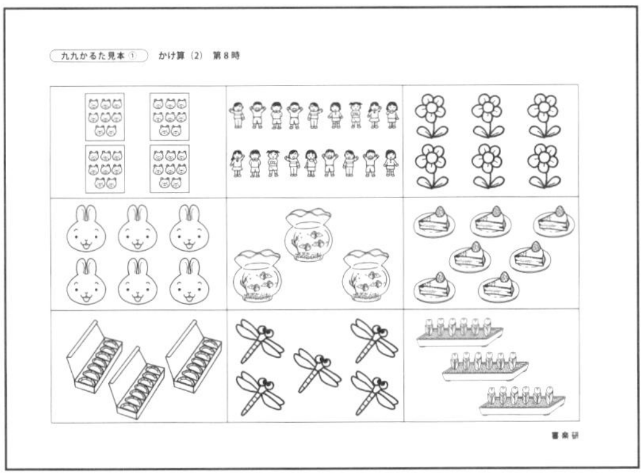

カードやイラストは，黒板上での操作がしやすく，楽しい授業，きれいな板書に役立ちます。また，イラストや図は，児童に配信することで，タブレット上で大きくはっきりと見ることもできます。

※ QR コンテンツを読み取る際には，パスワードが必要です。パスワードは本書 p4 に記載されています。

かけ算（1）

全授業時数 6 時間

◎ 学習にあたって ◎

<この単元で大切にしたいこと>

2 年生の算数で特に大切といわれるのが，かけ算の学習です。これから続く算数・数学への大切な基礎になるからです。関係する学習をあげれば，わり算，面積，体積，速さ，割合，単位量あたり，比例…と数え上げればきりがないくらいです。「かけ算＝九九の暗記」となってしまうことがあります。もちろん九九の暗記は大切ですが，それ以上に意味の理解が大切です。

「5 ＋ 3」や「5 － 2」は，例えば「5 個のリンゴから 2 個食べると何個残るでしょう」というように，同じものをたしたりひいたりします。ところが，「5 × 2」はどうでしょうか？ 5 個のリンゴに 2 個のリンゴをかける」わけではありません。「1 つの袋にリンゴが 5 個ずつ入っています。2 つの袋ではリンゴは全部で何個になるでしょう」となります。つまり，「5 個× 2 袋」です。このように，違う種類の数で式をつくるところに，たし算ひき算とは違うかけ算という計算の新しさと難しさがあります。先ほど書いた「1 つの袋にリンゴが 5 個ずつ入っています」という見方ができることが最大のポイントです。これを「1 あたりの数」とか「1 あたり量」といいます。これが，「1 時間に 40 ｋｍずつ進む速さ」「比例定数」「基にする量」などにつながっていくのです。「1 あたり量」は 2 種類の量（リンゴと袋）で表されます。そこで，「1 あたりの数」の理解のために，本書では，教科書よりある程度時間をかけて丁寧に学習するようにしています。

<数学的見方考え方と操作活動>

上記のようなかけ算の意味を，しっかり理解できるようにするためには，九九の暗記による計算を学習する前に，算数ブロックやタイルのような半具体物を入れ物に入れて「1 あたりの数」を作り，それを「いくつ分」だけ揃えて「全部の数」を求めるような操作活動を多く取り入れ，またその様子を絵に描くことで，かけ算のイメージを作ることが必要です。

<個別最適な学び・協働的な学びのために>

身のまわりや生活からかけ算を見つけたり，かけ算の式からお話を作ったりする学習活動をたくさん取り入れます。自分の生活体験や知識を使いながら考える学びや，「1 あたりの数」を「入れ物の中のもの」から「トンボの羽の数」や「1 本の長さ」，「1 週間の日数」などに拡張させ，かけ算の理解を深めていく学びを大切にします。

◎ 評　価 ◎

知識および技能	かけ算が用いられる場面を理解するとともに，乗法の意味「1 あたりの数×いくつ分＝全部の数」を理解する。
思考力，判断力，表現力等	同じ数ずつある場面では，たし算以外の求め方や表し方を考えることができる。 「1 あたりの数」や「いくつ分」に着目し，かけ算の式に表すことができる。
主体的に学習に取り組む態度	身のまわりの事柄から，かけ算で表現できる場面を進んで探そうとする。

◎ 指導計画　6時間（A案）◎

時	題	目　　標
1	ばらばらときっちり	同じ数ずつものが入っているときは，「1あたりの数」と「入れ物の数」で全部の数を表せることがわかる。
2	◯ 個入り □ パックで ▢ こ	全体の数は「1あたりの数」と「いくつ分」で表せることを知る。
3	かけ算の式 ◯ × □ = ▢	かけ算の式の意味がわかり，絵を見て式に表すことができる。
4	かけ算めがね 	かけ算めがねを使って「1あたりの数」と「いくつ分」をとらえ，かけ算の式に表すことができる。
5	倍のかけ算	1個分，2個分，3個分のことを，1倍，2倍，3倍ということを知り，倍がかけ算で求められることがわかる。
6	かけ算のお話づくり	お話作りで，かけ算は「1あたりの数」と「いくつ分」から「全部の数」を求める場面であることの理解を深める。

◎ 指導計画　6時間（B案）◎

時	題	目　　標
1	"ばらばら屋" と "おなじ屋"	入れ物の中に同じ数ずつものが入っているとき，それを "1あたりの数" ということがわかる。
2	"1あたりの数" を見つける	身のまわりのものから "1あたりの数" を見つける活動を通して，"1あたりの数" の概念を深める。
3	"全部の数" を求める	"1あたりの数" と "いくつ分" がわかれば "全部の数" がわかることが理解できる。
4	かけ算の式	"1あたりの数×いくつ分＝全部の数" という式の表し方と意味を理解し，この計算をかけ算ということを知る。
5	かけ算のお話づくり	お話作りで，かけ算は "1あたりの数" と "いくつ分" から "全部の数" を求める場面であることの理解を深める。
6	文章問題と式	かけ算の文章問題から，"1あたりの数" と "いくつ分" を見つけて解く方法や手順がわかる。

第1時 A案
ばらばらときっちり

本時の目標 同じ数ずつものが入っているときは，「1 あたりの数」と「入れ物の数」で全部の数を表せることがわかる。

板書例

2けんの お店(みせ)で 買(か)いものを しよう

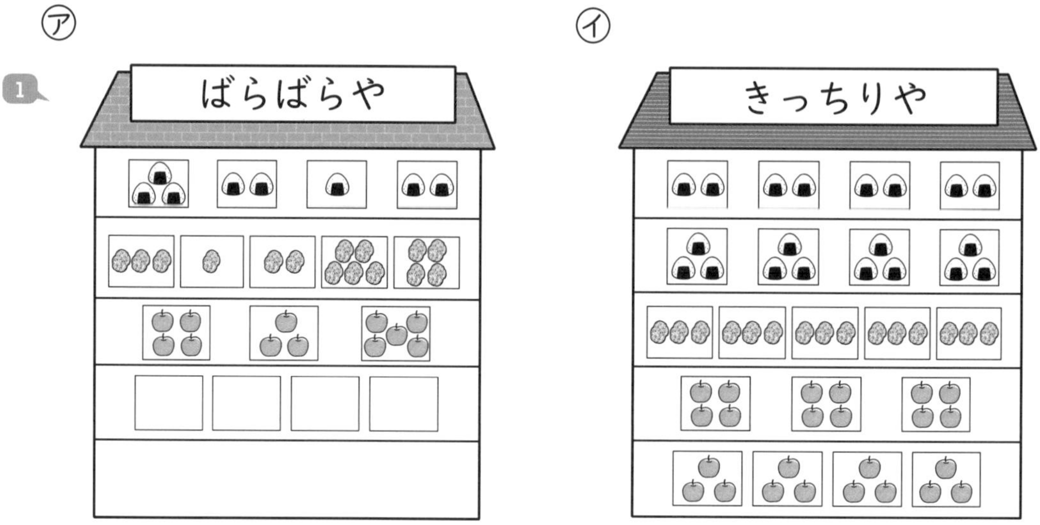

POINT 「ばらばらや」と「きっちりや」の違いから，たし算とは違うかけ算の概念を浮かび上がらせます。

1 2 軒のお店では，どんなものを売っていますか

黒板に２軒のお店をかく。看板の名前は空けておく。

絵カード（枠を入れ物と例える）や，新聞紙や発泡スチロールのパックなどで作った品物を貼っていく。１軒のお店は，品物の数がばらばらのものを，もう１軒は，同じ数ずつのものを貼る。(ワークシートも活用できる)

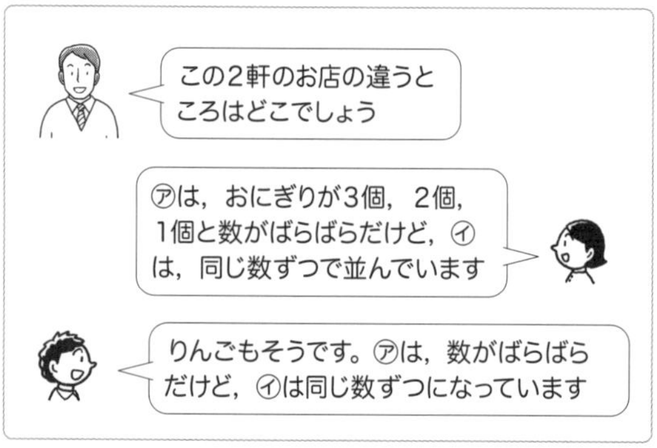

この2軒のお店の違うところはどこでしょう
㋐は，おにぎりが3個，2個，1個と数がばらばらだけど，㋑は，同じ数ずつで並んでいます
りんごもそうです。㋐は，数がばらばらだけど，㋑は同じ数ずつになっています

T　この２軒のお店に名前をつけましょう。「ばらばらや」と「きっちりや」でどうですか。

児童と相談して相応しい名前をつける。

2 おにぎりを6個注文しよう

T　ばらばらやで買うときは，何といって注文しますか。お客さん役の児童が前に出て，言葉で注文する。

C　６個だから，…３個と２個と１個ください。

T　では，きっちりやで買うときは，何と言いますか。

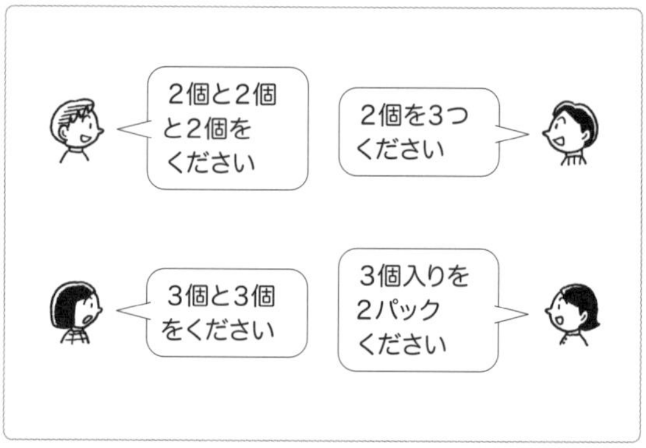

2個と2個と2個をください
2個を3つください
3個と3個をください
3個入りを2パックください

C　きっちりやは，同じ数ずつ入っているから３個入りを２つという言い方もできるんだね。

準備物	・お店に必要なもの（入れ物，品物等） QR 絵カード QR ワークシート QR 動画「紙芝居 箱のおかしは全部でいくつ?」

ICT	動画「箱のおかしは全部でいくつ？」の動画を見せることで，児童がかけ算の学習に対して興味関心を持って取り組むことができるようになる。

2

<おにぎりを 6 こ>

ばらばらや

・3 こと 2 こと 1 こ ください

きっちりや

・2 こと 2 こと 2 こ ください

・3 こと 3 こ ください

・2 こを 3 パック ください

・3 こ入りを 2 パック ください

3

<りんごを 12 こ>

ばらばらや

・4 こと 3 こと 5 こ ください

きっちりや

・4 こを 3 パック ください

・3 こ入りを 4 パック ください

4

きっちりやでは，パックに 入って いる 数（かず）と，パックの 数で ちゅうもん できる。

3 りんごを 12 個注文しよう

T　ばらばらやで買います。何といって注文しますか。

C　4 個と 3 個と 5 個ください。

きっちりやで注文しましょう

4個と4個と4個ください

4個入りを3パックください

3個入りを4パックください

同じようにからあげ 9 個も注文する。

C　きっちりやでは，○個入りを□パックという言い方で注文できるけど，ばらばらやではできないね。

同じ数ずつ入ったものは，個数とパックの数で注文できることに気づかせる。

4 2軒のお店の注文の仕方をまとめよう

T　2 軒のお店で注文をしてみて，わかったことや不思議に思ったことはありますか。

ばらばらやでは，○個と○個と○個くださいという言い方で注文しました

きっちりやでは，同じように○個と○個をくださいという言い方もできたけど，○個入りを□パックという言い方もできました

○個入りを□パックが使えるのは，きっちりやだけだね

学習のまとめをする。

第2時 A案

○個入り□パックで◎個

本時の目標

「全部の数」は「1あたりの数」と「いくつ分」で表せることを知る。

板書例

お店(みせ)に すきな 食(た)べものを ならべよう

1

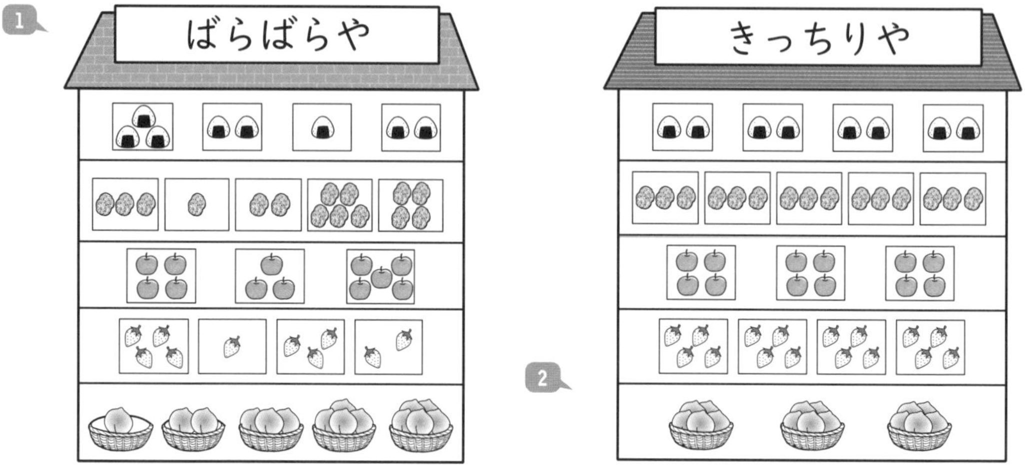

1 おにぎり 6こ

3こと2こと1こ

②こ入り ③パック

POINT 自分で絵をかき,「○個入り□パックで◎個」と声に出すことで,「1あたりの数」と「いくつ分」の理解が深まります。

1 注文の仕方を復習しよう

黒板に前時と同じ2軒のお店をかき,注文の仕方を確かめる。(ワークシート①も活用できる)

T おにぎりを6個買います。どうやって注文したらいいですか。

ばらばらやでは,「3個,2個,1個ください」と言います

きっちりやでは,同じように2個,2個,2個とも言えるけど,「2個入りを3パックください」と言います

T 同じ数ずつのきっちりやでは「○個入りを□パック」で注文できましたね。

「おにぎり②こ入りを③パック」と,1あたりの数を○に,いくつ分を□にあてはめて提示する。

2 2軒のお店に好きな食べ物を並べてみよう

ワークシート(または画用紙)に簡単な絵をかく。入れ物の数(いくつ分)は好きな数でよい。教師が見本を見せる。

C 私は,いちごが好きだからいちごにしよう。

T きっちりやには,同じ数ずつ並べましょう。

ばらばらやには,数がばらばらのものを並べるよ。きっちりやは,4個ずつで4パックにしよう

ぼくは,かごに入れるよ。桃を5個ずつで3かごにしよう

ばらばらやと,きっちりやの違いがはっきりと理解できているかを確認する。入れ物をパックだけでなく,いろいろな種類に広げておく。

準備物	・第1時で使用したお店や品物 ・画用紙（袋やかご等入れ物を印刷したもの） QR 絵カード　QR ワークシート QR 画像「1あたりの数を見つけよう」	ICT	黒板に提示している問題だけでなく，追加の問題を用意しておく。その問題を児童用端末に送信し，児童のペースに合わせて解いていくとよい。

3 みかん

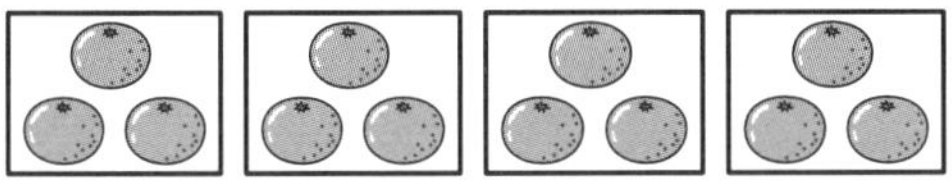

※ 絵は，お店の棚に貼る。

③ こ入り [4] パックで，ぜんぶで ⑫ こ

いちご ④ こ入り [4] パックで，ぜんぶで ⑯ こ

もも ⑤ こ入り [3] かごで，ぜんぶで ⑮ こ

ピーマン ② こ入り [5] ふくろで，ぜんぶで ⑩ こ

○ こ入り □ パックで，ぜんぶで ◎ こ

3 みんながかいた絵を「○個入り□パックで，全部で◎個」で注文しよう

T　先生がかいたみかんを，「③個入り[4]パックで，全部で⑫個ください」とします。

C　全部でいくつが加わったね。

子どもがかいた絵を何個か紹介する。

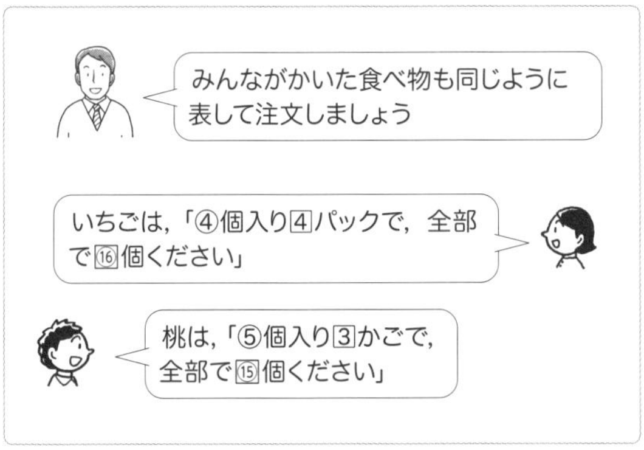

絵を見て，○（1あたりの数）と□（いくつ分）にあてはまる数を考えられるようにする。また，「○個入り□パックで◎個」を繰り返し何度も声に出すことで，絵と言葉も結びついてくる。

4 ○個入り□箱（ふくろ，かご）の絵をかこう

ワークシート②を使って学習する。

T　おまんじゅうが「1箱に④個入り[5]箱」の絵をかきましょう。そして，全部で何個かも◎に書きましょう。

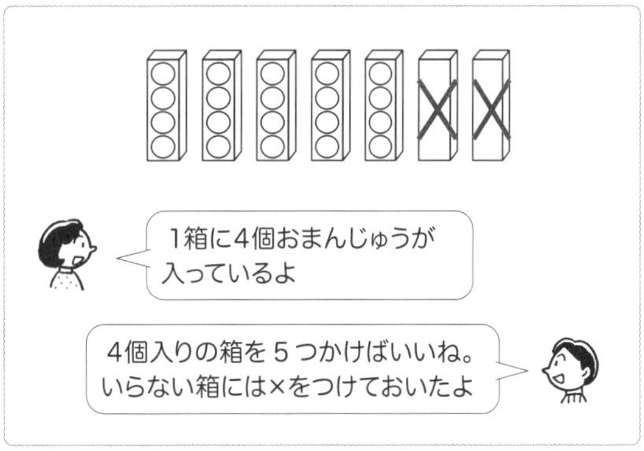

1箱に4個おまんじゅうが入っているよ
4個入りの箱を5つかけばいいね。いらない箱には×をつけておいたよ

「1あたりの数」と「いくつ分」で「全部の数」がわかるかけ算のイメージを絵と言葉で伝える。同じように，みかんと魚も，教師が数を指定して，絵に表していく。

学習のまとめをする。

第3時 A案

かけ算の式 ○×□=◎

本時の目標 かけ算の式の意味がわかり，絵を見て式に表すことができる。

板書例

あたらしい 計算(けいさん)の しき → かけ算(ざん)

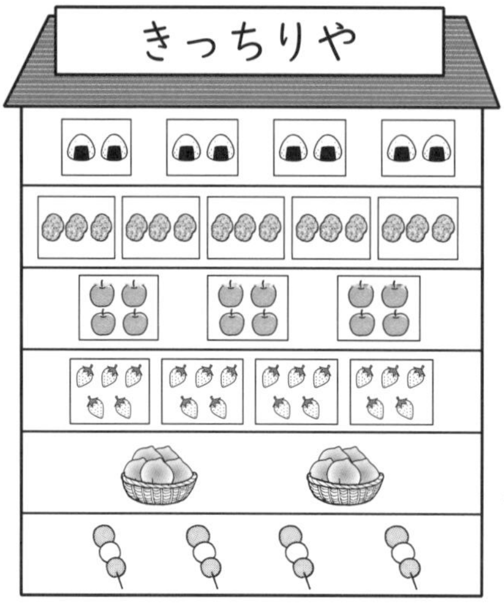

1
だんご
1本に
3こずつ
4本

2
おにぎり

② こ入り 4 パックで，ぜんぶで ⑧ こ

② × 4 = ⑧

1パック分(ぶん)の数(かず)　パックの数　ぜんぶの数

「二 かける 四 は 八」

③ こずつ 4 本で，ぜんぶで ⑫ こ

POINT 「○ ずつ □ で，全部で ◎」をかけ算の式○ × □ = ◎と結びつけます。

1 1つの串に3個ずつのお団子を4本注文しよう

1本の竹串に3個ずつさした粘土玉のお団子を4本児童に見せる。

C　わー，お団子だ。1本に3個ずつだね。

T　このお団子は，ばらばらやときっちりやのどちらのお店で売ることができるでしょう。

C　ばらばらやは，数がばらばらで，きっちりやはどれも同じ数ずつ入っていたね。

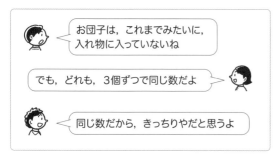

お団子は，これまでみたいに，入れ物に入っていないね

でも，どれも，3個ずつで同じ数だよ

同じ数だから，きっちりやだと思うよ

入れ物に入っていない場合，「1あたりの数」がはっきりせず，戸惑う児童も多いため留意する。
前時に使用したお店に並べる。

T　このお団子を何と言って注文しますか。

前時に「○個入り□パックで，全部で◎個」を学習したことを振り返る。

入れ物がないから，何と言えばいいのかな

1串に3個が4本？

1つの串に3個ずつで4本？

T　入れ物がないときは，3個ずつ4本と言います。「③個ずつ4本で，全部で⑫個ください」になります。みんなで言ってみましょう。

お団子の本数を増やして，「○個ずつ□本で，全部で◎個」にあてはめて復唱する。

準備物
・前時で使用したお店や品物
・竹串　　　・粘土
QR 絵カード
QR ワークシート

ICT
前時の問題や板書をタブレットに保存しておき，導入で提示する。言葉の式をしっかりと復習した後，かけ算の立式演習へとつなげる。

3

かけ算の しきに あらわそう

からあげ	③ × 5 = ⑮
りんご	④ × 3 = ⑫
いちご	⑤ × 4 = ⑳
もも	⑤ × 2 = ⑩
だんご	③ × 4 = ⑫

かけ算の しき
○ × □ = ◎
1あたりの数　いくつ分　ぜんぶの数

2 ○，□，◎で表した言葉を式で表そう

きっちりやの品物を使用する。
ワークシートも活用できる。

T　おにぎりは「②個入り4パックで，全部で⑧個」です。これを式に表してみます。

② × 4 = ⑧
1パック分の数　パックの数　ぜんぶの数

○×□ ＝ ◎ になるんだね

T　「二かける四は八」と読みます。このような計算を「かけ算」といいます。

「②個入り4パックで，全部で⑧個」の言葉と対応させながら式を示す。

3 ほかの食べ物もかけ算の式に表そう

T　同じように，からあげ，りんご，いちご，桃，お団子もかけ算の式に表しましょう。

③ 個ずつ 4 本で 全部で ⑫ 個

③ × 4 = ⑫
1本分の数　本数　ぜんぶの数

学習のまとめをする。

T　かけ算は，きっちりやのように，同じ数のものが，いくつかあるときに，全部の数を求める計算です。

第4時 A案
かけ算めがね

本時の目標　かけ算めがねを使って「1 あたりの数」と「いくつ分」をとらえ，かけ算の式に表すことができる。

板書例

かけ算(ざん)めがねで 見てみよう

1

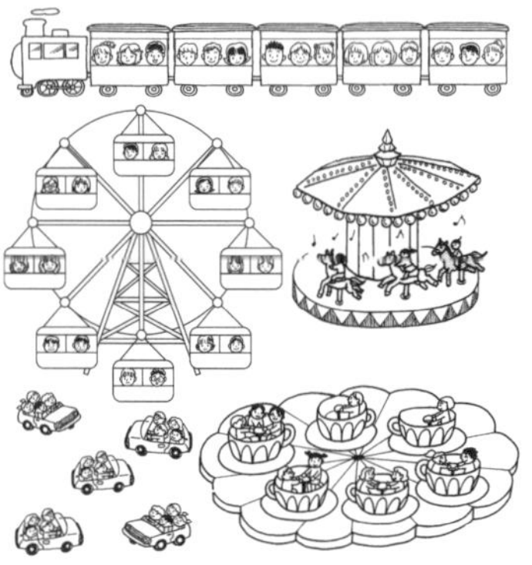

2　1台(だい)に

きしゃ	③	人ずつ	5	台で，ぜんぶで	⑮	人
かんらんしゃ	②	人ずつ	8	台で，ぜんぶで	⑯	人
メリーゴーランド	①	人ずつ	3	台で，ぜんぶで	③	人
ゴーカート	④	人ずつ	5	台で，ぜんぶで	⑳	人
コーヒーカップ	③	人ずつ	6	台で，ぜんぶで	⑱	人

POINT　実際にかけ算めがねを作って，子どもたちの前でかけてみましょう。かけ算めがねをかけると，同じ数ずつといくつ分が見

1 遊園地のイラストをかけ算めがねで見てみよう

ワークシート①を使って学習する。

C　かけ算めがねって何だろう？○と□になっているよ。

これは不思議な眼鏡で，これをかけて汽車を見ると…，1台に何人ずつ乗っていて，何台あるかを見ることができます。…③人ずつ⑤台が見えましたよ

C　同じ数ずつのものが，いくつあるか見えてくるんだ。すごいね。

T　みんなも，ほかの乗り物を見てみましょう。○と□が見えてくるかな。

それぞれの乗り物を「○人ずつ□台」で表していく。

2 かけ算めがねで見つけた乗り物を発表しよう

C　観覧車です。1 台に②人ずつ⑧台です。

C　ゴーカートは，1 台に④人ずつ⑤台です。

C　コーヒーカップは，人数がばらばらだから，○人ずつ□台とはいえません。

T　○人ずつ□台にするには，どうしたらいいでしょう。自分のカップにかいてみましょう。

どのカップも同じ人数にしないとだめだね
どれも3人ずつ乗っているように，人をかき足すよ
これだと，1台に③人ずつ⑥台と言えるね

「全部で◎人」もそれぞれかいておく。「1 台に○人ずつ□台で全部で◎人」を声に出して読む。

準備物

QR ワークシート

ICT

かけ算めがねを使用してからプリントやノート上での○と□の式につないでいく。めがねの絵と○と□の式を関係付けて書き送信しておくと，理解の助けになる。

3 かけ算の しきに あらわそう

1台分の人数　台数　ぜんぶの人数

③ × 5 = ⑮

② × 8 = ⑯

① × 3 = ③

④ × 5 = ⑳

③ × 6 = ⑱

4

・トンボのはね

④ まいずつ 4 ひき分で，ぜんぶで ⑯ まい

④ × 4 = ⑯

・子ども

⑥ 人ずつ 2 つ分で，⑫ 人

⑥ × 2 = ⑫

えてくるという風に楽しい雰囲気で進めましょう。

3 かけ算めがねで見つけた○□をかけ算の式に表そう

C　かけ算の式は，○×□＝◎だったね。

T　「1台分の人数×台数＝全部の人数」の式になります。

汽車

1台に　③人ずつ　5台で　ぜんぶで⑮人

③　×　5　＝　⑮

1台分の人数　　台数　　ぜんぶの人数

それぞれの乗り物の人数をかけ算の式で表す。

C　前の時間は食べ物をかけ算の式で表したけど，他のところでもかけ算が使えるね。

4 公園の中をかけ算めがねで見てみよう

ワークシート②を使って学習する。

T　どんなものが見つかるでしょう。

発見！ ボートの人数が同じだよ。③人ずつ5台分で，全部で⑮人

面白いものを見つけたよ。トンボの羽はどれも4枚ずつ。だから，④枚ずつ4匹分で，全部で⑯枚

トンボや人の輪，花束など，「1あたりの数」として認識するには難しいものもある。入れ物や乗り物など，「1あたりの数」がはっきりしたものだけではないことに，子どもたちが気づけるとよい。

□台分（個分など）という表し方ができるようにしておく。

学習のまとめをする。

第5時　A案
倍のかけ算

本時の目標：1個分，2個分，3個分のことを，1倍，2倍，3倍ということを知り，倍がかけ算で求められることがわかる。

板書例

○の □ばいは 何(なん) cm ですか

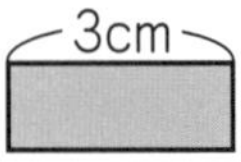

1

2つ分(ぶん) 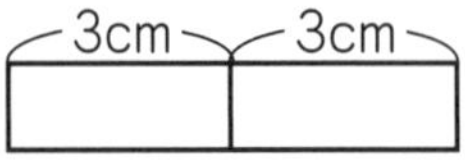

6cm　　3cm の 2 ばい
3 × 2

2

1つ分 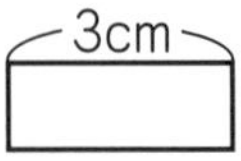

3cm　　3cm の 1 ばい
3 × 1

3つ分 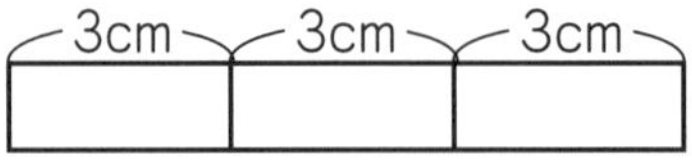

9cm　　3cm の 3 ばい
3 × 3

POINT　倍は「もとにする量」があり，それを拡大（縮小）することです。「もとにする量（1あたりの数）」と「倍にした大きさ

1　3cm のテープの2つ分は何 cm ですか

黒板に3cm を表す紙テープを貼る。
（ワークシートも活用できる。）

T　このテープの2つ分の長さを求めます。

3cm のテープの下に，2つ分のテープを貼る。

C　2つ分だから，3cm と3cm で6cm です。

「3cm の2つ分は6cm」をかけ算の式で表すことができるでしょうか

3cm が 2 つあると考えたら，3 × 2 = 6 とかけ算にできます

T　3cm の2つ分のことを，3cm の2倍といいます。3cm の2倍の長さは，3 × 2のかけ算の式で求めることができます。

2　3cm の3つ分，1つ分の長さを求めよう

黒板に3cm のテープ3つ分を貼る。

3cm の3つ分ということは，3cm の3倍ということだね

これも，かけ算の式で表せるよ。3cm の3倍は，3 × 3 の式になります

3つ分は9cm だから，3 × 3 = 9 になるね

T　では，3cm の1つ分は何 cm になりますか。

黒板に3cm のテープ1つ分を貼る。

C　1つ分は，同じ長さだから，3cm です。

C　1つ分は1倍というのかな。

倍は，日常的には2倍の意味のため，2倍，3倍，…はわかっても，1倍の意味が理解しづらい。3cm の1つ分を3cm の1倍といい，3 × 1で表すことをしっかりと教える。

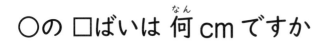

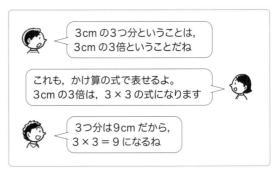

準備物	・紙テープ ・同じ厚さの本４冊 QR ワークシート
ICT	１つ分，２つ分，３つ分…と増えていくごとに答えが２倍，３倍…していくことが視覚的にとらえられるようにするために，スライドを用意するとよい。

2

3cm の 1 つ分，2 つ分，3 つ分の ことを，
3cm の 1 ばい，2 ばい，3 ばいと いいます。

4

あつさが 2cm の 本を 4 さつ つむと，
高(たか)さは 何 cm ですか。

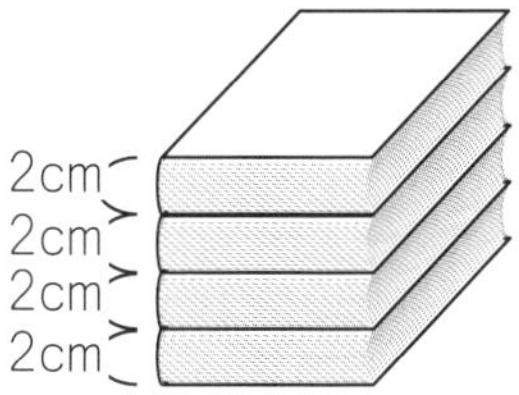

2cm の 4 つ分　　$2 \times 4 = 8$
4 ばい　　8cm

（いくつ分）」を対比させた図で倍の意味を説明します。

3 4倍の長さに色を塗ろう

T　ⓐのテープの４倍の長さに色を塗りましょう。

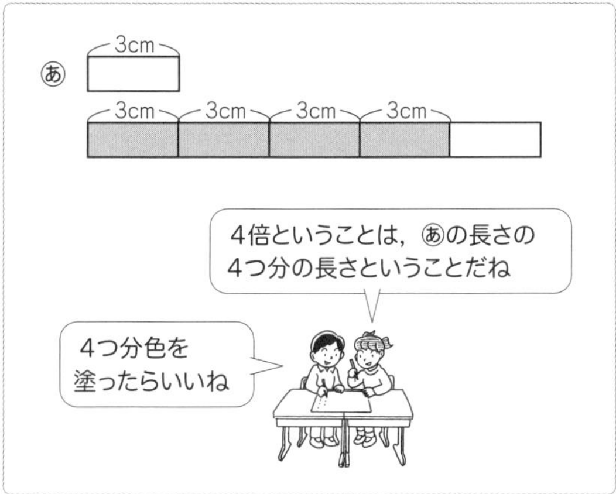

T　ⓐのテープは３cm です。ⓐの４倍の長さを求める式はどうなりますか。

C　倍を求める式はかけ算です。３×４になります。３cm の４倍は 12cm になります。

4 厚さが2cm の本を4冊積むと何 cm になりますか

同じ厚さの本を数冊準備する。

T　ここに，厚さが２cm の本があります。

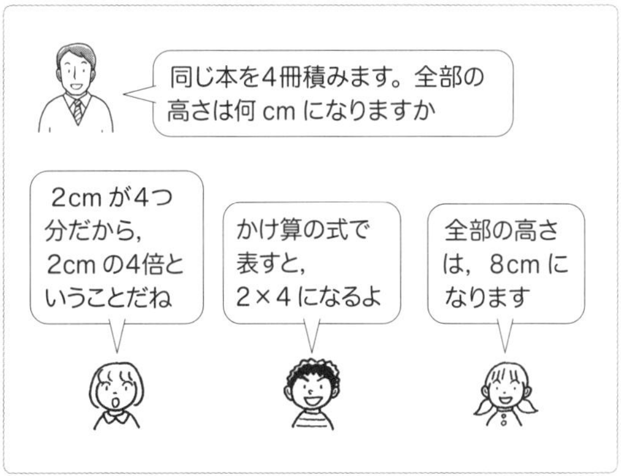

C　全部の高さは，１冊分の高さの４倍になります。

学習のまとめをする。

第6時 A案
かけ算のお話づくり

本時の目標　お話作りで，かけ算は「1あたりの数」と「いくつ分」から「全部の数」を求める場面であることの理解を深める。

板書例

かけ算の お話づくりを しよう

1

だい（クッキー）は，ぜんぶで 何（まい）？

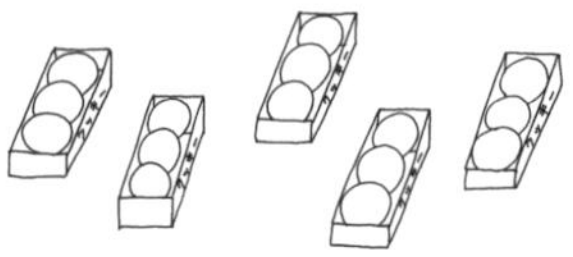

1（はこ）に ③（まい）ずつが 5（はこ）分 あります。ぜんぶで 何（まい）ですか。

かけざんしき　③ × 5 ＝ 15

同じ 数ずつの ものを さがそう

2

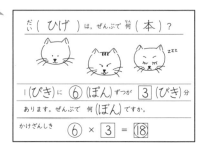

だい（ ひげ ）は，ぜんぶで 何（ 本 ）？

1（ぴき）に ⑥（ぽん）ずつが 3（ぴき）分 あります。ぜんぶで 何（ぼん）ですか。

かけざんしき　⑥ × 3 ＝ 18

3

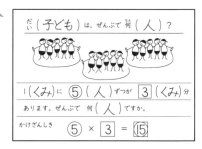

だい（子ども）は，ぜんぶで 何（ 人 ）？

1（くみ）に ⑤（ 人 ）ずつが 3（くみ）分 あります。ぜんぶで 何（ 人 ）ですか。

かけざんしき　⑤ × 3 ＝ 15

POINT　かけ算のお話を，定型文を使って練習した後に，「かけ算紙芝居」を作って友達に発表します。

1 かけ算のお話作りをしよう

ワークシートを使って学習する。

T　先生が，クッキーのお話を作ってきました。

クッキーの絵を見て，「クッキーは全部で何枚?」というお話を作りました
クッキーの全部の枚数を求めるお話だね
「○ずつ□」を使ってお話を考えるんだね

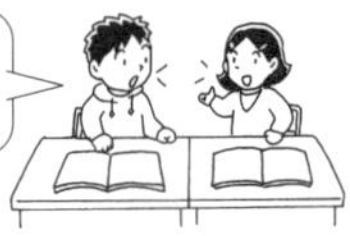

C　○ずつ□箱分だから，かけ算の式になるよ。

「かけ算のお話作り」の活動を通して，楽しみながらかけ算場面のイメージを深めていく。

2 絵を見て，かけ算の式になるお話を考えよう

T　では，猫の絵を見て，みんなもかけ算のお話を作ってみましょう。

C　このお話の題名は何にしたらいいのかな。

T　まずは，この絵から，同じ数ずつのものを探してみましょう。

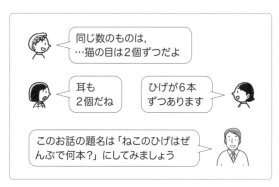

同じ数のものは，…猫の目は2個ずつだよ

ひげが6本ずつあります

このお話の題名は「ねこのひげはぜんぶで何本?」にしてみましょう

C　同じ数のものが，いくつあるかだから，⑥本ずつ3匹分で，かけ算の式は，⑥×3です。

C　◯は「全部の数」だから，18だね。

準備物	・画用紙 ・色鉛筆など QR ワークシート

ICT	児童用端末にプレゼンテーションソフトのテンプレートを送信しておけば，３枚のプレゼンテーション資料でお話作りも可能になる。

4

＜かけ算 かみしばいを つくろう＞

㋐ １あたりの数　○ずつ

㋑ いくつ分　□

㋒ 答え（ぜんぶの数）　◎

１けんの いえに うさぎが ２ひき（わ） ずつ います。

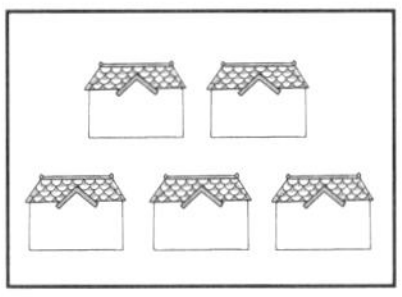

いえは ５けん あります。ぜんぶで うさぎは 何びき（わ）でしょう。

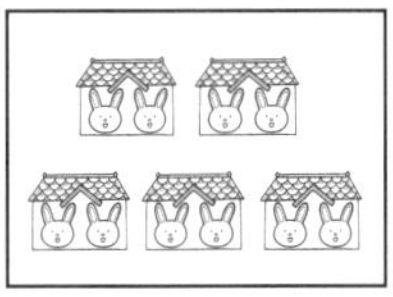

ぜんぶで うさぎは 10ぴき（わ）です。

② × 5 = ⑩

3 絵を見て，○と□を見つけよう

各自で，残りのお話を考える。

C　まずは「同じ数ずつのものを探す」だね。

同じ数は，鳥の数だ。どれも池に2羽ずついるよ。池の数は５つだ

題名は，「鳥は全部で何羽?」にしよう

C　②羽ずつ5つ分で，式は②×5，全部の数は⑩羽になります。

できたお話を児童が発表する。「1あたりの数」と「いくつ分」がはっきり示されていれば，言葉は全く同じでなくてもよい。

4 「かけ算紙芝居」を作ってみよう

３枚の画用紙に「㋐１あたりの数」「㋑いくつ分」「㋒答え」の絵をかき，絵に合わせて絵の裏面に文章を書く。（板書のような見本を示す）

定型のお話作りではなく，子どもたちが自由に考えて取り組む活動である。題材が決まらない子どもや，やり方がわからない子どもには，個別に指導して回る。

何のお話にしようかな。そうだ，昨日食べたアイスクリームにしよう。1つの箱に6個入っていたから，6個ずつが3箱分の紙芝居を作ろう

児童が作ったお話や紙芝居は，発表の機会を設けたり，教室に掲示したりする。いろいろなかけ算の場面に触れることが大切である。

第1時 B案
「ばらばら屋」と「おなじ屋」

本時の目標 入れ物の中に，同じ数ずつものが入っているとき，それを「1 あたりの数」ということがわかる。

板書例

2けんの お店の ちがいは 何だろう

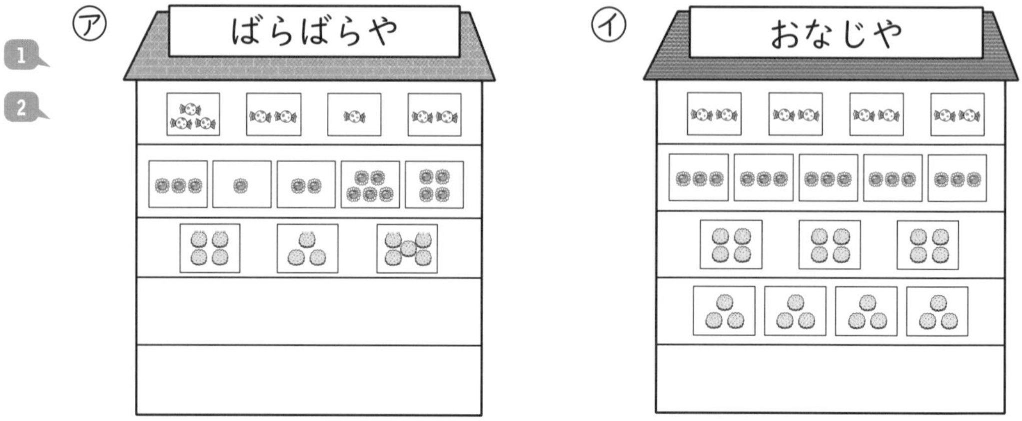

㋐
・入れものの 中の ものの 数が ばらばら

㋑
・入れものの 中の ものが どれも 同じ 数
・同じ 数ずつ 入って いる

POINT 「ばらばらや」と「おなじや」の違いから，たし算とは違うかけ算の概念を浮かび上がらせます。

1 2軒のお店に名前をつけよう

黒板に2軒のお店をかく。看板の名前は空けておく。

絵カード（枠を入れ物と例える）や，新聞紙や発泡スチロールのパックなどで作った品物を貼っていく。1軒のお店は，品物の数がばらばらのものを，もう1軒は，同じ数ずつのものを貼る。

この2軒のお店の違うところはどこでしょう

㋐は，パックに入っているお菓子の数がばらばらだけど，㋑は，同じ数ずつで並んでいます

あめだと，㋑はどれも2個ずつになっています

T　この2軒のお店に名前をつけましょう。「ばらばらや」と「おなじや」でどうですか。

子どもたちと相談して相応しい名前をつける。

2 「ばらばらや」と「おなじや」のどちらの店で買い物したいですか

私が買い物をするなら，「おなじや」の方かな

ぼくも「おなじや」がいいです。数がばらばらだと，買い物しづらいな

値段が同じなら，「ばらばらや」だと，数が違うから損をしたりするよ

T　みんなが普段行っているスーパーは，「おなじや」ですか，「ばらばらや」ですか。実は，お店の写真を撮ってきました。

QR 画像「1 あたりの数を見つけよう」を見せる。

C　同じ数ずつ品物が入っているね。

C　スーパーは，「おなじや」だね。

C　今度買い物に行ったとき見てみよう。

準備物	・お店に必要なもの（入れ物，品物等） QR 絵カード　　QR 板書用イラスト QR ワークシート　　QR ふりかえりシート QR 画像「1 あたりの数を見つけよう」

ICT	画像「1 あたりの数を見つけよう」を大型テレビに提示したり，児童用端末に配信したりすれば，児童一人ひとりが見やすく，学びやすくなる。

3

「おなじや」の お店の 人に なって みよう

安いよ，安いよ！ ｜つの ☐ に ☐ が ☐ ずつ入っているよ。おいしい ☐ だよ。いらっしゃい！

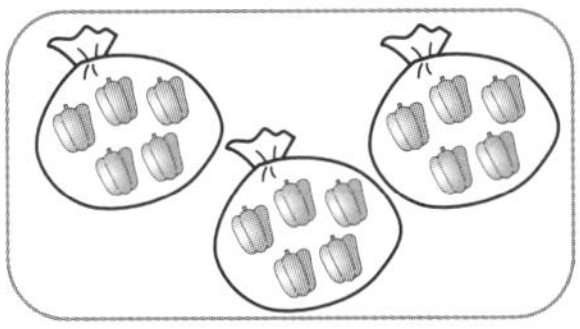

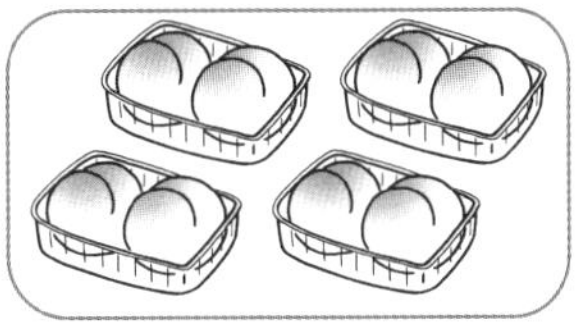

4

入れものの 中に 同じ 数ずつ 入って いる ➡ ｜あたりの数

3 「おなじや」の店員さんになって，お客さんに呼びかけてみよう

お皿や箱，袋，かごなどに，同じ数ずつあめやクッキー，野菜など（新聞紙などで作ったもの）を入れる。紙に絵をかいたものでもよい。

隣の班と呼びかけ合いをする。教師が見本を見せる。

安いよ，安いよ！ 1つの 袋 に ピーマン が 5個 ずつ入っているよ。おいしい ピーマン だよ。いらっしゃい！

T　誰か，「ばらばらや」のお店の人になって呼びかけてみてください。

C　1つの袋に…3個，2個，「ばらばらや」では言えません。

4 2軒のお店の違いを説明しよう

T　「ばらばらや」と「おなじや」は，どこが違うのか説明できますか。

袋やかごの中のものが，みんな同じ数になっているのが「おなじや」です

入れ物の中の数がばらばらで，数が違うのが「ばらばらや」です

「おなじや」だと，「1つの袋にクッキーが4個ずつ入っている」という言い方ができます

T　「おなじや」のように，入れ物の中に同じ数ずつ入っている数のことを「1あたりの数」といいます。次の時間に「1あたりの数」を探してみましょう。

学習のまとめをする。ふりかえりシートを活用する。

第2時 B案

「1あたりの数」を見つける

本時の目標 身のまわりのものから「1あたりの数」を見つける活動を通して，「1あたりの数」の概念を深める。

板書例

1あたりの数（かず） クイズを しよう

1 1あたりの数

| 1つの □に ○が △ずつ |

・1つの はこに キャラメルが 8こずつ

・1つの かごに トマトが 3こずつ

・1つの パックに 魚が 3びきずつ

2 1あたりの数 ○×クイズ

（○ いつも 同（おな）じ数ずつ ある
× いつも 同じ数ずつでは ない）

× ㋐ 1けんの 家（いえ）に テレビが 2台（だい）ずつ

× ㋑ 1ぱいの おみそしるに とうふが 4こずつ

○ ㋒ 1つの パックに たまごが 6こずつ

× ㋓ 1さらの カレーに にくが 7きれずつ

○ ㋔ 1つの つくえに あしが 4本ずつ

POINT 身のまわりにある「1あたりの数」を見つけながら，人工物だけでなく，生き物にもあることに気づかせます。

1 「1あたりの数」にはどんなものがあったか振り返ろう

前時で使った絵や写真などを見ながら進める。

T 「1つの□に○が△ずつ入っています」という言い方で発表しましょう。

C 昨日，スーパーに行ったら，1つのパックにお魚が3匹ずつ入っていたよ。

「1つの□に○が△こずつ」という言い方を復習する。

2 「1あたりの数」○×クイズをしよう（入れ物あり）（属性）

教師が，絵や写真を提示して，「1つの□に○が△こずつ」と言葉で表す。児童は，それを聞いて，「1あたりの数」か，「1あたりの数ではない」かを判断する。

㋐ 1軒の家にテレビが2台ずつ
㋑ 1杯のお味噌汁に豆腐4個ずつ
㋒ 1つのパックに卵が6個ずつ
㋓ 1皿のカレーに肉が7切れずつ

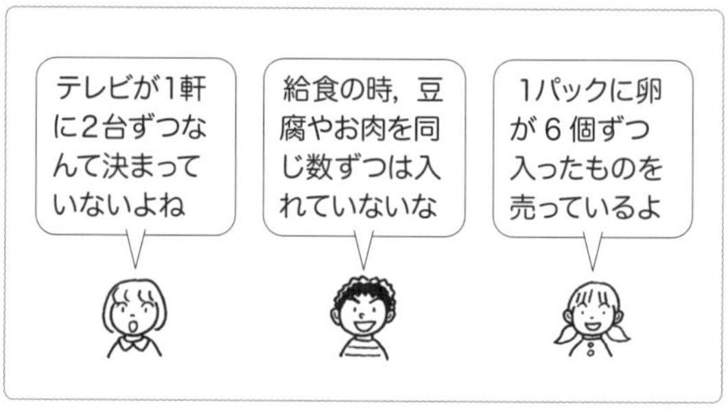

テレビが1軒に2台ずつなんて決まっていないよね
給食の時，豆腐やお肉を同じ数ずつは入れていないな
1パックに卵が6個ずつ入ったものを売っているよ

いつも同じ数に決まっていないものは「1あたりの数」ではないことを確認する。

準備物	・クイズ用のイラスト，写真 QR ワークシート QR ふりかえりシート

ICT	児童が見つけたものをインターネット画像を使用して提示すれば，学習意欲を持って「1あたりの数」の習熟を図ることができる。

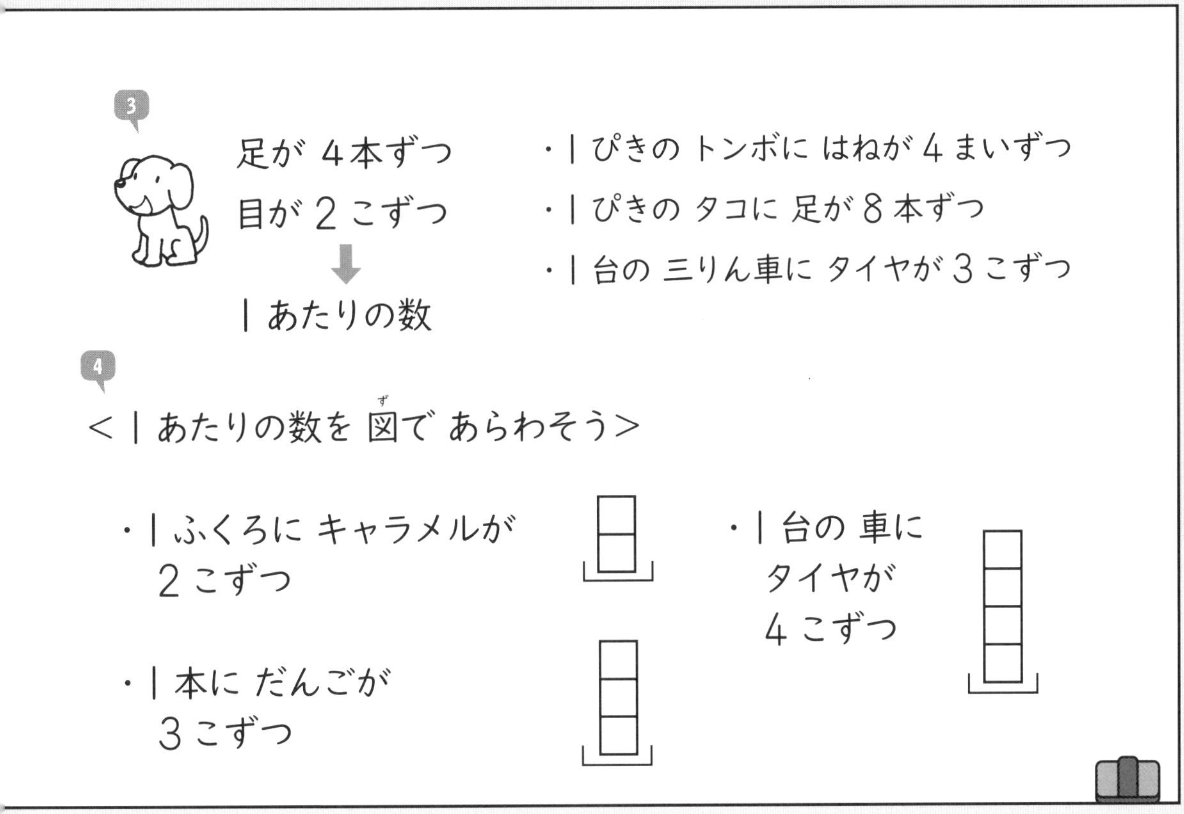

3
足が 4本ずつ
目が 2 こずつ
| あたりの数
・| ぴきの トンボに はねが 4 まいずつ
・| ぴきの タコに 足が 8 本ずつ
・| 台の 三りん車に タイヤが 3 こずつ
4
<| あたりの数を 図(ず)で あらわそう>
・| ふくろに キャラメルが 2 こずつ
・| 本に だんごが 3 こずつ
・| 台の 車に タイヤが 4 こずつ

3 「㋔教室の机1つに脚が4本ずつ」は，「1あたりの数」ですか

C　机は入れ物ではないから×かな。

入れ物と中身の関係ない「1あたりの数」として，犬の絵を提示する。

犬の絵を見て，同じ数ずつのもの（1あたりの数）を見つけましょう

1匹に足が4本ずつあります

1匹に目が２つずつです

入れ物に入っていないけど，これらも「1あたりの数」なんだね

C　机の脚も「1あたりの数」になるね

T　他にも数が決まっていて同じ数のものを探しましょう。

児童が見つけたものをまとめる。（トンボの羽，タコの足，三輪車のタイヤ，乗用車のタイヤなど）

4 「1あたりの数」を使った文を作り，図をかく練習をしよう

ワークシートを使って学習する。

T 「1あたりの数」を箱とブロックの図で表してみます。

1つの袋にキャラメルが2個ずつ

みんなも図で表してみましょう

1本の串に団子が3個ずつあります

1台の車にタイヤが4個ずつあります

どのような「1あたりの数」も，箱とブロックの図のように一般化することで，次のかけ算の学習へとつなげる。

学習のまとめをする。ふりかえりシートを活用する。

「全部の数」を求める

本時の目標　「1あたりの数」と「いくつ分」がわかれば「全部の数」がわかることが理解できる。

板書例

ぜんぶの数（かず）を しらべよう

1

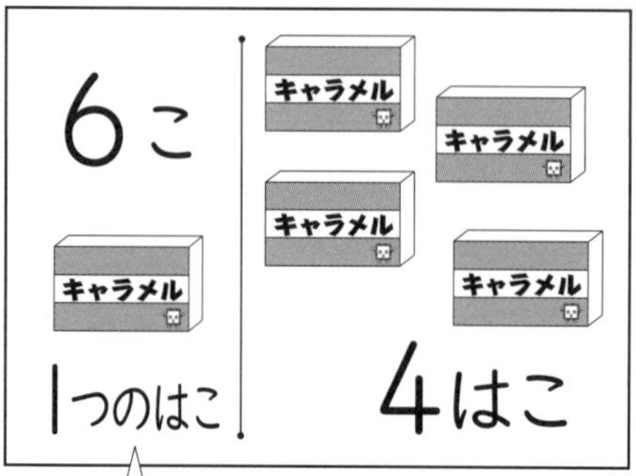

1あたりの数

※ 板書用絵図を貼る。

キャラメル

・1はこに 6こずつ

・はこは 4はこ

・ぜんぶで 何（なん）こ？

2　6こ

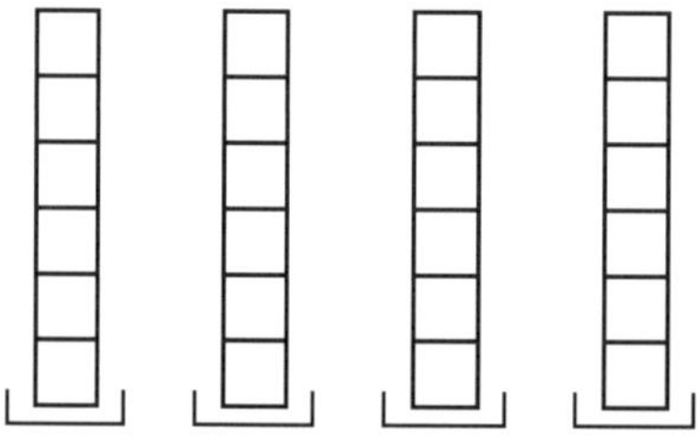

ぜんぶで
24 こ

POINT 「1あたりの数」が「いくつ分」あるかを調べれば「全部の数」がわかることを知り，算数ブロック図で答えを求めていきます。

1 キャラメルの全部の数を調べる方法を考えよう

T　ここはキャラメル工場です。機械が自動でキャラメルを作り，箱に詰めていきます。どんどん箱が出てくるので，全部で何個作ったかわからなくなってしまいました。

T　作ったキャラメルの全部の数は，どうやったら調べられるでしょうか。

キャラメルを箱から全部出して数えたらわかります
せっかく箱に入れたのに，それは大変だよ
どの箱にもキャラメルが同じ数ずつ入っているよね
1箱に入っているキャラメルの数がわかれば全部の数もわかると思うよ

2 キャラメルの全部の数を求めよう

T　キャラメルの箱が4箱できています。全部の箱を開けて調べますか。

C　開けるのは1箱だけでいいです。

T　1箱に6個入っていました。

C　1箱にキャラメルが6個ずつだね。

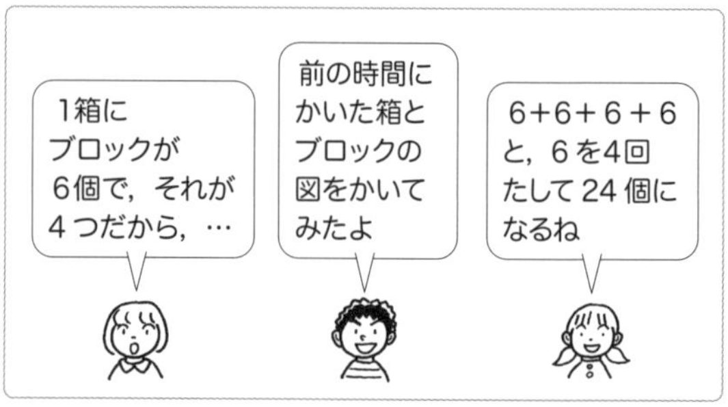

1箱にブロックが6個で，それが4つだから，…
前の時間にかいた箱とブロックの図をかいてみたよ
6+6+6+6と，6を4回たして24個になるね

C　「1あたりの数」とそれがいくつあるかわかれば全部の数がわかるね。

準備物	・厚紙　・のり QR 板書用絵図 QR ワークシート QR 動画「紙芝居 箱のおかしは全部でいくつ?」	ICT	問題を読み取るために，児童が算数ブロックを操作する様子を実物投影機で確認すると，かけ算の立式の理解が深まる。

3

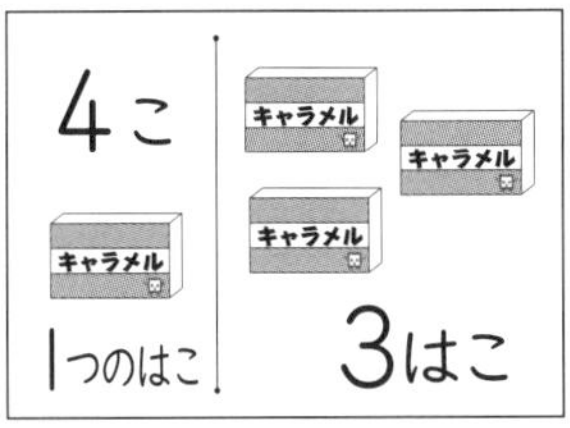

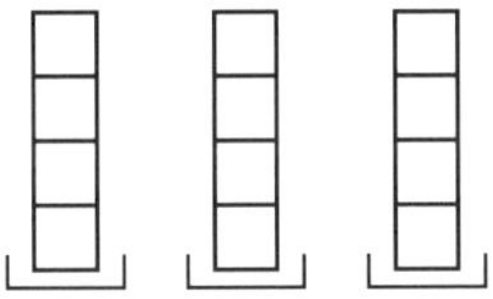

キャラメル
1はこあたり 4こが
3はこ分(ぶん)で,
ぜんぶで 12こ

4

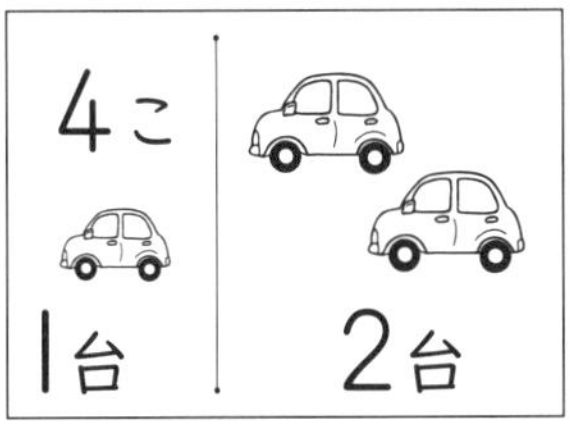

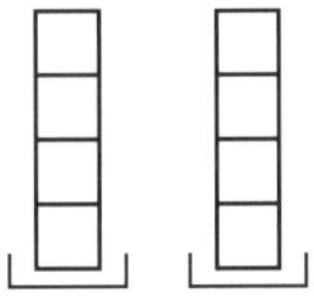

タイヤ
1台(だい)あたり 4こが
2台分で,
ぜんぶで 8こ

1あたりの数　　いくつ分

「1あたりの数」と「いくつ分」が わかれば,
「ぜんぶの数」が わかる。

3 キャラメルの代わりに厚紙を使って全部の数を求めよう

T　キャラメルの箱が3箱のときの全部の数を求めます。今度は，1箱に4個ずつ入っています。

ノートに箱の絵をかいてキャラメルの代わりとなる厚紙を貼る。厚紙を貼らずに，キャラメルをかいてもよい。

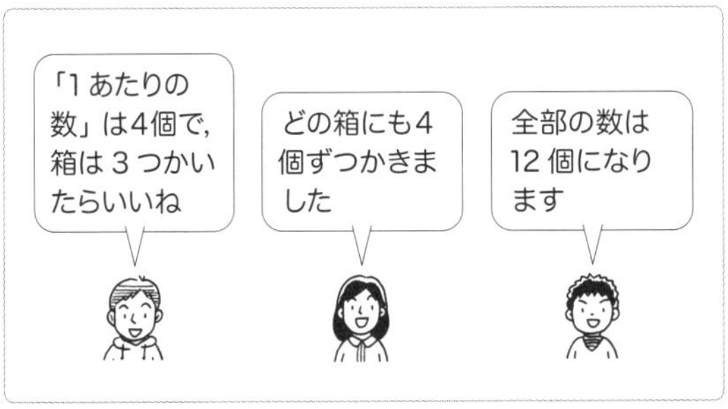

「1あたりの数」は4個で，箱は3つかいたらいいね
どの箱にも4個ずつかきました
全部の数は12個になります

T「1箱あたり4個（1箱に4個ずつ）が3箱分で，全部で12個」になります。

1箱あたりのキャラメルの数と，箱の数を変えて，何問か練習する。「1箱あたり○個が □箱分で，全部で△個」とまとめる。

4 1台の車にタイヤが4個，車2台分のタイヤの数を求めよう

ワークシートを使って学習する。

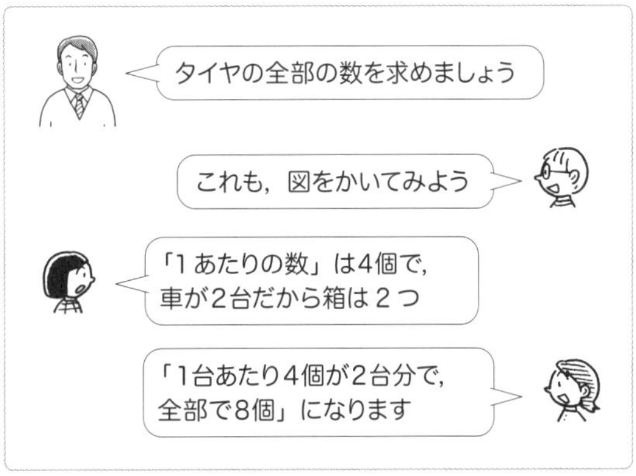

タイヤの全部の数を求めましょう
これも，図をかいてみよう
「1あたりの数」は4個で，車が2台だから箱は2つ
「1台あたり4個が2台分で，全部で8個」になります

「1あたりの数」がいくつあるかを表す，□箱分や□個分をまとめて「いくつ分」と表すことも説明する。「いくつ分」は，いつも箱などの入れ物とは限らないことも確認する。

C「1あたりの数」と「いくつ分」がわかれば，「全部の数」がわかるね。

学習のまとめをする。

第4時 B案
かけ算の式

本時の目標
「1あたりの数×いくつ分＝全部の数」という式の表し方と意味を理解し，この計算をかけ算ということを知る。

板書例

2つの 光線を はっしゃしよう

1

｜あたりの数ビーム	いくつ分ビーム	ぜんぶの数	
2 3 ① ｜まいの おさらに だんごが 4 こずつ	おさらは 5 まい	だんごは ぜんぶで 20 こ	4 × 5 ＝ 20
② ｜ふくろに りんごが 3 こずつ	ふくろは 3 つ ➡	りんごは ぜんぶで 9 こ	3 × 3 ＝ 9
③ ｜台の じてん車に タイヤが 2 こずつ	じてん車は 3 台	タイヤは ぜんぶで 6 こ	2 × 3 ＝ 6

※児童がゲームで考えた文を板書する。

POINT 「×」という記号と「かけ算」という言葉を楽しくゲーム感覚で教えます。

1 秘密の道具を使ってキャラメル工場のおじさんを助けてあげよう

次のようなお話で始める。

キャラメル工場全体が謎の霧に覆われてしまってよく見えなくなってしまいました。機械は動いているのですが，作ったキャラメルの数が全くわかりません。ところが，この工場には，秘密の道具があります。2本の棒です。それぞれの棒からは光線が出て，光線を発射すると2つの数がわかるそうです。光線には「○○ビーム」という名前があり，それを言わないと光線は出ません。

T　2つの光線の名前がわかりますか。
C　全部の数を知るには，1あたりの数といくつ分がわかればよかったね。
C　「1あたりの数ビーム」と「いくつ分ビーム」だ！

2 2つの光線を発射して，全部の数を答えるゲームをしよう

【やり方】
❶「1あたりの数ビーム」と「いくつ分ビーム」を発射する児童を1人ずつ決める。（それぞれに棒を渡す）
❷「1あたりの数ビーム」と言いながら棒を振って，1人に光線を発射する。
❸光線を受けた人は，「1あたりの数」を考える。
❹「いくつ分ビーム」も同じように1人に光線を発射する。
❺光線を受けた人は，「いくつ分」を考える。
❻全員が図をかくなどして答えを考える。

光線を発射する役を交代して何度か繰り返す。光線を受けた人は倒れる真似をして，苦しみながら答えるととても盛り上がる。

準備物	・「1 あたりの数」と書いた 40cm くらいの棒 ・「いくつ分」と書いた 40cm くらいの棒 QR ふりかえりシート

ICT	あらかじめ追加の問題を用意しておく。児童用端末に送信しておくと，児童のペースで解くことができる。

4

キャラメルが

・|はこに ③ こずつ [4] はこ分で，ぜんぶで △12 こ

|あたりの数　いくつ分　ぜんぶの数

3 × 4 ＝ 12

かける　は

かけ算(ざん)の しきは

　|あたりの数 × いくつ分 ＝ ぜんぶの数

3 2つの光線を1人で発射してみよう

光線を発射する児童を1人決める。光線を発射するときに2本の棒を「×」の形にするよう打合せをする。受けた児童も1人で「1あたりの数」と「いくつ分」の文を考える。

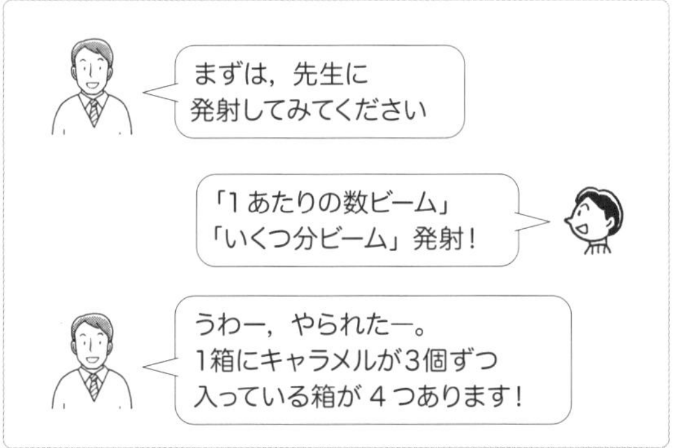

まずは，先生に
発射してみてください
「1あたりの数ビーム」
「いくつ分ビーム」発射！
うわー，やられたー。
1箱にキャラメルが3個ずつ
入っている箱が4つあります！

全部の数は全員が考える。

T　光線を当てられてもいいように，1あたりの数といくつ分をノートに書いておきましょう。

光線を発射する役は交代して，何度か繰り返す。

4 2つの光線をかけ算の式に表そう

T　「1あたりの数」と「いくつ分」から「全部の数」を求める計算をかけ算といいます。

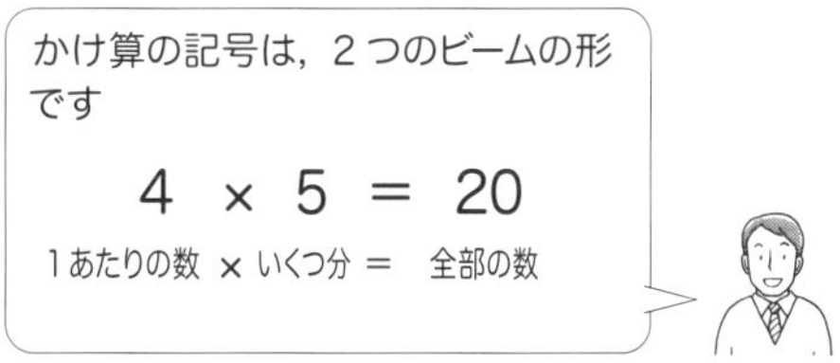

かけ算の記号は，2つのビームの形です
4 × 5 ＝ 20
1あたりの数 × いくつ分 ＝ 全部の数

T　みんながゲームで作ってくれた文を，かけ算の式に表してみましょう。

児童が考えた「1あたりの数」と「いくつ分」を使ってかけ算の式に表す練習をする。

学習のまとめをする。ふりかえりシートを活用する。

※「倍のかけ算」は，A案を参考にしてください。

第5時 B案
かけ算のお話づくり

本時の目標　お話作りで，かけ算は「1あたりの数」と「いくつ分」から「全部の数」を求める場面であることの理解を深める。

板書例

かけ算(ざん)の お話(はなし)づくりを しよう

1

だい（クッキー）は，ぜんぶで 何(なん)（まい）？

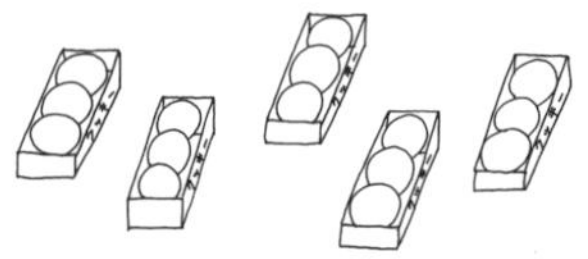

1（はこ）に [3]（まい）ずつが [5]（はこ）分

あります。ぜんぶで 何（まい）ですか。

かけざんしき [3] × [5] = [15]

[1あたりの数(かず)] を

さがそう

2

だい（はね）は，ぜんぶで 何(なん)（まい）？

1（ぴき）に [4]（まい）ずつが [3]（ひき）分

あります。ぜんぶで 何（まい）ですか。

かけざんしき [4] × [3] = [12]

だい（子ども）は，ぜんぶで 何(なん)（人）？

1（きゃく）に [5]（人）ずつが [3]（きゃく）分

あります。ぜんぶで 何（人）ですか。

かけざんしき [5] × [3] = [15]

POINT　かけ算のお話づくりを通して，楽しみながらかけ算場面のイメージを深めていきます。

1 かけ算のお話作りをしよう

ワークシートを使って学習する。

T　先生が，クッキーのお話を作ってきました。

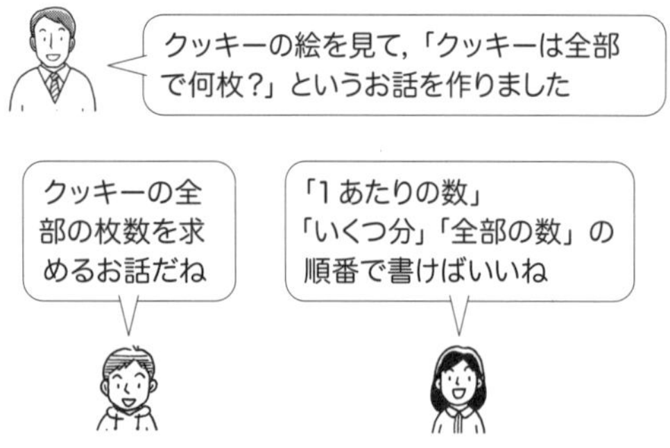

クッキーの絵を見て，「クッキーは全部で何枚?」というお話を作りました
クッキーの全部の枚数を求めるお話だね
「1あたりの数」「いくつ分」「全部の数」の順番で書けばいいね

C　かけ算の式は，「1あたりの数×いくつ分＝全部の数」だったね。

はじめは，タイトル→文→式の定型のワークシートを使って取り組ませる。

2 絵を見て，かけ算の式になるお話を考えよう

T　では，トンボの絵を見て，みんなもかけ算のお話を作ってみましょう。

C　このお話の題名は何にしたらいいのかな。

T　まずは，この絵から，「1あたりの数」を探してみましょう。

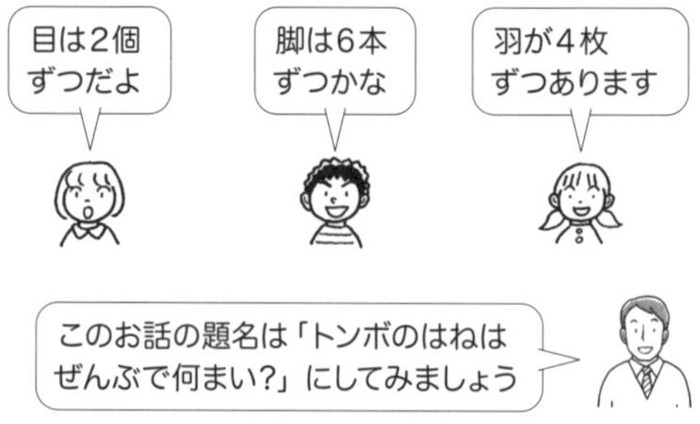

C　かけ算の式にすると，4枚ずつ3匹分で，全部で12枚だから，4×3＝12になります。

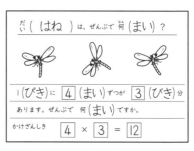

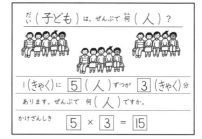

準備物	・画用紙 ・色鉛筆など QR ワークシート

ICT	児童用端末にプレゼンテーションソフトのテンプレートを送信しておけば，3枚のプレゼンテーション資料でお話作りも可能になる。

4

＜かけ算 かみしばいを つくろう＞

㋐ 1あたりの数 ○ずつ　㋑ いくつ分（ぶん）　㋒ 答え（こたえ）（ぜんぶの数）

1けんの いえに うさぎが 2ひき(わ) ずつ います。

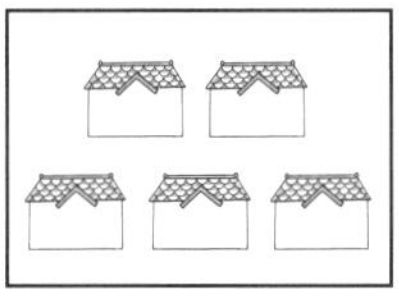

いえは 5けん あります。ぜんぶで うさぎは 何びき（わ）でしょう。

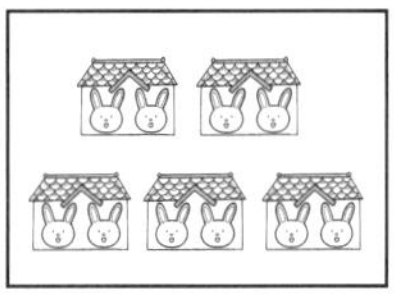

ぜんぶで うさぎは 10ぴき(わ)です。

$$2 \times 5 = 10$$

3 自由にお話と絵をかいてみよう

定型のワークシートで白紙のものを使用する。隣同士やグループで相談しながら進めていく。

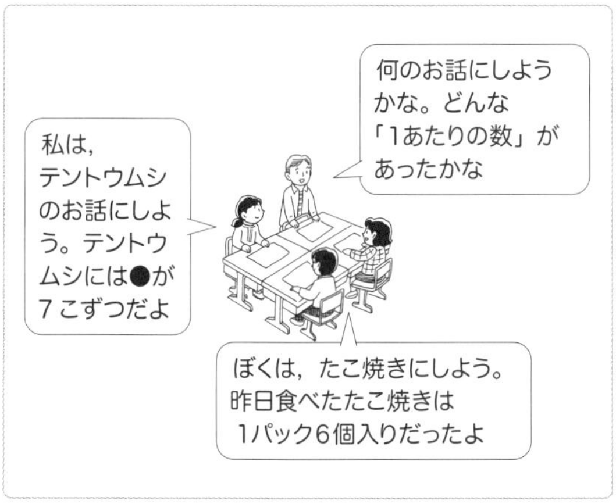

何のお話にしようかな。どんな「1あたりの数」があったかな
私は，テントウムシのお話にしよう。テントウムシには●が7こずつだよ
ぼくは，たこ焼きにしよう。昨日食べたたこ焼きは1パック6個入りだったよ

題材に悩んだり，作り方がわからない児童のために，お話ができた児童の作品を紹介するとよい。

できたお話を児童が発表する。「1あたりの数」と「いくつ分」がはっきり示されていれば，言葉は決まったものでなくてもよい。

4 「かけ算紙芝居」を作ってみよう

3枚の画用紙に「㋐1あたりの数」「㋑いくつ分」「㋒答え」の絵をかき，絵に合わせて絵の裏面に文章を書く。（板書のような見本を示す）

定型のお話作りではなく，子どもたちが自由に考えて取り組む活動である。題材が決まらない子どもや，やり方がわからない子どもには，個別に指導して回る。

何のお話にしようかな。そうだ，昨日食べたアイスクリームにしよう。1つの箱に6個入っていたから，6個ずつが3箱分の紙芝居を作ろう

児童が作ったお話や紙芝居は，発表の機会を設けたり，教室に掲示したりする。いろいろなかけ算の場面に触れることが大切である。

第6時　B案
文章問題と式

本時の目標　かけ算の文章問題から，「1あたりの数」と「いくつ分」を見つけて解く方法や手順がわかる。

板書例

もんだい文を 読(よ)んで かけ算(ざん)の しきを たてよう

1

① 1つの はこに キャラメルが （6こ） ずつ 入って います。はこは，［5はこ］ あります。<u>キャラメルは ぜんぶで 何(なん)こ ありますか。</u>

	1あたりの数		いくつ分		ぜんぶの数
しき	6	×	5	=	30

<u>答え　30 こ</u>

2

② ふくろが ［3まい］ あります。りんごが （5こ） ずつ 入って います。<u>りんごは ぜんぶで 何こ ありますか。</u>

	1あたりの数		いくつ分		ぜんぶの数
しき	5	×	3	=	15

<u>答え　15 こ</u>

POINT　文章問題から，かけ算の式を立てる方法を見つけます。A型，B型，C型の順で指導しましょう。

1 「1あたりの数」と「いくつ分」を見つけて，かけ算の式に表そう

問題文①（A型）を提示する。ワークシートを活用できる。まずは，尋ねている文を問い，その文に線を引かせる。

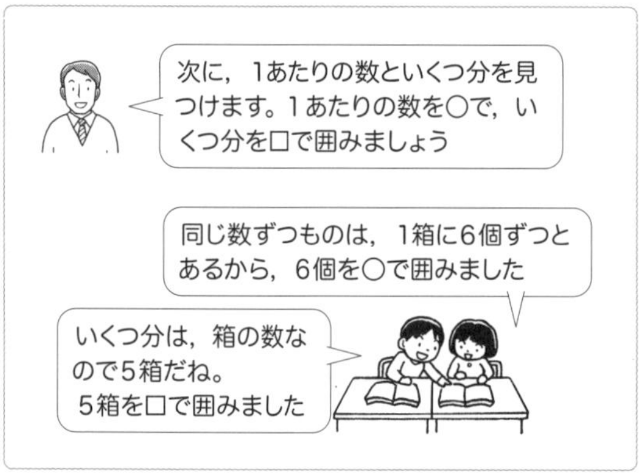

次に，1あたりの数といくつ分を見つけます。1あたりの数を○で，いくつ分を□で囲みましょう
同じ数ずつものは，1箱に6個ずつとあるから，6個を○で囲みました
いくつ分は，箱の数なので5箱だね。5箱を□で囲みました

T　1あたりの数といくつ分がわかれば，かけ算の式が書けますね。

C　「1あたりの数×いくつ分」だから，6×5になります。

「全部の数」は図を使って確かめる。

2 「1あたりの数」と「いくつ分」を間違えないようにしよう

問題文②（B型）を提示する。

T　この問題も，①と同じ順番で考えてみましょう。まずは，何をしましたか。

C　尋ねている文に線を引きます。

次は，1あたりの数といくつ分を探します。あれ？ 1あたりの数はどれになるのかな？
順番は違うけど，5個ずつとあるから，5個が1あたりの数だね
いくつ分は，3枚になります

B型の文章問題の際に，文章の通りに3×5と立式する児童は必ずいる。「1あたりの数」は何かを見つけることが，文章問題を解く上で最も重要となる。

準備物
QR ワークシート
QR ふりかえりシート

ICT
A～C型の問題文を児童用端末にそれぞれ配信すれば，繰り返し問題に取り組むことで，立式する力の習熟を図ることができる。

3

③ 4cm の テープを 5本 作(つく)ります。テープが 何cm あれば 作れますか。

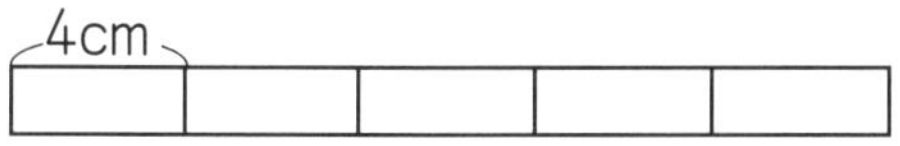

| あたりの数　いくつ分　ぜんぶの数

しき　4　×　5　＝20

答え　20cm

4

かけ算の しきに あらわす

❶ たずねている 文 に 線を ひく。

❷「| あたりの数」を ○で かこむ。

❸「いくつ分」を □で かこむ。

❹ ○×□の かけ算の しきに あらわす。

3 「1あたりの数」を見つけよう

問題文③（C型）を提示する。

C　尋ねているのは，テープの長さです。

C　次は，1あたりの数といくつ分だけど，…
　○ずつという言葉がないからわからないな。

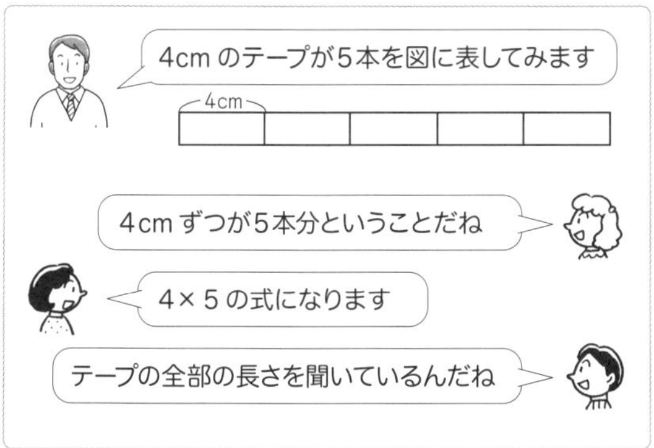

4cm のテープが5本を図に表してみます
4cm
4cm ずつが5本分ということだね
4×５の式になります
テープの全部の長さを聞いているんだね

4 問題文を読んで，かけ算の式に表す方法をまとめよう

問題文の解き方をまとめる。

❶ 尋ねている文に線を引く。
❷「1あたりの数」を○で囲む。
❸「いくつ分」を□で囲む。
❹ ○×□のかけ算の式に表す。

ワークシートやふりかえりシートを活用して，練習問題をする。「1あたりの数」を理解し，正しく立式できているかを確認する。答えである「全部の数」はクラスの状況によって省き，立式に重点を置いてもよい。

★かけ算の文章問題　～A型，B型，C型の順に学習する～
C型は特殊な表現の問題のため，子どもが苦手とする型である。
箱のような明確な入れ物がないため，「1あたりの数」が見つけにくい。
「束にします」「串でさします」「グループを作ります」「うさぎの耳は2本です」「1列に4人並んでいます」など

名前 ＿＿＿＿＿＿＿＿

● 入れものの はこや，ふくろ，かごに きっちり おなじ 数（かず）を 入れた 絵（え）を かきましょう。ぜんぶで いくつかも ◯ に かきましょう。

① まんじゅう 

1はこに ◯ こ入り □ はこで，ぜんぶで ◯ こ

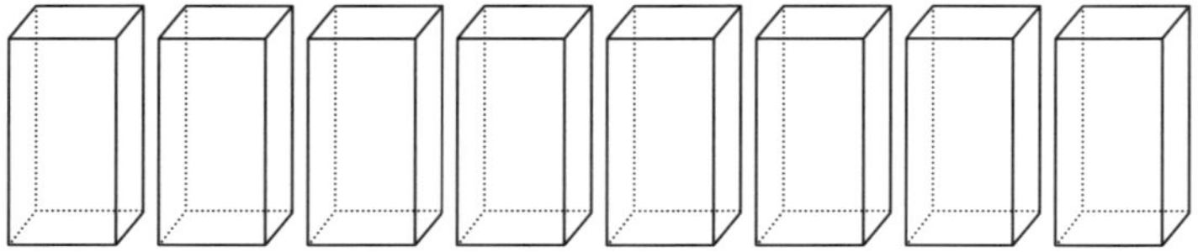

② みかん 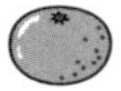

1ふくろに ◯ こ入り □ ふくろで，ぜんぶで ◯ こ

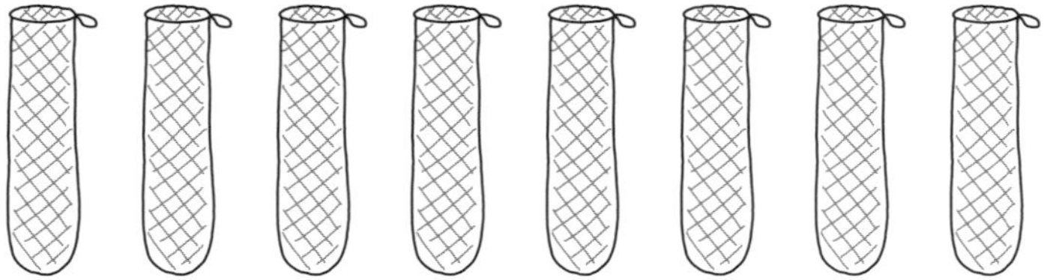

③ 魚（さかな） 

1かごに ◯ ひき入り □ かごで，ぜんぶで ◯ ひき

名前＿＿＿＿＿＿＿＿

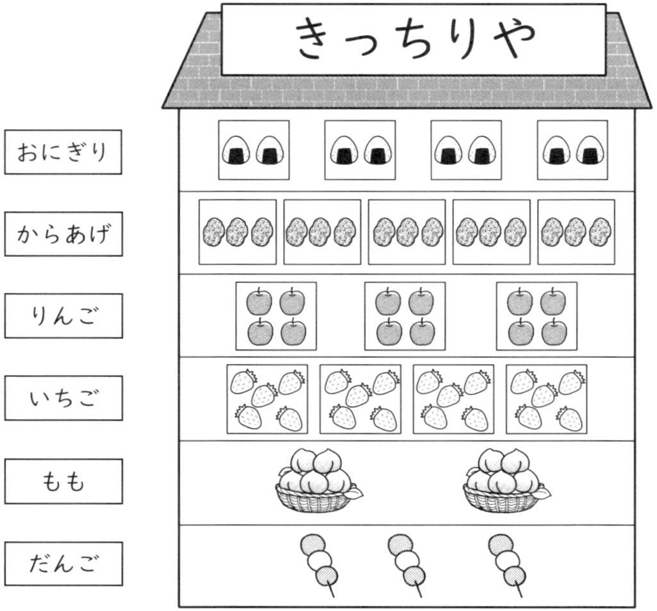

● たべものの　ぜんぶの　数（かず）を　しきで　あらわそう。

おにぎり　②こ入り　4 パックで，ぜんぶで　⑧こ

○ × □ ＝ ○

りんご　○こ入り　□パックで，ぜんぶで　○こ

○ × □ ＝ ○

いちご　○こ入り　□パックで，ぜんぶで　○こ

○ × □ ＝ ○

もも　○こ入り　□かごで，ぜんぶで　○こ

○ × □ ＝ ○

だんご　○こずつ　□本で，ぜんぶで　○こ

○ × □ ＝ ○

B案　第1時　ワークシート

名前 ____________________

1　お店に　名前を　つけましょう。

㋐ [　　　　　　　や]　　㋑ [　　　　　　　や]

2　おつかいを　たのまれた　とき，どちらの　お店で　買いものを　したいですか。

....

3　それは　なぜですか。

....

....

4　お店の　人に　なって，おきゃくさんに　よびかけましょう。

やすいよ！　やすいよ！
1つの ____________ に，
__________ が，__________ ずつ
入って　いるよ。
おいしいよ。いらっしゃい！

5　あたらしい　ことや，わかった　ことを　書きましょう。

....

....

B案　第1時　ふりかえりシート

名前 ＿＿＿＿＿＿＿＿＿＿＿＿

● つぎの 中から「おなじや」で 売って いる ものを えらんで（　）に ○を しましょう。

①（　　）

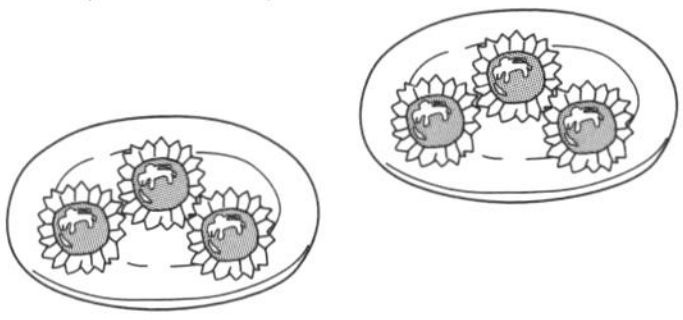

②（　　）

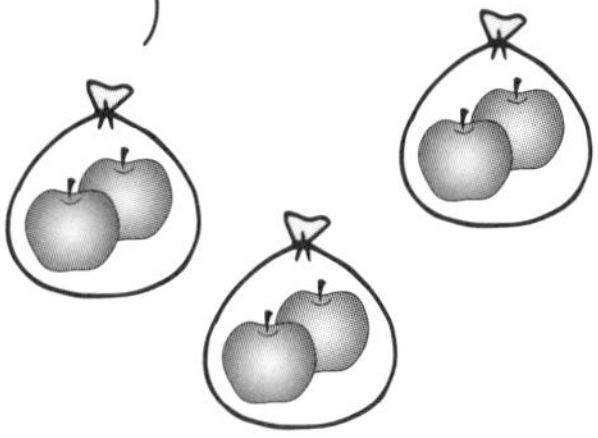

③（　　）

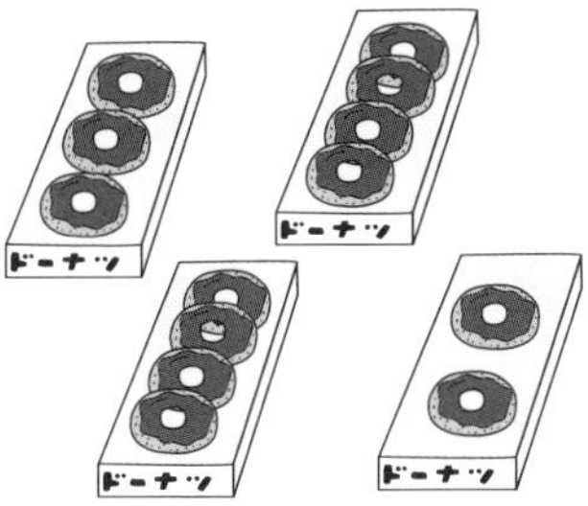

④（　　）

⑤（　　）

⑥（　　）

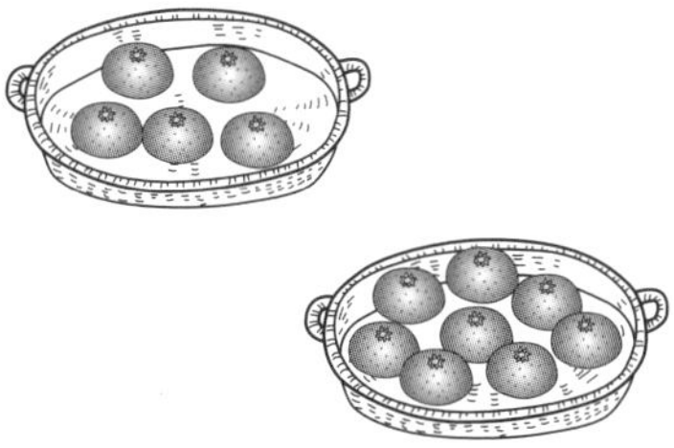

B案　第3時　ワークシート

名前

● 「ぜんぶの 数」を しらべましょう。

① ｜ふくろあたり チョコレートが ５こ

ふくろは　３つ

答え

② ｜はこあたり えんぴつが ３本

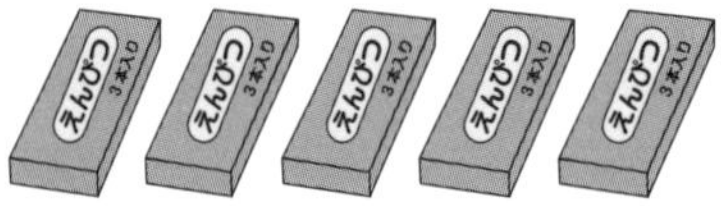

はこは　５つ

答え

③ ｜台あたり タイヤが ４こ

車は　２台

答え

④ ｜ぴきあたり 耳は ２つ

ねこは　４ひき

答え

B案　第5時　ワークシート

名前 ＿＿＿＿＿＿＿＿

● 「1あたりの 数（かず）」が 「いくつ分（ぶん）」ある かけ算（ざん）の お話（はなし）を つくりましょう。

【れい】

だい	（クッキー）は，ぜんぶで　何（なん）（まい）？

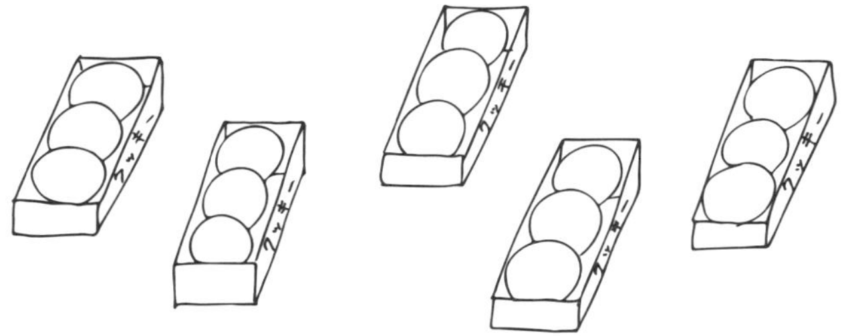

1（はこ）に 3 （まい）ずつが 5 （はこ）分

あります。ぜんぶで　何（まい）でしょうか。

かけ算しき	3 × 5 ＝ 15

①

だい	（　　　　）は，ぜんぶで　何（　　　）？

1（　　　）に □（　　　）ずつが □（　　　）分

あります。ぜんぶで　何（　　　）でしょうか。

かけ算しき	□ × □ ＝ □

②

だい	（　　　　）は，ぜんぶで　何（　　　）？

1（　　　）に □（　　　）ずつが □（　　　）分

あります。ぜんぶで　何（　　　）でしょうか。

かけ算しき	□ × □ ＝ □

かけ算（2）

全授業時数 11 時間

◎ 学習にあたって ◎

＜この単元で大切にしたいこと＞

かけ算(1)の中で，かけ算の意味や式の使い方などを学習してきました。ここでは，かけ算九九の各段の学習に進みます。ややもすると九九を暗唱できるようになることが優先されがちですが，その唱えている九九の意味を具体物の絵や算数ブロック図（アレイ図）などを使って確かにしていくことが大切です。算数ブロック図でかけ算を構成し，かけ算九九の答えを自分の力で見つけ出していくような確かな学力を育てたいと思います。また，かけ算ビンゴやかけ算カルタなど児童が意欲をもってかけ算の学習に取り組めるような工夫を授業に取り入れることも大切です。

＜数学的見方考え方と操作活動＞

九九を構成していくときに，5 のかたまりを 1 つの構成要素とすることで全体の数を効率よく求めようと考えることができます。また，かけ算の場面をかけ算メガネをとおして見る考え方では，○は 1 あたりの数，□はいくつ分の数と，数の意味を見分けることで立式に結びつけることができます。それは，問題場面を 1 あたりの数，いくつ分の数，求めようとする全体の数の 3 段に分けて文章に表すことと同様に，かけ算を構造的にとらえる考え方です。

＜個別最適な学び・協働的な学びのために＞

身のまわりからかけ算九九の素材を見つけ出す児童の意見を大切にします。身のまわりにかけ算になる要素がたくさんあることを知り，学習意欲につながります。どのようにして各段の答えを見つけていくのか，合理的な方法を考えたら，その考え方をみんなで共有することが大切です。そして，児童のかけ算シートを集約して，かけ算の各段を構成していきます。かけ算九九を習熟するときは，かけ算カルタなどが有効です。ペアや班で協力しながら進め，楽しくゲームをすることで相互に学びを深めていくことができます。

◎ 評　価 ◎

知識および技能	かけ算の意味や答えの求め方を理解し，半具体物を用いて九九を構成したり，九九を使って答えを求めたりすることができる。
思考力，判断力，表現力等	かけ算のきまりを考えたり，九九の構成を考えたりできる。
主体的に学習に取り組む態度	身のまわりにある事柄から，かけ算を構成できる素材を見つけ，進んでかけ算九九を作ろうとしたり，かけ算を日常生活にいかしたりしようとしている。

◎ 指導計画　11 時間 ◎

時	題	目　　標
1	5 の段の九九 ①	「1 あたりの数」が5のものを出し合い，ブロックや図を使って5の段を構成する。
2	5 の段の九九 ②	5の段の唱え方を知り，適用することができる。
3	2の段の九九 ①	「1 あたりの数」が2のものを出し合い，ブロックや図を使って2の段を構成する。
4	2の段の九九 ②	2の段の唱え方を知り，適用することができる。
5	3の段の九九 ①	「1 あたりの数」が3のものを出し合い，ブロックや図を使って3の段を構成する。
6	3の段の九九 ②	3の段の唱え方を知り，適用することができる。
7	4の段の九九 ①	「1 あたりの数」が4のものを出し合い，ブロックや図を使って4の段を構成する。
8	4の段の九九 ②	4の段の唱え方を知り，適用することができる。
9	2，3，4，5 の段の九九 ①	2，3，4，5 の段の九九を暗唱する。
10	2，3，4，5 の段の九九 ②	かけ算の式から問題文や絵，図などを考えることができる。
11	2，3，4，5 の段の九九 ③	これまでのかけ算の学習をいかして，楽しく学習できる。

第1時
5の段の九九①

本時の目標
「1あたりの数」が5のものを出し合い，ブロックや図を使って5の段を構成する。

板書例

5×□を つくろう

1

|はこに クッキー 5こずつ

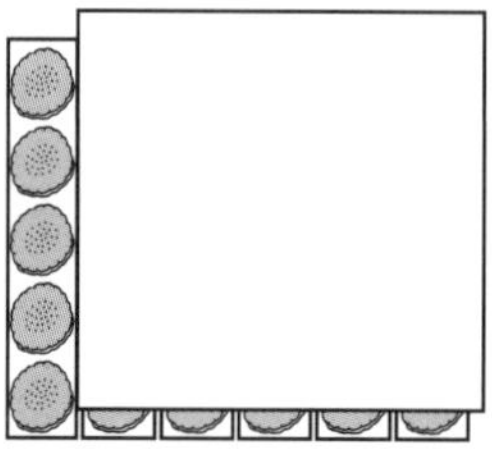

6はこ分

2

しき

⑤ × [6]

|はこ分(ぶん)の数(かず)　　はこの数

2

|はこに クッキーが ⑤ こずつ 入って います。……○

はこは [6] はこ あります。……□

クッキーは ぜんぶで 何(なん)こ ありますか。……◻︎○

POINT 1箱分から9箱分まで図に表すことは，一見大変そうな作業に見えますが，一つひとつ丁寧に図を表していくことで，

1 身のまわりにある「5ずつのもの」を探してみよう

※ かけ算（1）A案で紹介した「かけ算めがね」を使った授業案になっています。

T　身のまわりにあるものを使って，5ずつになるものを考えましょう。

1袋にみかんが5個ずつ

花1輪に花びらが5枚ずつ

1つの班に5人ずつ

1箱にクッキー5個ずつ

T　どれも⑤ずつになっていますね。

C　かけ算めがねの○（1あたりの数）だね。

T　今日は，この5ずつのかけ算を勉強します。「1箱にクッキー5個ずつ」を使って始めましょう。

2 1箱に5個ずつの6箱分は何個になりますか

5個入り6箱分のクッキーの絵を掲示する。1箱分のみ中身を見せ，残りは箱のみ見せる。

C　全部の数が見えなくても，1あたりの数といくつ分がわかれば，全部の数はわかるね。

C　1あたりの数○は5個で，いくつ分□は6箱です。

次の3段に分けて問題文を書いてみます

1箱にクッキーが⑤個ずつ入っています … ○

箱は[6]箱あります … □

クッキーは全部で何個ですか … ◻︎○

C　式は，○×□だから，5×6になります。

まずは，簡単な絵に表し，次に3段に分けた問題文を書く。そして立式する。

準備物	
	・算数ブロック（板書用・児童用） QR かけ算シート QR ワークシート QR ふりかえりシート

ICT	
	図をかくことが苦手な児童には，表計算ソフトの図シートを配信する。5の段を色で塗りつぶすことが容易にできて，理解しやすくなる。

3

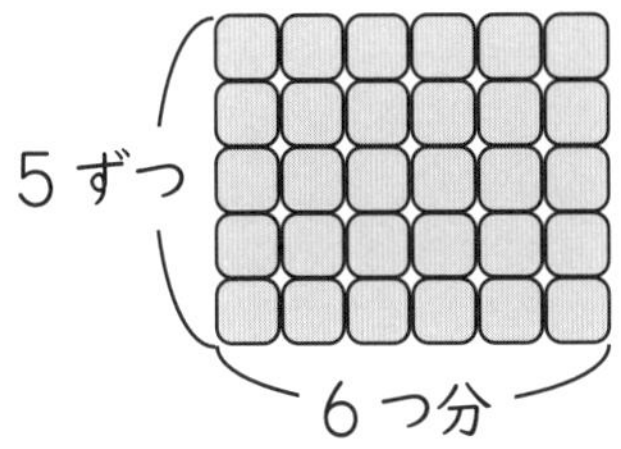

※算数ブロックを並べる。

答（こた）え　30こ

4 ＜図（ず）に かいて みよう＞

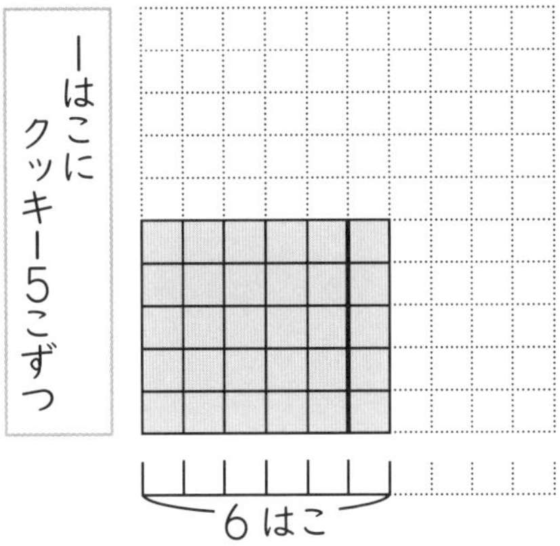

しき　5 × 6 = 30

5の段の答えの作り方がわかってきます。

3 算数ブロックで答えを見つけよう

クッキーを算数ブロックに置き換えて５ずつ６列並べたもので答えを確かめる。

T　５×６の算数ブロックを図にかいてみましょう。

QR「かけ算シート」を活用する。

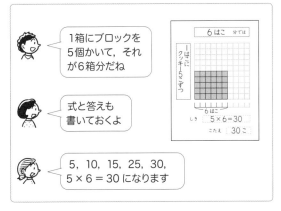

1箱にブロックを5個かいて，それが6箱分だね

式と答えも書いておくよ

5，10，15，25，30，5 × 6 = 30 になります

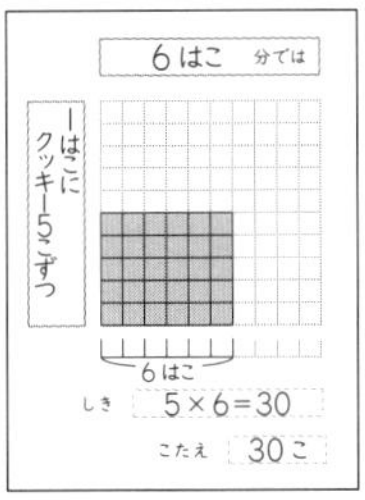

かけ算シートは，学習後，ノートに貼付する。１ページに２枚ずつ貼れるくらいの大きさに印刷しておく。６箱分以外も作業するため，大量に印刷しておくとよい。

4 箱の数を変えて，かけ算シートに図で表そう

箱の数は，児童の好きなものからでよい。班で手分けして１～９を完成させてもよい。

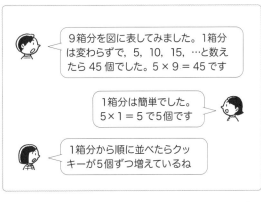

9箱分を図に表してみました。1箱分は変わらずで，5，10，15，…と数えたら 45 個でした。5 × 9 = 45 です

1箱分は簡単でした。5×1 = 5 で5個です

1箱分から順に並べたらクッキーが5個ずつ増えているね

１枚１枚丁寧に仕上げていくと，図をかくことで答えが見つけられるようになる。

学習のまとめをする。
ワークシートやふりかえりシートを活用する。

第2時
5の段の九九 ②

本時の目標　5の段の唱え方を知り，適用することができる。

板書例

5のだんの 九九(くく)を おぼえよう

1

5 × 1 = ⑤	五一(ごいち)が 5(ご)	5
5 × 2 = 1⓪	五二(ごに) 10(じゅう)	
5 × 3 = 1⑤	五三(ごさん) 15(じゅうご)	
5 × 4 = 2⓪	五四(ごし) 20(にじゅう)	
5 × 5 = 25	五五(ごご) 25(にじゅうご)	
5 × 6 = 30	五六(ごろく) 30(さんじゅう)	
5 × 7 = 35	五七(ごしち) 35(さんじゅうご)	
5 × 8 = 40	五八(ごは) 40(しじゅう)	
5 × 9 = 45	五九(ごっく) 45(しじゅうご)	

2

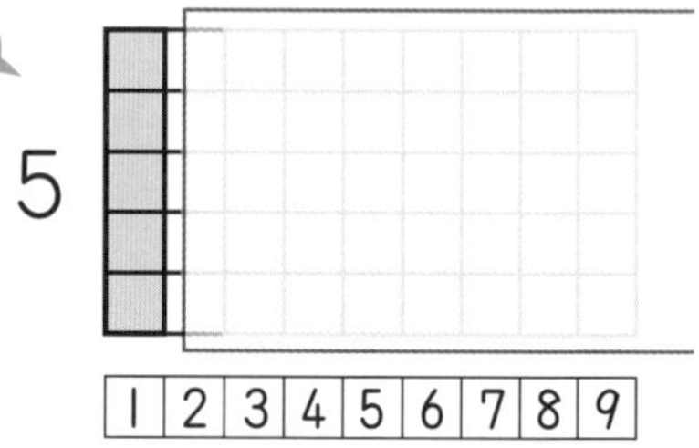

※ 右にずらしていく。

1

・一のくらいが 5と 0

・5ずつ ふえて いる

(POINT) 前時に5の段を作って本時で完成させ，唱える練習や適応問題をします。この学習パターンで進めていきます。

1 5の段の九九を完成させよう

T　前の時間に図をかいて5×□の答えを見つけました。ノートに貼った図を見て，みんなで答えを完成させましょう。(5×1～5×9を板書する)

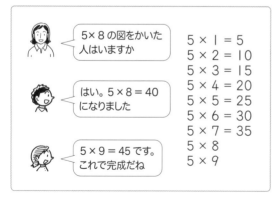

5×8の図をかいた人はいますか

はい。5×8＝40になりました

5×9＝45です。これで完成だね

5 × 1 = 5
5 × 2 = 10
5 × 3 = 15
5 × 4 = 20
5 × 5 = 25
5 × 6 = 30
5 × 7 = 35
5 × 8
5 × 9

T　5×1～5×9を見て何か気づいたことはありますか。

C　一の位の数字が5か0になっています。

C　答えが，5ずつ大きくなっています。

2 5の段の九九を唱えよう

黒板に5の段の九九の表とブロック図を貼る。

T　5×□の答えを「五一が5」「五二10」，…と言って覚えます。このような言い方を九九といい，5×□は5の段の九九といいます。

はじめは，かけ算の式を見ながら，次は，5のブロック図を示しながら全員で唱えていく。

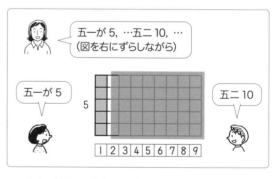

五一が5，…五二10，…(図を右にずらしながら)

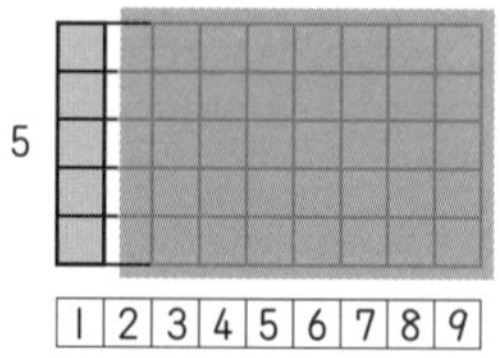

五一が5

五二10

九九の練習は，機会あるごとに行う。単に唱えるだけでなく子どもが楽しく取り組める工夫が必要である。(本書でも各段で紹介)

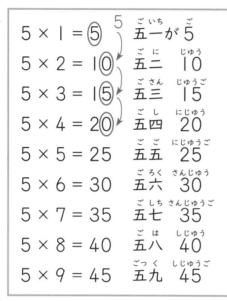

準備物	・5の段の九九表　・5の段の図（板書用） QR ワークシート QR ふりかえりシート QR 九九カード

ICT	デジタルコンテンツを使用して，九九カード「5の段」を小さい順，大きい順，ランダムに表示する。声を出して繰り返し練習することで習熟を図る。

3

1はこに ⑤ こずつ 入った
ドーナツが [7] はこ あります。
ドーナツは ぜんぶで 何(なん)こですか。

※ 問題文は3段に分けて提示する。

しき　⑤ × [7] ＝ 35

答え　35こ

4

〈九九カードで れんしゅう〉

おもて

5×2

うら

10

3 文章問題に取り組もう

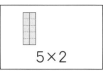

T　1箱に5個ずつ入ったドーナツが7箱あります。ドーナツは，全部で何個ですか。

T　かけ算めがねで見てみよう。

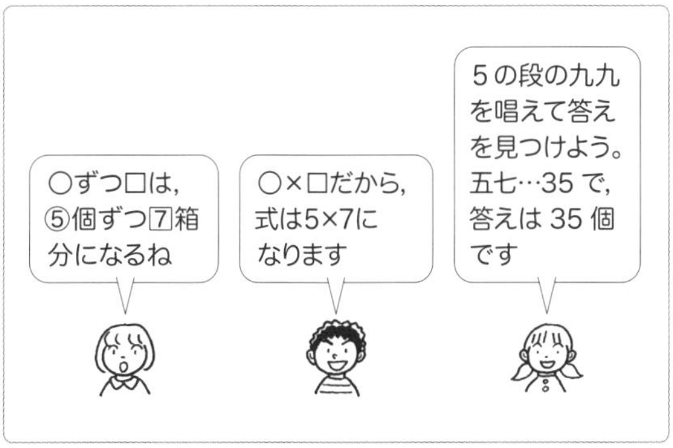

○ずつ□は，⑤個ずつ⑦箱分になるね
○×□だから，式は5×7になります
5の段の九九を唱えて答えを見つけよう。五七…35で，答えは35個です

C　かけ算九九を覚えたら，答えを図にかいたりしなくていいね。

九九の答えは，まだ九九の表を確かめながらでよい。

4 九九カードを使って問題を出し合おう

QR「九九カード」は児童数分印刷しておく。

表　5×2　　裏　10

表面と裏面を貼りつけて使用する。教師が準備しておいてもよいが，児童が作業することで，九九を覚える機会にもなる。

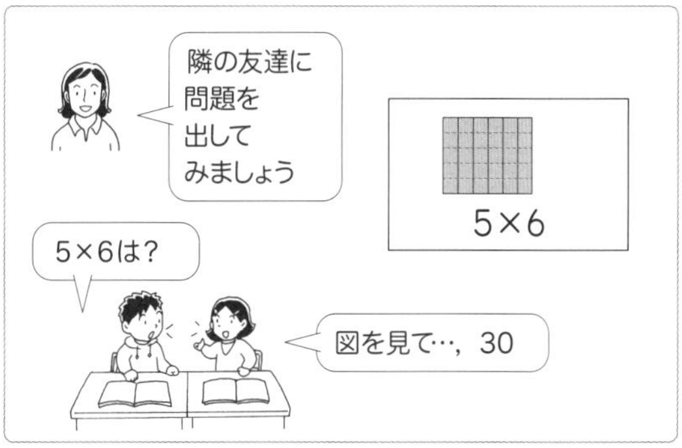

学習のまとめをする。
ふりかえりシートやワークシートを活用する。

第3時

2の段の九九 ①

本時の目標

「1あたりの数」が2のものを出し合い，ブロックや図を使って2の段を構成する。

板書例

かけ算(ざん)の 2 のだんを つくろう

1

|さらに 2こずつ

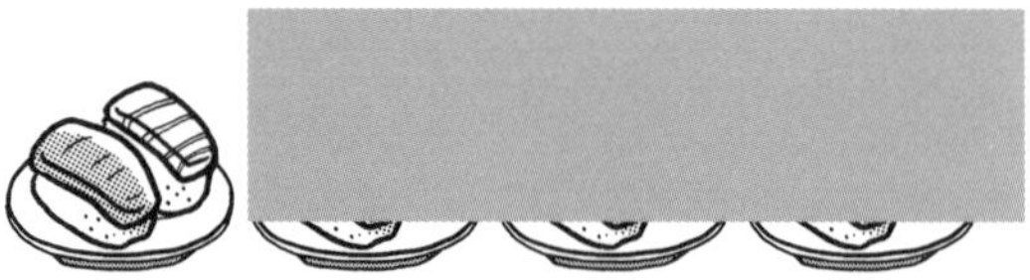

4 さら分(ぶん)

2 しき

② × 4

|さら分の数(かず)　おさらの数

2

|さらに おすしが ② こずつ あります。……○
4 さら あります。……□
おすしは ぜんぶで 何(なん)こですか。……◎

POINT 1あたりの数が2つのものは，身のまわりにたくさんあります。眼鏡のレンズ，動物の耳，自転車のタイヤ，さくらんぼ，

1 身のまわりにある「2ずつのもの」を探してみよう

第1時「5の段の九九①」と同じ流れで進めていく。

T　今日は，「2ずつのもの」を考えましょう。

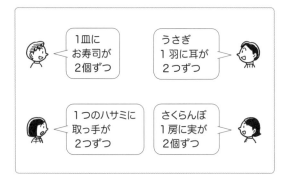

1皿にお寿司が2個ずつ

うさぎ 1羽に耳が 2つずつ

1つのハサミに取っ手が 2つずつ

さくらんぼ 1房に実が 2個ずつ

C　2ずつは，まだまだたくさんありそうだよ。自転車のタイヤもそうだね。

T　「1皿にお寿司が2個ずつ」を使って，2の段のかけ算の答えを調べていきましょう。

うさぎ(羽)，さくらんぼ(房)など，ものの数え方(助数詞)にも触れておくとよい。

2 4皿分のお寿司は何個になりますか

2個入り4皿分のお寿司の絵を掲示する。1皿分の中身を見せ，残りはお皿のみ見せる。

C　1皿分の数とお皿の数がわかれば，全部の数は見つけられるね。

問題文を書いてみましょう

前に，3段に分けて文を書いたよ

1皿にお寿司が②個ずつ入っています … ○
お皿は4皿あります … □
お寿司は全部で何個ですか … ◎

C　1あたりの数○は2個で，いくつ分□は4皿です。

C　式は，○×□だから，2×4になります。

準備物	・算数ブロック（板書用・児童用） QR かけ算シート QR ワークシート QR ふりかえりシート

ICT	図をかくことが苦手な児童には，表計算ソフトの図シートを配信する。２の段を色で塗りつぶすことが容易にできて，理解しやすくなる。

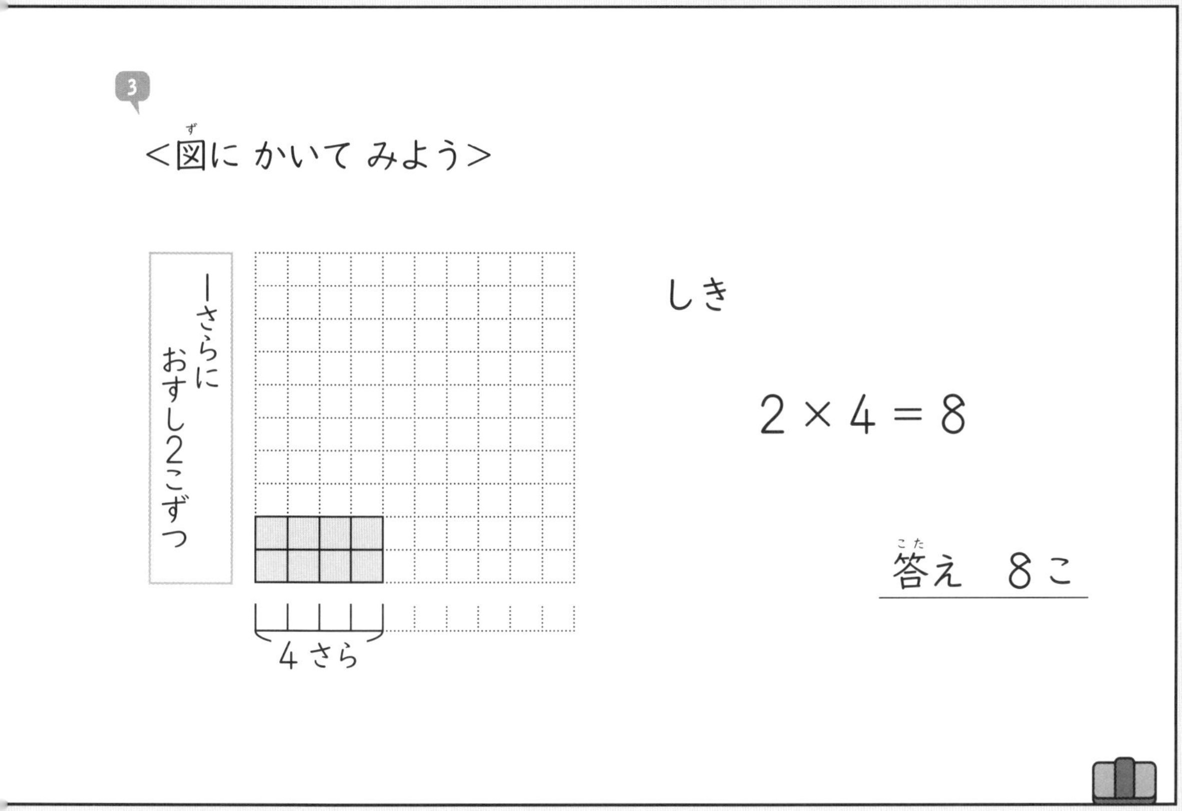

など色々な素材を見つけて学習意欲を高めましょう。

3 算数ブロックで答えを見つけよう

お寿司を算数ブロックに置き換えて２ずつ４列並べたもので答えを確かめる。

T　２×４の算数ブロックを図にかいてみましょう。

QR「かけ算シート」を活用する。

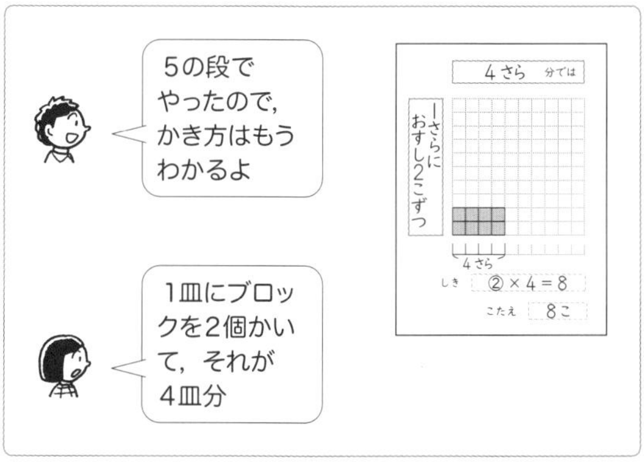

C　答えは，２，４，６，８と２とばしで数えました。２×４＝８になります。

4 お皿の数を変えて，かけ算シートに図で表そう

お皿の数は，児童の好きなものからでよい。班で手分けして１～９を完成させてもよい。

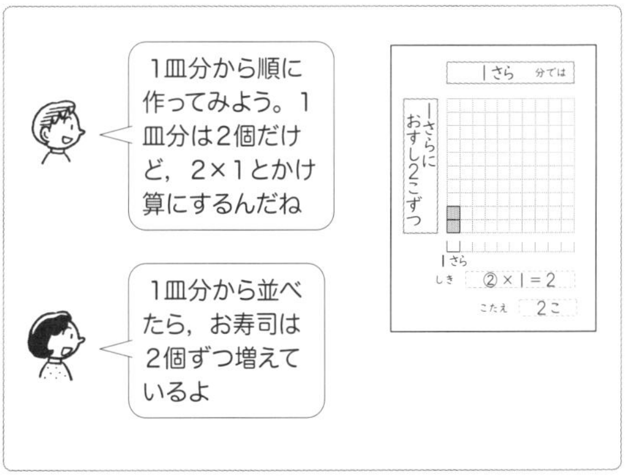

C　これで，２の段のかけ算の答えも全部見つけられたね。

学習のまとめをする。
ワークシートやふりかえりシートを活用する。

2の段の九九 ②

本時の目標　2の段の唱え方を知り，適用することができる。

板書例

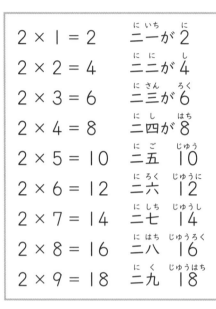

2のだんの 九九を おぼえよう

1

2 × 1 = 2	二一が 2
2 × 2 = 4	二二が 4
2 × 3 = 6	二三が 6
2 × 4 = 8	二四が 8
2 × 5 = 10	二五 10
2 × 6 = 12	二六 12
2 × 7 = 14	二七 14
2 × 8 = 16	二八 16
2 × 9 = 18	二九 18

2

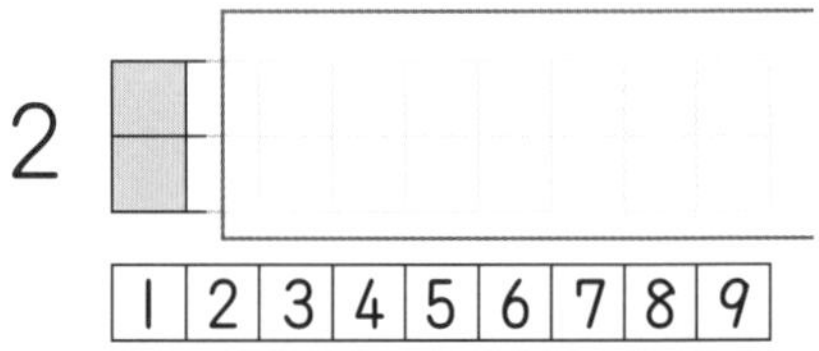
2
1 2 3 4 5 6 7 8 9

※ 右にずらしていく。

1

- 2ずつ ふえている
- 2とびで 数えている
- 一のくらいは 2，4，6，8の くりかえしになっている

POINT　毎時間，九九暗唱の個人練習と，九九暗唱検定の時間を10分くらい取るようにしましょう。（詳細は第9時参照）

1　2の段の九九を完成させよう

T　前の時間に図をかいて2の段の答えを見つけました。ノートに貼った図を見て，みんなで答えを出し合い完成させましょう。

2×1～2×9を板書して答えを書いていく。

T　2の段の答えを見て気づいたことを発表しましょう。

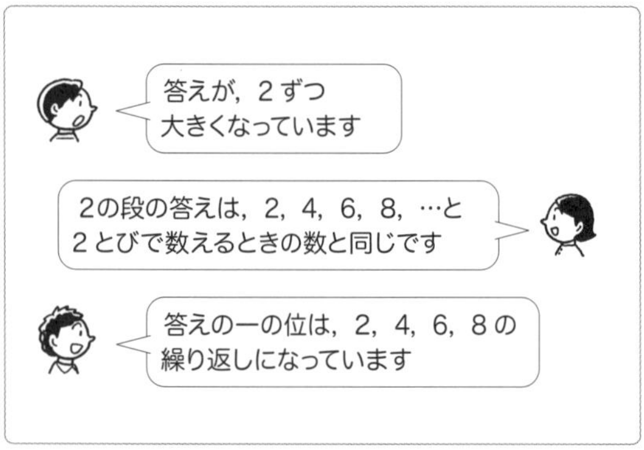
答えが，2ずつ大きくなっています
2の段の答えは，2，4，6，8，…と2とびで数えるときの数と同じです
答えの一の位は，2，4，6，8の繰り返しになっています

C　2の段の答えは覚えやすいね。

2　2の段の九九を唱えよう

黒板に2の段の九九の表とブロック図を貼る。

T　今日は，2の段の九九を勉強します。みんなで唱えましょう。

はじめは，かけ算の式を見ながら，次は，2のブロック図を示しながら全員で唱えていく。

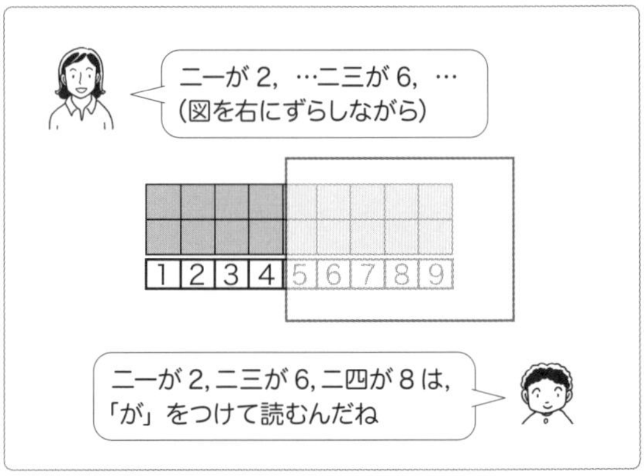
二一が2，…二三が6，…
（図を右にずらしながら）
1 2 3 4 5 6 7 8 9
二一が2, 二三が6, 二四が8は，「が」をつけて読むんだね

「が」がつくのは，答えが1桁の数の場合のみである。十の位の数字の代わりを「が」で表している。

準備物
・2の段の九九表
・2の段の図（板書用）
QR ワークシート　QR ふりかえりシート
QR 九九カード

ICT
デジタルコンテンツを使用して，九九カード「2の段」を小さい順，大きい順，ランダムに表示する。声を出して繰り返し練習することで習熟を図る。

3

㋐

1はこに ②こずつ ケーキが入って います。
5 はこ分(ぶん)の
ケーキの 数(かず)は 何(なん)こですか。

しき　② × 5 ＝ 10

答(こた)え　10こ

4

㋑

いすが 7 きゃく あります。
1きゃくに ②人ずつ すわれます。
ぜんぶで 何人 すわれますか。

しき　② × 7 ＝ 14

答え　14人

3 文章問題に取り組もう

T　㋐1箱に2個ずつケーキが入っています。5箱分のケーキの数は何個ですか。

問題文は3段に分けて提示する。

C　2の段の九九を唱えて答えを見つけよう。
C　二五…10で，答えは10個です。

九九の答えは，まだ九九の表を確かめながらでよい。

4 「○ずつ□」を見つけて答えを求めよう

「いくつ分」が「1あたりの数」よりも先に記述してある文章問題に取り組む。問題文㋑を板書する。

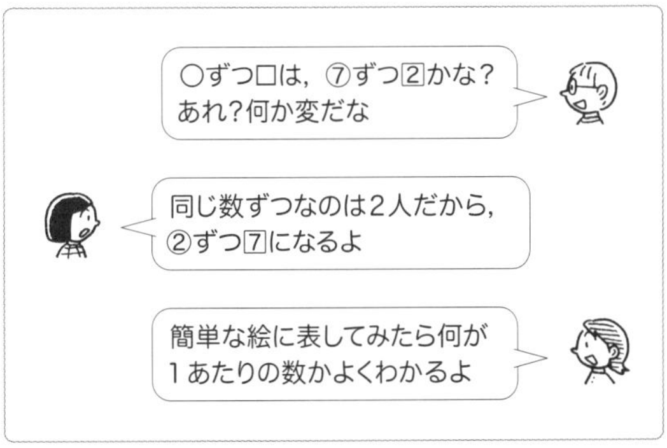

C　○×□で，式は②×7になります。
C　答えは，二七…14で，14人になります。

学習のまとめをする。
ふりかえりシートやワークシートを活用する。
2の段の「九九カード」を作り，問題を出し合う活動をする。

第5時
3の段の九九 ①

本時の目標　「1あたりの数」が3のものを出し合い，ブロックや図を使って3の段を構成する。

板書例

かけ算の 3のだんを つくろう

1

1本に 3こずつ

5本分

2

しき

③ × [5]

1本分の数　　本数

2

1本に だんご ③こずつ　　……○

[5] 本では，　　……□

だんごは ぜんぶで 何こですか。　　……◎

POINT 図をかく作業を繰り返していると，3 × 5 = 5 × 3（交換法則）や3 × 5と3 × 2で3 × 7（分配・結合法則）に気づい

1 身のまわりにある「3の段になるもの」を探してみよう

第1時，第3時と同じ流れで進めていく。

T　これまでに，5の段，2の段の学習をしてきました。今日は，3の段です。

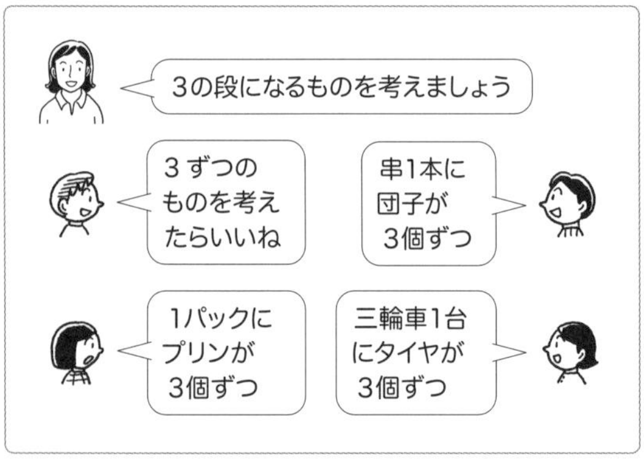

3の段になるものを考えましょう
3ずつのものを考えたらいいね
串1本に団子が3個ずつ
1パックにプリンが3個ずつ
三輪車1台にタイヤが3個ずつ

C　1学年に3組ずつ，扇風機1台に羽3枚ずつなどもあるよ。

T　「1本に団子が3個ずつ」を使って，3の段のかけ算の答えを調べていきましょう。

2 5本分のお団子は何個になりますか

T　「1本に3個ずつ5本分のお団子」の絵をかいてみましょう。

C　絵をかくと，1あたりの数がはっきりするね。

黒板に絵を掲示する。

T　次は，何をしたらよかったですか。

C　問題文を3段に分けて書きました。

C　3つに分けて書くと，○と□がわかりやすいね。これを式に表してみよう。

C　1あたりの数○は3個で，いくつ分□は5本です。式は，3 × 5になります。

5の段，2の段で「絵→文章→式」と同じ流れで進めているため，児童も次に何をすべきか自然とわかってくる。教師は，児童が自ら行動できるよう，「次に何をしますか」と誘導しながら進めていく。

準備物	・算数ブロック（板書用・児童用） QR かけ算シート QR ワークシート QR ふりかえりシート

ICT	図をかくことが苦手な児童には，表計算ソフトの図シートを配信する。3の段を色で塗りつぶすことが容易にできて，理解しやすくなる。

3

＜図（ず）に かいて みよう＞

1本に だんご 3こずつ

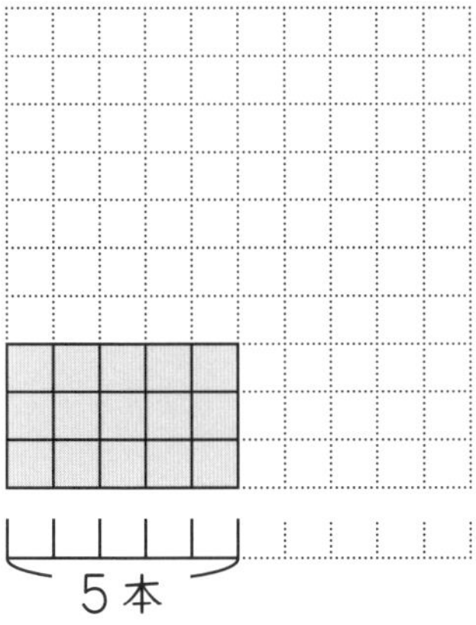

しき　$3 \times 5 = 15$

答（こた）え　15こ

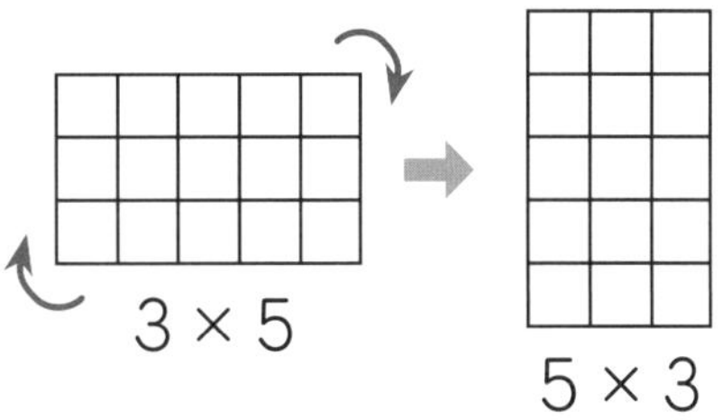

4

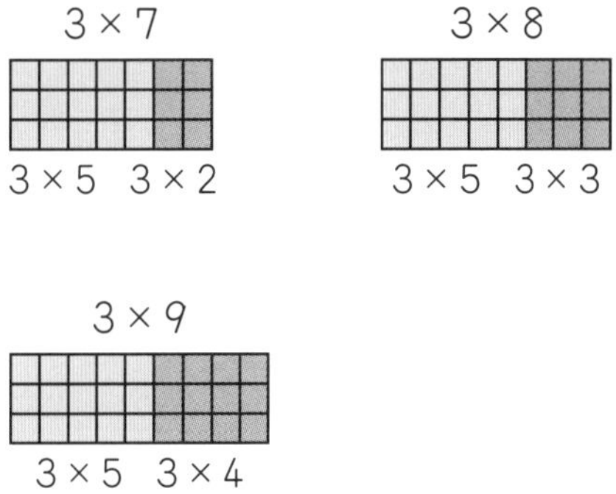

てくる子どももいます。本人の気づきを大切に進めます。

3　図をかいて答えを見つけよう

T　3×5の図をかいて答えを出しましょう。

QR「かけ算シート」を活用する。

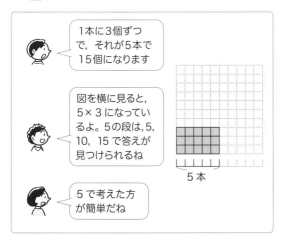

1本に3個ずつで，それが5本で15個になります

図を横に見ると，5×3になっているよ。5の段は，5，10，15で答えが見つけられるね

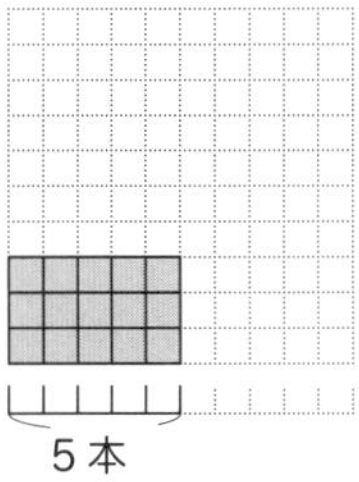

5で考えた方が簡単だね

T　串の本数を変えて，3の段のかけ算の答えを探しましょう。好きな数から始めましょう。

4　どんな答えの見つけ方をしたか紹介しよう

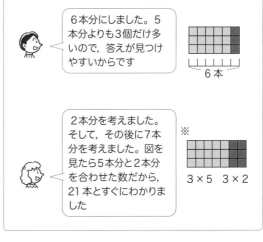

6本分にしました。5本分よりも3個だけ多いので，答えが見つけやすいからです

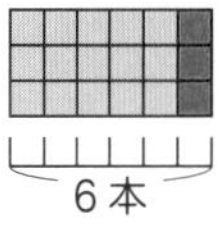

2本分を考えました。そして，その後に7本分を考えました。図を見たら5本分と2本分を合わせた数だから，21本とすぐにわかりました

※

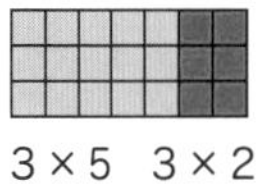

上の※のように，3×5をもとにして考える方法が児童から出れば，全体に紹介する。

学習のまとめをする。
ワークシートやふりかえりシートを活用する。

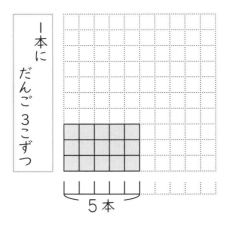

第6時
3の段の九九 ②

本時の目標　3の段の唱え方を知り，適用することができる。

板書例

3のだんの 九九（くく）を おぼえよう

1

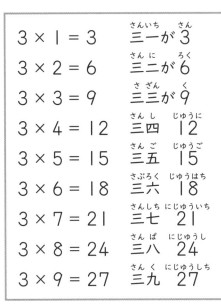

3 × 1 = 3	三一が3（さんいち さん）
3 × 2 = 6	三二が6（さん に ろく）
3 × 3 = 9	三三が9（さ ざん く）
3 × 4 = 12	三四 12（さん し じゅうに）
3 × 5 = 15	三五 15（さん ご じゅうご）
3 × 6 = 18	三六 18（さぶろく じゅうはち）
3 × 7 = 21	三七 21（さんしち にじゅういち）
3 × 8 = 24	三八 24（さん ぱ にじゅうし）
3 × 9 = 27	三九 27（さん く にじゅうしち）

2

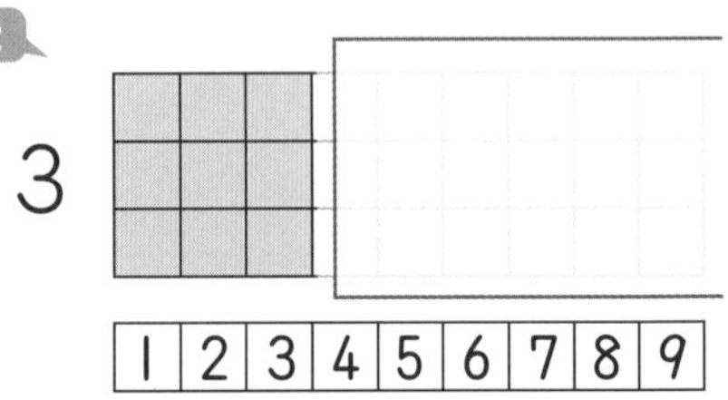

1 2 3 4 5 6 7 8 9

※ 右にずらしていく。

1

・3ずつ ふえている
・一のくらいと 十のくらいを たすと，3，6，9の くりかえし

POINT　かけ算ビンゴに書く9個の数字は，2，3，5の各段の答えがわからないと書くことができません。ゲームですが，大変

1　3の段の九九を完成させよう

T　5の段と2の段の九九を唱えましょう。

授業のはじめや終わり，途中などに，既習の段の九九を唱える時間を取り，習慣づけるとよい。

T　前の時間に見つけた3の段の答えを，みんなで出し合って完成させましょう。

3 × 1 ～ 3 × 9 を板書して答えを書いていく。

T　3の段の答えを見て気づいたことを発表しましょう。

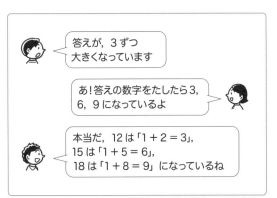

答えが，3ずつ
大きくなっています

あ！答えの数字をたしたら3，
6，9になっているよ

本当だ，12は「1＋2＝3」，
15は「1＋5＝6」，
18は「1＋8＝9」になっているね

2　3の段の九九を唱えよう

黒板に3の段の九九の表とブロック図を貼る。

C　今日は，3の段の九九の勉強だね。

T　先生の後に繰り返して唱えましょう。

はじめは，かけ算の式を見ながら，次は，3のブロック図を示しながら全員で唱えていく。

三一が3，三二が6，三三が9，
答えが一の位だけのときはやっ
ぱり「が」がつくね
「さざんが」や「さんぱ」は
普段使わない読み方だから
難しいね

九九を唱える機会を多くつくることが，九九を覚える近道である。大きな紙に九九を書いて教室の入口に掲示し，毎朝教室に入るときに唱えてから入るなど様々な工夫が必要となる。

準備物	・3の段の九九表　・3の段の図（板書用） ・色鉛筆 QR ワークシート QR ふりかえりシート　QR 九九カード

ICT	かけ算ビンゴの表シートを配信すれば，かけ算ビンゴの表が簡単に作成することができ，繰り返してかけ算ビンゴを楽しむことができる。

3

ペットボトル 1本に ③dL ずつ
お茶(ちゃ)が 入って います。
[8] 本分(ぶん)では，
お茶は ぜんぶで 何(なん) dL に なりますか。

3dL

しき　③ × [8] ＝ 24

答(こた)え　24 dL

4

<かけ算(ざん)ビンゴを しよう>

5 のだん，2 のだん，
3 のだんの 九九の 答えを
9 こ えらんで 書(か)く。

8	30	12
40	6	9
15	5	10

[2 × 3]　答えは 6

効果的な学習となります。

3 文章問題に取り組もう

T　ペットボトル 1 本に 3dL ずつお茶が入っています。8 本分では，何 dL になりますか。

問題文は 3 段に分けて提示する。

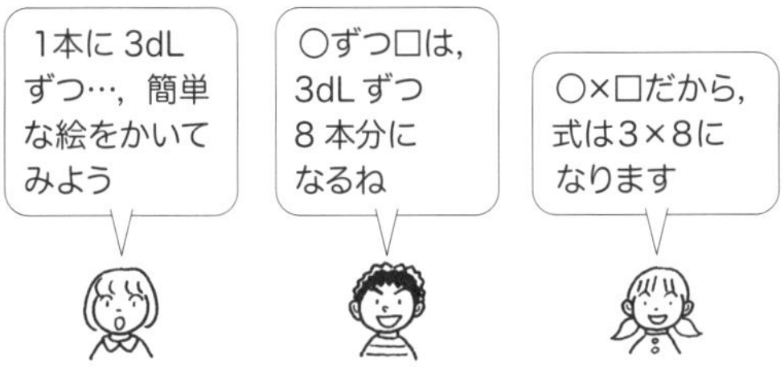

1本に 3dL ずつ…，簡単な絵をかいてみよう
○ずつ□は，3dL ずつ 8 本分になるね
○×□だから，式は3×8になります

C　3 の段の九九を唱えて答えを見つけよう。
C　三八…24 で，答えは 24dL です。

学習のまとめをする。
ふりかえりシートやワークシート，「九九カード」などを活用する。

4 かけ算ビンゴをしよう

【やり方】

❶ ノートに 3 × 3 のますをかく。
❷ 9 個のますに，5 の段，2 の段，3 の段の九九の答えから好きな数字を 9 個選んで書く。
❸ 5 の段，2 の段，3 の段の九九カードから 1 枚ずつカードを引いて式を読む。
❹ ❸の式の答えが，自分が書いた数字の中にあれば，その数字のますに色を塗る。
❺ 色を塗ったますの，縦，横，斜めのどれか 3 つが揃うとビンゴになる。
あと 1 つでビンゴになるときは「リーチ」と言う。

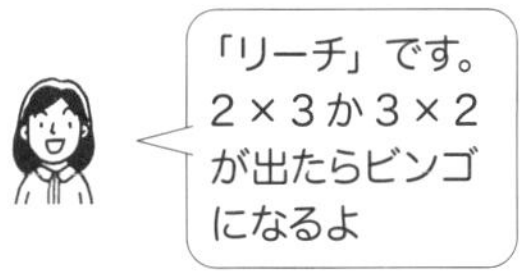

「リーチ」です。2 × 3 か 3 × 2 が出たらビンゴになるよ

8	30	12
40	6	9
15	5	10

第7時 4の段の九九①

本時の目標
「1あたりの数」が4のものを出し合い，ブロックや図を使って4の段を構成する。

板書例

かけ算(ざん)の 4 のだんを つくろう

1
|本に 4まいずつ

3本分(ぶん)

2
しき

|本分の数(かず)　本数(ほんすう)

④ × [3]

かけられる数　かける数

2
クローバー | 本に はっぱ ④まいずつ ……○
クローバー [3] 本では ……□
はっぱは ぜんぶで 何(なん)まいですか。 ……◎

POINT 4の段を児童自身がつくっていくことで，4×5が，全体の数を求めるときにとても便利で活用できることが理解できる

1 身のまわりにある「4の段になるもの」を探してみよう

第1時，第3時，第5時と同じ流れで進めていく。

C　5，2，3の段と学習してきたから，今日は何の段かな。

今日は，4の段になるものを考えましょう

四つ葉のクローバー1本に葉っぱが4枚ずつ

トンボ1匹に羽が4枚ずつ

自動車1台にタイヤが4個ずつ

椅子1脚に脚が4本ずつ

C　4個ずつ入っているお菓子もあるよ。4の段のものもたくさんあるね。

T 「クローバー1本に葉っぱが4枚ずつ」を使って，4の段のかけ算の答えを調べていきましょう。

2 3本分の葉は何枚になりますか

T 「1本に4枚ずつ3本分のクローバー」の絵をかいてみましょう。

C　絵をかくと，1あたりの数が4枚だとよくわかるよ。黒板に絵を掲示する。

C　問題文を3段に分けて書いてみました。

C　1あたりの数○は4枚で，いくつ分□は3本です。式は，4×3になります。

4×3の式で，4を「かけられる数」といい，3を「かける数」といいます

④ × [3]

かけられる数　かける数

○はかけられる数で，□はかける数になるね

準備物
・算数ブロック（板書用・児童用）
QR かけ算シート
QR ワークシート
QR ふりかえりシート

ICT
図をかくことが苦手な児童には，表計算ソフトの図シートを配信する。4の段を色で塗りつぶすことが容易にできて，理解しやすくなる。

3
＜図(ず)に かいて みよう＞

クローバー1本に はっぱ4まいずつ

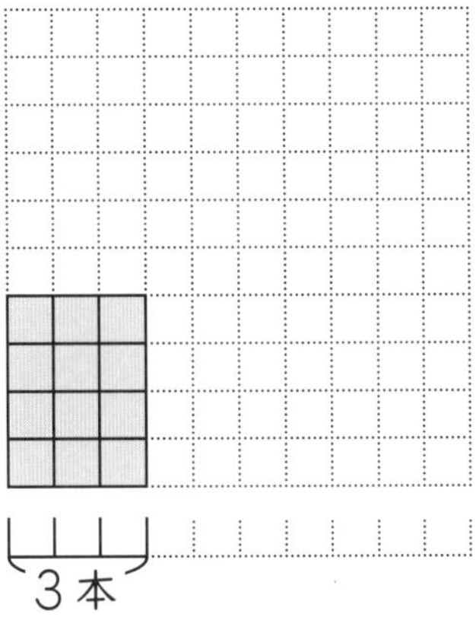

しき　4 × 3 = 12

答(こた)え　12まい

4
クローバー1本に はっぱ4まいずつ

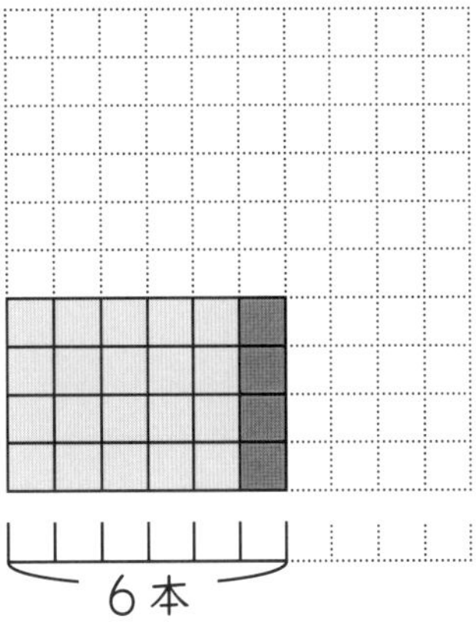

6本分は
4 × 5 = 20 なので
20 + 4 で 24 まい

でしょう。

3 図をかいて答えを見つけよう

T　4 × 3 の図をかいて答えを出しましょう。

QR「かけ算シート」を活用する。

1本に4枚ずつで，それが3本で12本になります

4の段のかけ算をつくるときは，4がいつもかけられる数になるね

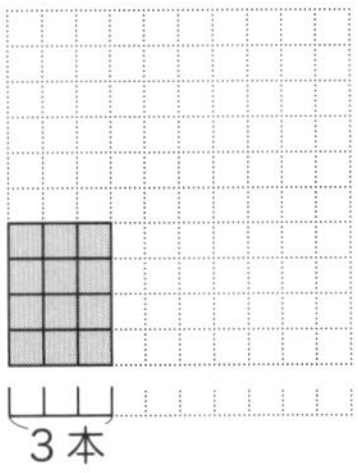

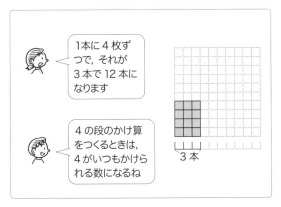

T　では，かける数（クローバーの本数）を変えて，4の段のかけ算の答えを調べましょう。

4 かける数を変えて，かけ算シートに図で表そう

5本分ができたら，それを使ってどんどんできるよ。6本分は色を変えてみたらよくわかるよ

4 × 5 = 20 に4をたしたらできるね

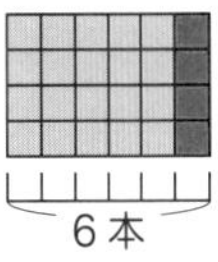

3の段のときに教えてもらったやり方だね。ぼくも色を変えてみよう

4 × 5 をもとにすると，合理的に効率よくできることを児童も実感できるようになる。さらに，色を変えるなどの工夫も出てくる。児童が見つけた考えなどを全体で共有する。

学習のまとめをする。
ワークシートやふりかえりシートを活用する。

第8時

4の段の九九 ②

本時の目標 4の段の唱え方を知り，適用することができる。

板書例

4のだんの 九九(くく)を おぼえよう

1

4 × 1 = 4	四一が 4	しいち し
4 × 2 = 8	四二が 8	しに はち
4 × 3 = 12	四三 12	しさん じゅうに
4 × 4 = 16	四四 16	しし じゅうろく
4 × 5 = 20	四五 20	しご にじゅう
4 × 6 = 24	四六 24	しろく にじゅうし
4 × 7 = 28	四七 28	ししち にじゅうはち
4 × 8 = 32	四八 32	しは さんじゅうに
4 × 9 = 36	四九 36	しく さんじゅうろく

4

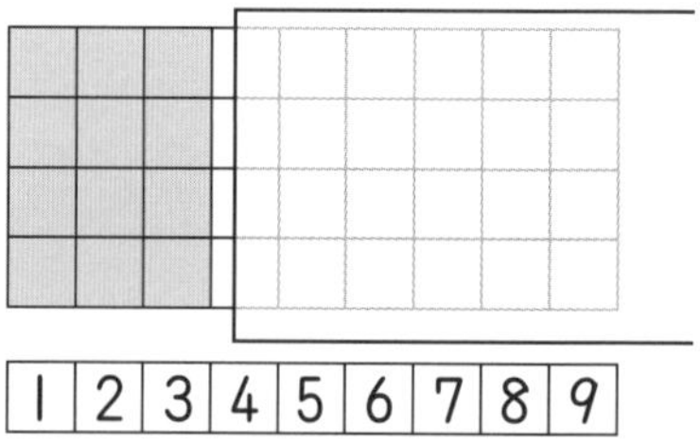

※ 右にずらしていく。

・4 ずつ ふえている

POINT 九九のゲームをすることで，かけ算の意味理解が深まり，九九を暗唱できるようになろうという意識も高まります。

1 4の段の九九を完成させよう 4の段の九九を唱えよう

4 × 1 ～ 4 × 9 を板書して答えを書いていく。

T 4の段の答えを見て気づいたことを発表しましょう。

C 4の段の答えは4ずつ増えています。

C 一の位の数字を見ると，2の段に似ています。

黒板に4の段の九九の表とブロック図を貼る。はじめはかけ算の式を見ながら，次は，4のブロック図を示しながら全員で唱えていく。

4の段の九九は，読み方が難しい九九の1つである。中でも，四七（ししち）は言い間違えが多いので注意する。また，段によって読み方が変わる数も子どもは苦手である。特に，「× 8」は，「はち」「は」「ぱ」と読み方が変わるので，「二八」「三八」「四八」「五八」の読み方を比べておく。

にはち 16　　さんぱ 24　　しは 32

2 文章問題に取り組もう

問題文を3段に分けて提示する。

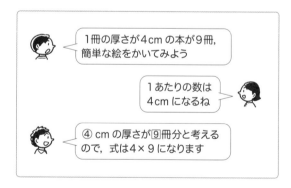

1冊の厚さが4cm の本が9冊，簡単な絵をかいてみよう

1あたりの数は 4cm になるね

④ cm の厚さが⑨冊分と考えるので，式は4× 9 になります

C 4の段の九九を唱えて答えを見つけよう。

C 四九…36 で，答えは 36cm です。

3の段は「かさ」，4の段は「長さ」の問題を扱う。教科書では，長さの素材を使った文章題で「倍」を導入しているところが多いが，「1冊の厚さが4cm の9冊分」という問題提起で「1あたりの数×いくつ分」として理解することができる。

準備物	・4の段の九九表 QR ワークシート QR 九九カード	・4の段の図（板書用） QR ふりかえりシート QR 九九かるた見本	ICT	デジタルコンテンツを使用して，九九カード「4の段」を小さい順，大きい順，ランダムに表示する。声を出して繰り返し練習することで習熟を図る。

2

｜さつの あつさが ④ cm の
ずかんが あります。
9 さつ ならべると，
はばは 何（なん） cm ですか。

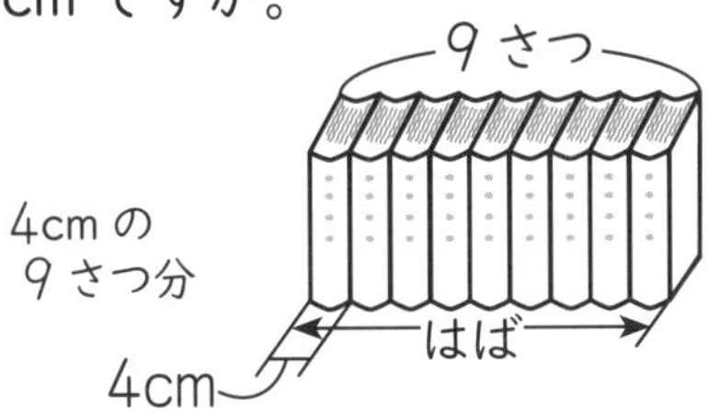

しき　④ × 9 ＝ 36

答（こた）え　36cm

3

＜九九かるたを しよう＞

よみふだ

うさぎ｜わに耳２本ずつ
うさぎ６わ分では
耳はぜんぶで何本？

とりふだ

12 本	2×6

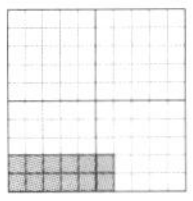

・読（よ）みおわって，「ハイ」でとる。
・｜回に ひとり ２まいまで

3 「かけ算九九かるた」をしよう ～2の段，3の段，4の段，5の段～

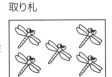

九九カルタ説明

取り札

問題場面の絵

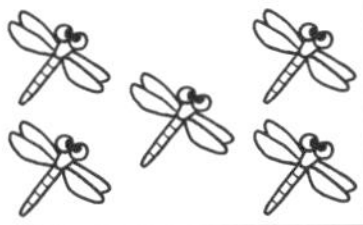

読み札

トンボ｜ぴきにはね４まいずつ
トンボ５ひき分では
はねはぜんぶで何まい？

問題場面の図

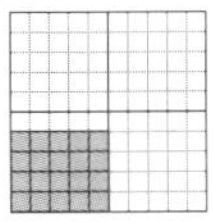

式　4 × 5

答え　20まい

【やり方】

❶ 4～5人でする。机を合わせて，取り札のかるた（16 枚）を置く。読み手を1人決める。
❷ 読み札1枚あたり，取り札は4枚。1人が4枚取ることもできるが，最初は2枚までとして，できるだけ多くの人が取れるようにする。
❸ 読み手が，読み札を読み，「ハイ」と言った後にかるたを取る。それまでは，手を膝の上に置いておく。

（文を変えて読んでみよう）金魚鉢１個に金魚が3匹ずつ
金魚鉢３個では全部で何匹？

3匹ずつ３個で
3×3だ

第9時

2，3，4，5の段の九九 ①

本時の目標
2，3，4，5の段の九九を暗唱する。

九九(くく)を つかって チャレンジ

2 チャレンジ❶ 花びらかけ算(ざん)

$2 \times 3 = 6$

$2 \times 8 = 16$

3 チャレンジ❷ あんごうを とこう

$2 \times 5 = 10$ 十のくらい 1

一のくらい 0

POINT 九九暗唱の検定に加えて，九九を使った楽しいクイズやゲームをして，身につけようとする意欲を高めます。暗唱検定の

1 九九暗唱検定で合格を目指そう

T　2，3，4，5の段の九九の暗唱練習を3回しましょう。

毎時間，個人練習と暗唱検定の時間を，時間内に約10分間取る。暗唱検定は，これまでに学習した段にする

「上がりがり九九」
「下がり九九」
「ランダム」とするが，
まずは全員の
「上がり九九」の
合格を目指す。

九九 けんてい カード

	上がり	下がり	ランダム		上がり	下がり	ランダム
5のだん				7のだん			
2のだん				8のだん			
3のだん				9のだん			
4のだん				1のだん			
6のだん							

4の段の「上がり九九」検定をお願いします
四一が4，四二が8，…四九36！

はい，合格です。おめでとう

2 チャレンジ❶「花びらかけ算」で九九の練習

ワークシートを使って九九の練習をする。

T 「花びらかけ算」をしましょう。中心に書いてある数の段のかけ算九九です。花びらに答えを書いていきましょう。

黒板で使い方を説明する。

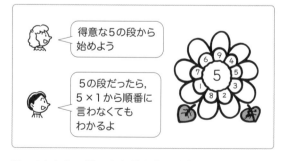

得意な5の段から始めよう

5の段だったら，5×1から順番に言わなくてもわかるよ

T　できたら，隣の人と答え合わせをしましょう。

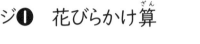

準備物	
	QR ワークシート QR ふりかえりシート QR 九九検定カード

ICT	
	デジタルコンテンツを使用すると，九九の習熟に向けて，個々のペースややり方で，無理なく九九練習をすることができる。

4

チャレンジ❸　れんしゅう

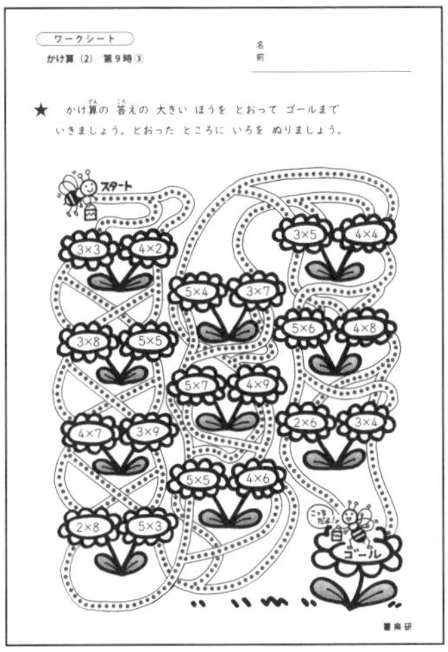

1

<九九けんてい>

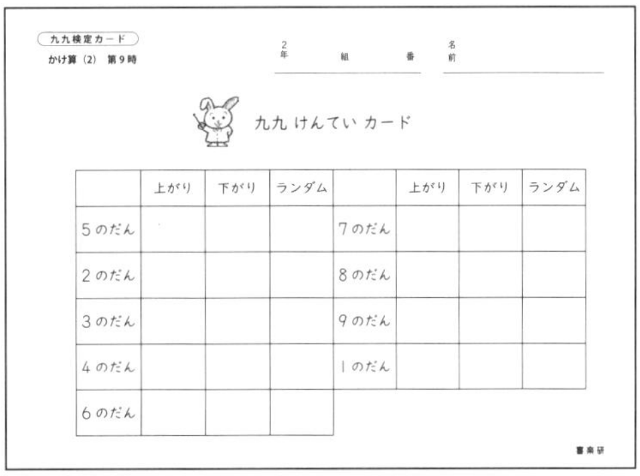

	上がり	下がり	ランダム		上がり	下がり	ランダム
5のだん				7のだん			
2のだん				8のだん			
3のだん				9のだん			
4のだん				1のだん			
6のだん							

時間に個別に取り組めるようにしてもよいでしょう。

3 チャレンジ❷ 九九を使って「暗号解き」をしよう

T　はじめの「２×５」をやってみます。

> 2×5＝10　10は，
> 十の位は1で，一の位は
> 0ですね。表でその2つが
> 出会う文字は，…「か」です。
> 2×5の下に
> 「か」の文字を書きます

あんごう	2×5
	か

C「３×３＝９」は，十の位を０，一の位を９として見たらいいね。

C「かけざんくくようかい３みんなで…」あれ？３は変だ，間違っているのかな。

T　暗号が解けた人は，先生のところに持ってきてください。

4 チャレンジ❸ 九九の徹底練習 自分の苦手な九九を練習しよう

クラスや児童の実態に応じてワークシートに取り組む。

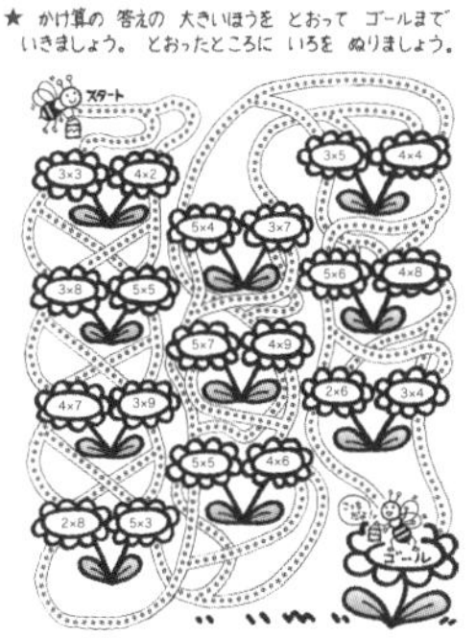

本時の感想を発表してもらう。

C　自分のペースで進められて楽しかったです。

C「四七」で間違えたので気をつけたいです。

T　間違った九九を書き出しておくと，気をつけるようになっていいですよ。

T　暗唱練習をしましょう。「下がり九九」にも挑戦しましょう。

第10時

2，3，4，5の段の九九②

本時の目標

かけ算の式から問題文や絵，図などを考えることができる。

板書例

九九（くく）かるたを つくろう

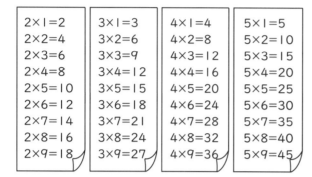

2の段	3の段	4の段	5の段
2×1=2	3×1=3	4×1=4	5×1=5
2×2=4	3×2=6	4×2=8	5×2=10
2×3=6	3×3=9	4×3=12	5×3=15
2×4=8	3×4=12	4×4=16	5×4=20
2×5=10	3×5=15	4×5=20	5×5=25
2×6=12	3×6=18	4×6=24	5×6=30
2×7=14	3×7=21	4×7=28	5×7=35
2×8=16	3×8=24	4×8=32	5×8=40
2×9=18	3×9=27	4×9=36	5×9=45

すきな かけ算（ざん）を 1つ えらぼう

れい

4 × 5

よみふだ 1まい

プランターに チューリップが 4本ずつ
プランターが 5こでは
チューリップは ぜんぶで 何本（なんぼん）ですか。

POINT 「みんなが作った九九かるたで，次の時間に楽しもう」と意欲を喚起しましょう。

1 好きなかけ算を選んで，「九九かるた」を作ろう

2，3，4，5の段のかけ算の中から，好きなかけ算を1つ選んで各自で九九かるたを1セットずつ作る。

T 読み札1枚と，取り札4枚を作ります。

❶ 選んだかけ算に合った問題文
❷ 問題文に合った絵
❸ 問題文と絵に合った図
❹ かけ算の式
❺ 答え

かけ算に偏りが出ないように，班によってある程度制限を決めておくとよい。

3の段が好きだから，3×7にしようかな
桜の花びらの問題にしたいので，5の段の問題にしよう

2 選んだかけ算に合った問題文を書こう

児童に，かるた用の用紙を5枚ずつ配る。問題文を書く用紙には，3行で書けるように線が入ったものにする。

C 3段に分けて書いたらいいね。1行目が○，2行目が□，3行目が問いの文だね。

トンボ1ぴきにはねは4まいずつです。
トンボが6ぴきいたら
はねはぜんぶで何まいになりますか。

自分で問題文を書くことが難しい児童もいる。「どんな様子を書きたい？」「同じ数ずつあるものは何？」「それがいくつ分あればこの式になる？」などの問いをして個別支援をする。

準備物	・九九かるた用紙（5 枚×児童数） QR ふりかえりシート	ICT	児童が作成したカードをスキャンで取り込んで，全体に共有すれば，九九の習熟に向けて意欲を持って取り組むことができる。

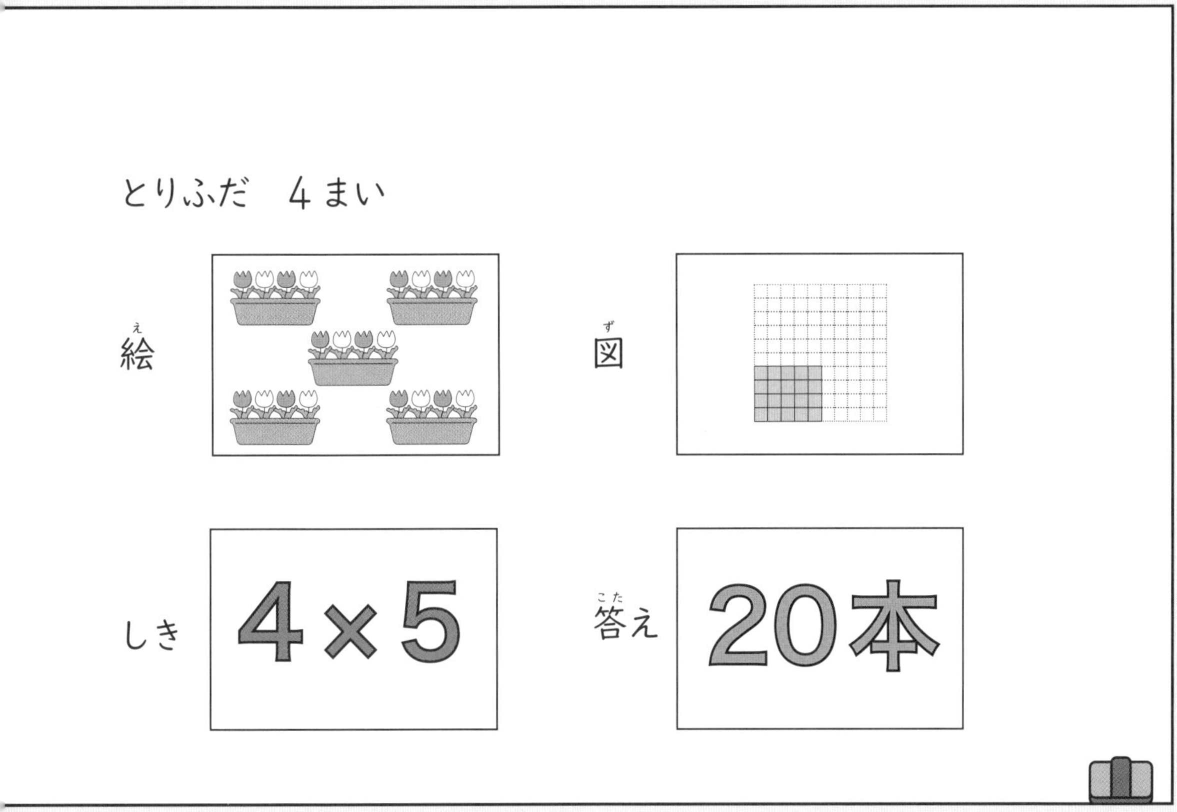

3 取り札になる 4 枚のかるたを作ろう

T　絵，図，式，答えの４枚のかるたを完成させましょう。

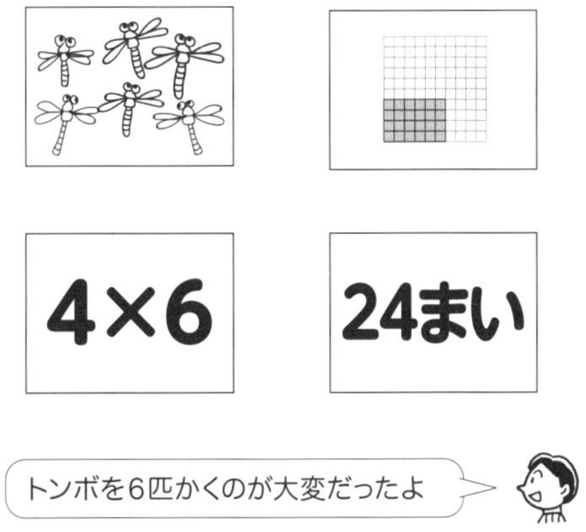

4×6
24まい
トンボを6匹かくのが大変だったよ

図をかく用紙は，図がかきやすいように方眼の入ったものにし，絵，式，答えの用紙は白紙にする。用紙の大きさは，体育館で班対抗で行うため（第 11 時参照），B5 サイズの半分くらいにするとよい。

4 班で作ったかるたを見せ合い確かめよう

田中さんは，5×９の式で，桜の花びらを5枚ずつ9個の絵にしたんだね。きれいにかいてあるね
３×７の式になる絵をかいたけど，３×６の絵になっていたよ。友達が教えてくれたよ

正しくかけていないものもあるが，子ども同士で間違いを見つけ，直すことができればよい。

T　かるた作りをした感想を発表しましょう。

作ったかるたは，教師が授業終了後に集めて，再度間違いがないか確かめておく。

第11時

2，3，4，5の段の九九③

本時の目標

これまでのかけ算の学習をいかして，楽しく学習できる。

板書例

かけ算ゲーム大会を しよう

1 九九かるた

読みふだ

1ふくろに みかんが 2こずつ
4ふくろでは
みかんは ぜんぶで 何こですか

・2回 聞く

・ふえが なって
　とりに 行く

絵

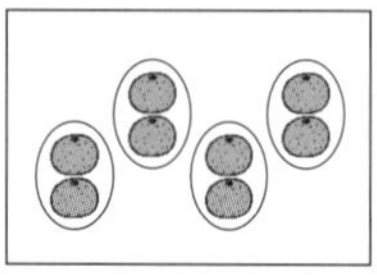

図

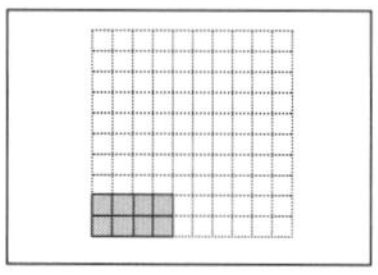

2まいまで
とれる

しき　2×4

答え　8こ

POINT 九九暗唱の検定に加えて，九九を使った楽しいクイズやゲームをして，身につけようとする意欲を高めます。暗唱検定の

1 班対抗で「九九かるた」をしよう

前時に児童が作った「九九かるた」を使って体育館で行う。取り札をバラバラにして並べておく。

【やり方】

1班が4～5名

❶ 教師が読み札を2回繰り返して読み，笛を鳴らす。

❷ 笛の合図で，各班1人ずつが，取り札を取りに走って行く。

❸ 読み札に合った4枚のカードを取る。（1人2枚までとする）

❹ 終わった人は，班の列の後ろへ並ぶ。

❺ かるたの枚数が多い班の勝ちとなる。

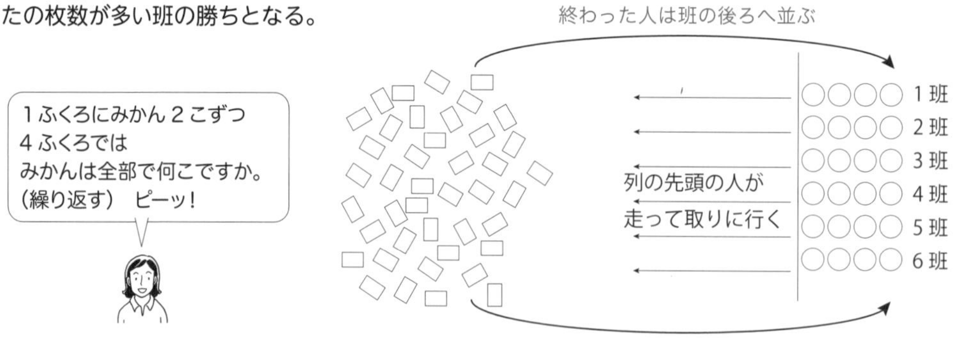
終わった人は班の後ろへ並ぶ
1ふくろにみかん2こずつ
4ふくろでは
みかんは全部で何こですか。
（繰り返す）　ピーッ！
列の先頭の人が
走って取りに行く
1班
2班
3班
4班
5班
6班

準備物	・九九かるた（前時に児童が作ったもの） ・かけ算カード

ICT	時間があれば，自分たちの生活の中にある「かけ算」を探して，タブレットで撮影してもよい。写真を紹介して，みんなで式を話し合うとおもしろい。

2

<かけ算（ざん）ビンゴ>

2 のだん，3 のだん，4 のだん，5 のだんの
答えを 書（か）く

8	6	10
4	12	20
21	18	15

たて，よこ，ななめに
3 つ ならんだら ビンゴ！

時間に個別に取り組めるようにしてもいいです。

2 かけ算ビンゴをしよう

第 6 時の「かけ算ビンゴ」参照

T　2，3，4，5 の段の答えの中から 9 個好きな数字を選んで数字を書きましょう。

C　36 個の数字から 9 個を選ぶのか…。

1 回目に比べると，数字を書き込むスピードも速くなり，答えに多くある数字を選ぶようになってくる。楽しく考えることができるのがゲームのよさである。

3 学習のまとめをしよう

T　これまでのかけ算の学習を振り返って思ったことや考えたことを発表しましょう。

分では

しき

こたえ

九九かるた見本

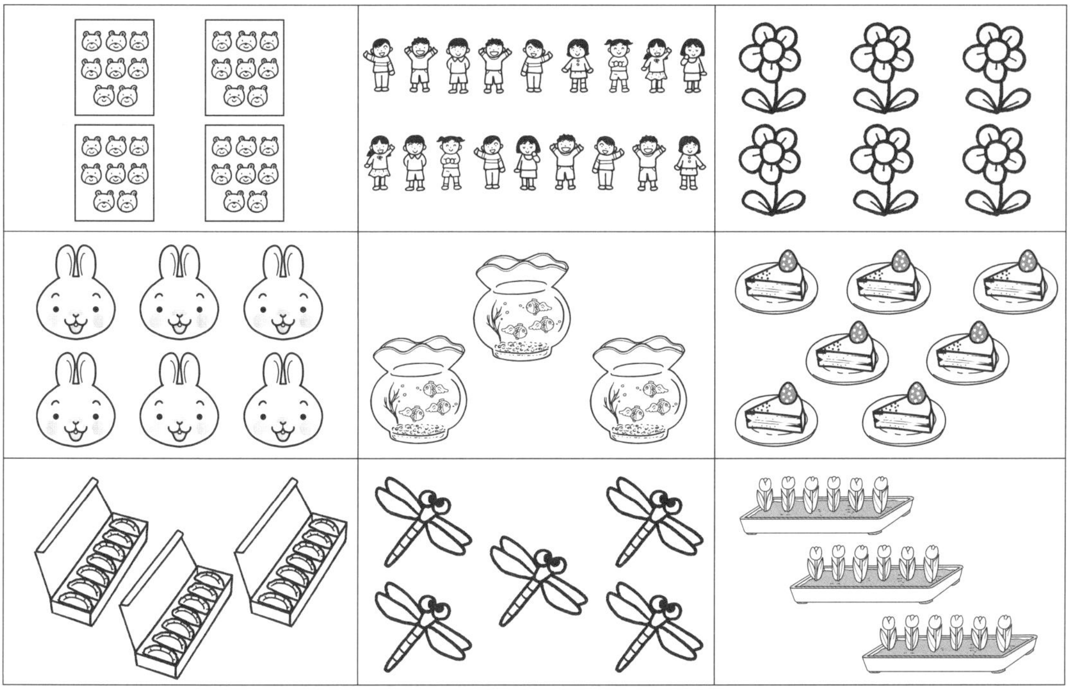

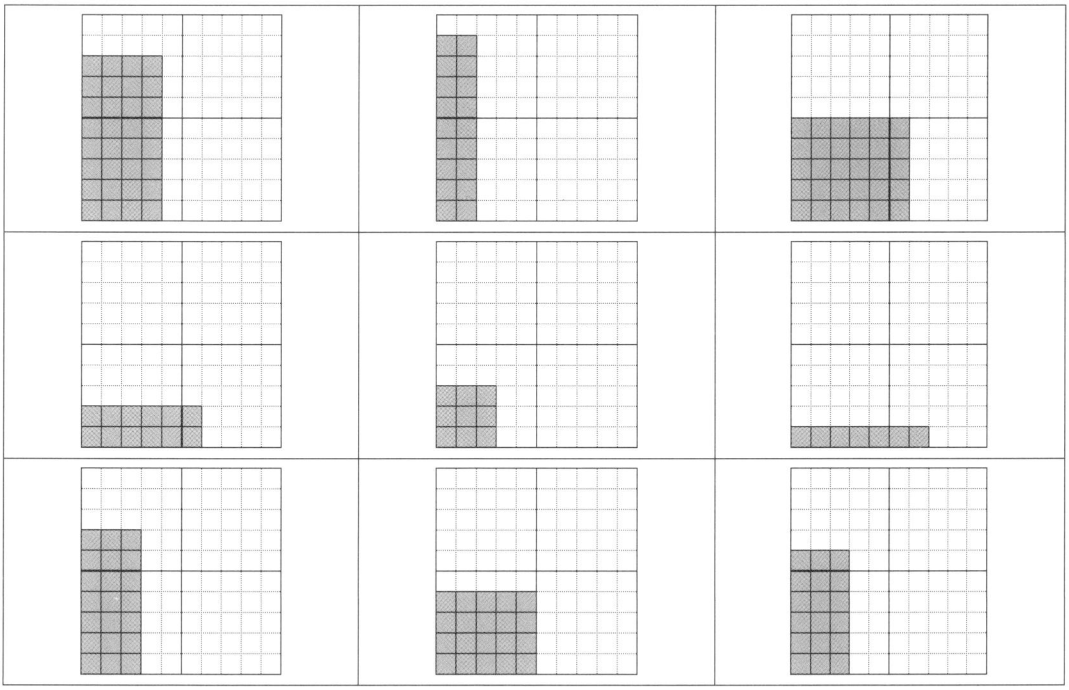

2年　　組　　番　名前

九九 けんてい カード

	上がり	下がり	ランダム		上がり	下がり	ランダム
5のだん				7のだん			
2のだん				8のだん			
3のだん				9のだん			
4のだん				1のだん			
6のだん							

名前＿＿＿＿＿＿＿＿＿＿

● とびらを　ひらく　あんごうを　さがしだせ！

下の　かけ算の　答えの　一のくらいを　よこ，十のくらいを　たてに　みて，あてはまる　ことばを　ならべよう。

（一のくらい）／（十のくらい）

💀	0	1	2	3	4	5	6	7	8	9
0	！	わ	よ	な	く	い	う	い	み	ざ
1	か	あ	か	ゆ	っ	ん	ん	ら	や	☆
2	う	で	べ	？	よ	つ	☆	け	け	る
3	く	だ	を	か	た	よ	3	な	ん	♪

あんごう

2×5	4×7	3×3	5×3	5×6	2×2	3×8	2×3

2×6	5×1	4×8	2×4	2×8	3×1	3×7	2×9	2×7

5×5	3×9	5×7	4×5

かけ算（3）

全授業時数 14 時間

◎ 学習にあたって ◎

<この単元で大切にしたいこと>

ここではまず，これまで学習した 2 ～ 5 の段を踏まえて 6，7，8，9，1 の段の九九を構成します。九九の構成は，ブロック図を活用して児童自身ができるようにすることが大切です。また，図を活用して九九を構成していく中で，児童がかけ算のきまりを見つけます。①かける数が 1 増えるとかけられる数だけ増える②被乗数と乗数を入れかえても答えは同じ（交換法則），③被乗数や乗数を分けて答えを求めてから合わせても答えは同じ（分配法則）などです。これらは，図を使った九九の構成の中で児童が見つけたときに取り上げて話し合うようにします。そして，最後の九九表を使った学習の中で再度取り上げてまとめるようにします。

<数学的見方考え方と操作活動>

算数ブロック図を単元を通して活用します。また，算数ブロック図の中で 5 のかたまりを意識して使うことは，九九を構成していく上で効率的というだけでなく，かけ算の性質やきまりを見つけていく上で大きな役割を果たします。

<個別最適な学び・協働的な学びのために>

九九を構成していく活動や九九を活用して問題解決をしていく中で，児童が考えたことや発見したことは全体に紹介し，話し合う時間を確保します。そして，できる限りその考え方の良いところを言葉にして認め合うようにします。さらに，納得できたことは使ってみようと共有することが大切です。九九を構成していくことは一見，同じことの繰り返しのようですが，繰り返しの中で学びが深まっていきます。

◎ 評　価 ◎

知識および技能	乗法九九（6，7，8，9，1 の段）を構成し，唱えることができる。また，乗法九九について成り立つ性質や乗法のきまり，九九の構成の仕方について理解している。
思考力，判断力，表現力等	乗法について成り立つ性質を用いて乗法九九の構成の仕方について多様に考えている。
主体的に学習に取り組む態度	身のまわりでかけ算が適応できる場面を見つけて，適応しようとする。また，乗法の成り立つ性質を用いて九九を構成したり，計算方法を考えようとしている。

◎ 指導計画　14 時間 ◎

時	題	目　　標
1	6の段の九九 ①	「1あたりの数」が6のものを出し合い，図を使って6の段を構成する。
2	6の段の九九 ②	6の段の唱え方を知り，適用することができる。
3	7の段の九九 ①	「1あたりの数」が7のものを出し合い，図を使って7の段を構成する。
4	7の段の九九 ②	7の段の唱え方を知り，適用することができる。
5	8の段の九九 ①	「1あたりの数」が8のものを出し合い，図を使って8の段を構成する。
6	8の段の九九 ②	8の段の唱え方を知り，適用することができる。
7	9の段の九九 ①	「1あたりの数」が9のものを出し合い，図を使って9の段を構成する。
8	9の段の九九 ②	9の段の唱え方を知り，適用することができる。
9	1の段の九九	1の段の九九の意味が分かり，唱えることができる。
10・11	九九表とかけ算のひみつ ①	九九表を完成させ，九九表からかけ算のきまりや特徴を見つけ出すことができる。
12	九九表とかけ算のひみつ ②	九九表の範囲で，具体物をもとに「乗法の交換法則」について考える。
13	九九をこえたかけ算	かけ算のきまりを使って九九をこえた1位数×2位数の答えを求める。
14	かけ算の応用問題	かけ算九九を活用して，工夫して問題を解決する。また，解決の多様な考え方を理解することができる。

第1時
6の段の九九①

本時の目標　「1あたりの数」が6のものを出し合い，図を使って6の段を構成する。

板書例

かけ算の 6 のだんを つくろう

1 | はこに たいやきが 6 こずつ

もんだい文

2 | はこに たいやきが ⑥ こずつ
④ はこでは
たいやきは ぜんぶで 何こですか。

しき
⑥ × ④

|はこに たいやき6こずつ

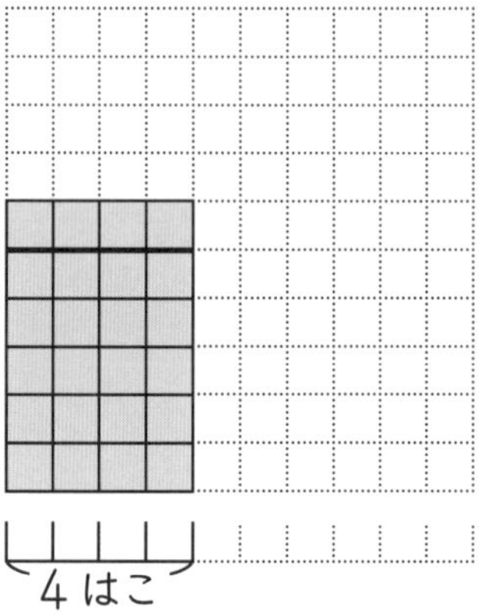

6 × 4 = 24

答え　24 こ

POINT　6，7，8，9の段へと進んでいくスタートです。九九の答えを見つける便利な方法をみんなで共有します。

1 身のまわりにある「6の段になるもの」を探してみよう

2，3，4，5の段と同じ流れで進めていく。

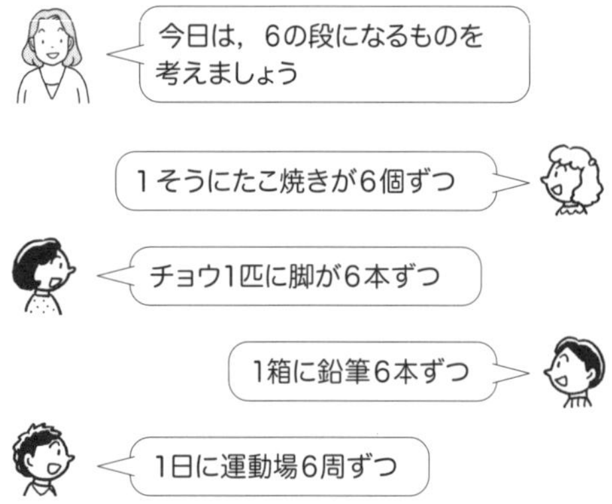

今日は，6の段になるものを考えましょう
1そうにたこ焼きが6個ずつ
チョウ1匹に脚が6本ずつ
1箱に鉛筆6本ずつ
1日に運動場6周ずつ

C　昨日買ったたい焼きは1箱に6個ずつ入っていたよ。

T　「1箱にたい焼きが6個ずつ」を使って，6の段のかけ算の答えを調べていきましょう。

本時以降も，授業のはじめや終わりなどに，既習の段の九九を全員で唱える時間を取る。

2 4箱分のたい焼きは何個になりますか

T　まずは，3段に分けた問題文を書いてみましょう。

C　1段目が○，2段目が□を表す文だったね。

C　1あたりの数○は6個で，いくつ分□は4箱です。式は，6×4になります。

C　6×4の図をかいて答えを求めましょう。

QR「かけ算シート」を活用する。

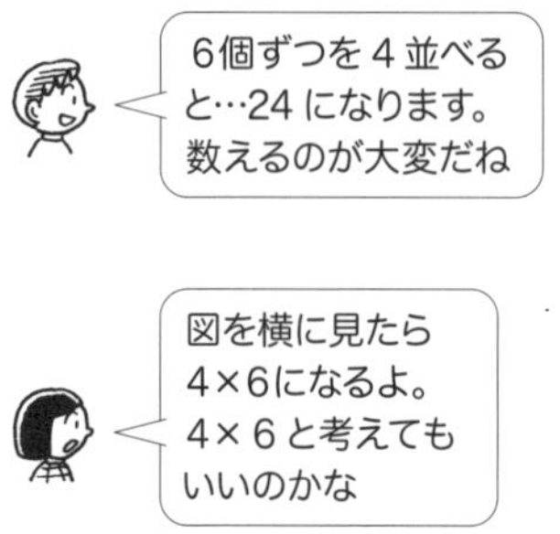

6個ずつを4並べると…24になります。数えるのが大変だね
図を横に見たら4×6になるよ。4×6と考えてもいいのかな

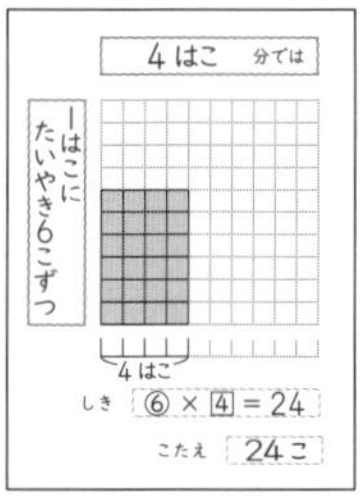

準備物	・算数ブロック（板書用・児童用） QR かけ算シート QR ワークシート QR ふりかえりシート

ICT	プレゼンテーションソフトを使用して，6 個ずつ増えていくアニメーションを提示すると，児童が 6 の段を理解しやすくなる。

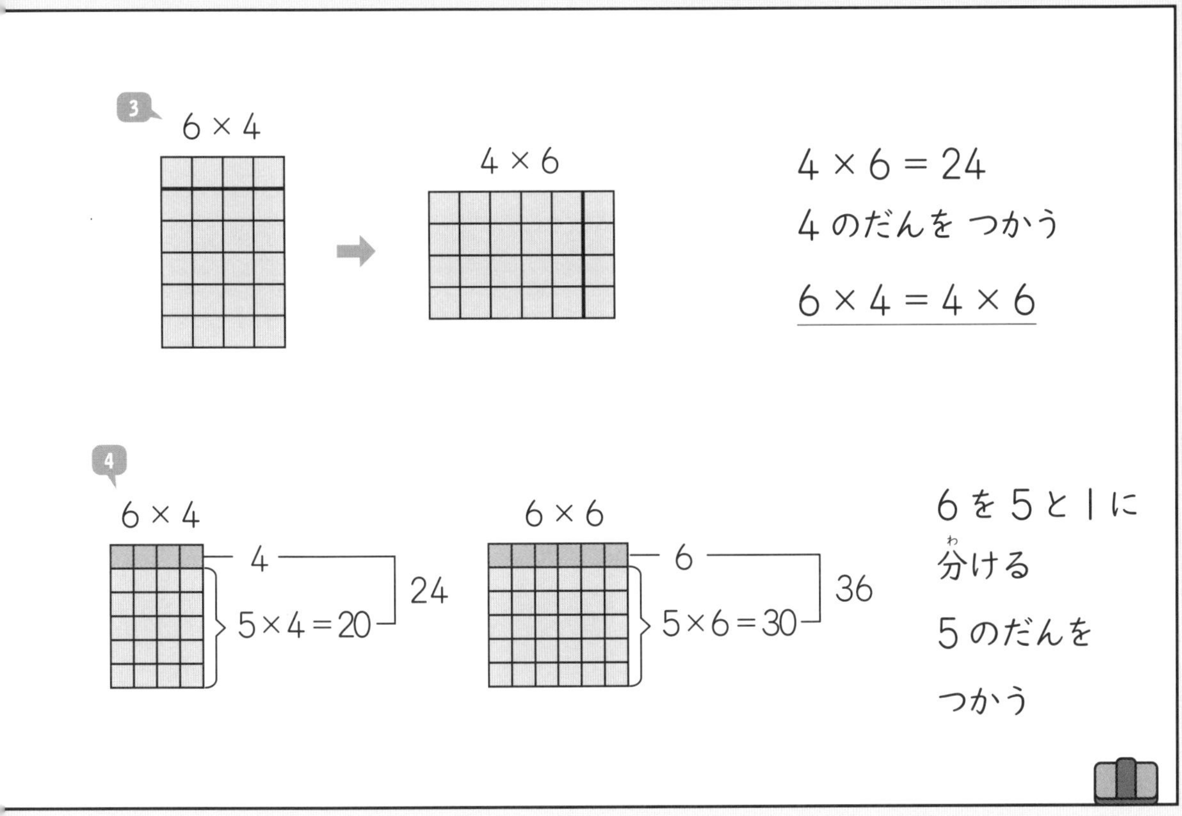

3 6×4と4×6の答えが同じになるか確かめよう

T　6 × 4 の図を横にしてみます。

黒板で 6 × 4 の図を横にして見せる。

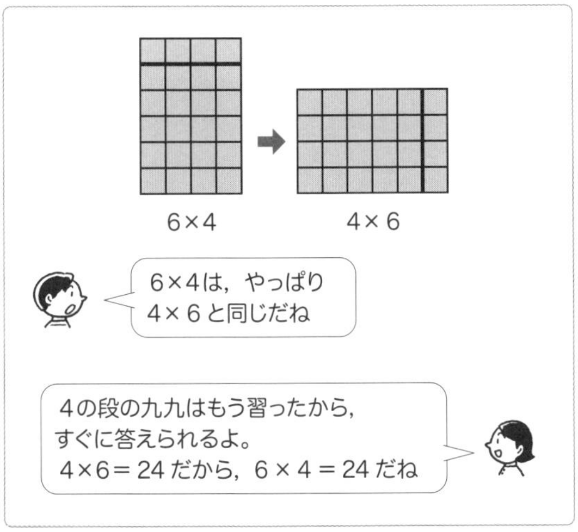

6×4
4×6
6×4は，やっぱり4×6と同じだね
4の段の九九はもう習ったから，すぐに答えられるよ。4×6＝24 だから，6 × 4 ＝ 24 だね

T　かけられる数とかける数を入れかえても答えは同じになります。

4 6×4の答えを見つける他の方法も考えよう

T　他の方法で見つけた人はいますか。

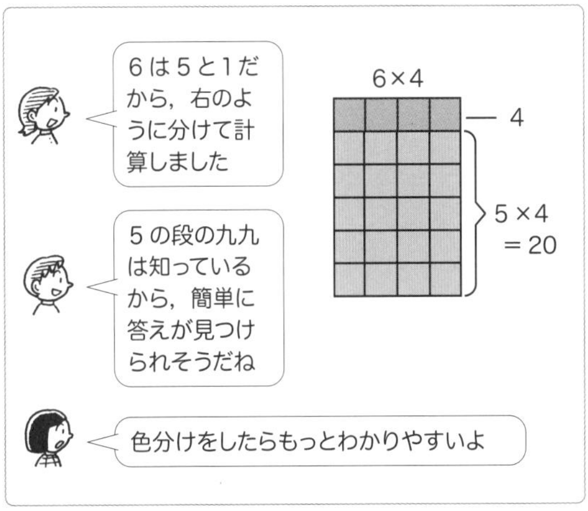

6は5と1だから，右のように分けて計算しました
5の段の九九は知っているから，簡単に答えが見つけられそうだね
色分けをしたらもっとわかりやすいよ
6×4
4
5 ×4
＝ 20

児童が工夫して考えた便利な方法を全体で共有する。

C　同じ方法で他の 6 ×□の答えも見つけよう。

他の計算の答えも図を使って求める。
ワークシートやふりかえりシートを活用する。

6の段の九九 ②

本時の目標　6の段の唱え方を知り，適用することができる。

板書例

6のだんの 九九（くく）を おぼえよう

1

6 × 1 = 6	六一（ろくいち）が 6（ろく）
6 × 2 = 12	六二（ろくに） 12（じゅうに）
6 × 3 = 18	六三（ろくさん） 18（じゅうはち）
6 × 4 = 24	六四（ろくし） 24（にじゅうし）
6 × 5 = 30	六五（ろくご） 30（さんじゅう）
6 × 6 = 36	六六（ろくろく） 36（さんじゅうろく）
6 × 7 = 48	六七（ろくしち） 42（しじゅうに）
6 × 8 = 48	六八（ろくは） 48（しじゅうはち）
6 × 9 = 54	六九（ろっく） 54（ごじゅうし）

2

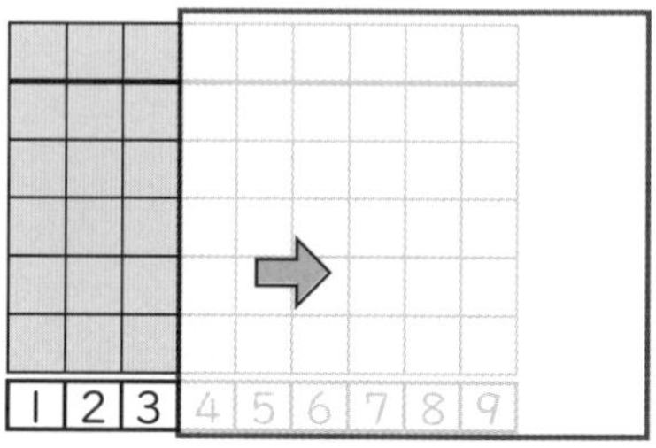

※ 右にずらしていく。

1

・6 ずつ ふえている
・一のくらいは 0 を
まん中にして
6，2，8，4 の くりかえし

POINT　式からかけ算の文章問題を作る学習を取り入れて，かけ算の意味理解を深めます。

1　6の段の九九を完成させよう

2，3，4，5の段と同じ流れで進めていく。

T　前の時間に見つけた6の段の答えを，みんなで出し合って完成させましょう。

6 × 1 〜 6 × 9 を板書して答えを書いていく。

T　6の段の答えを見て気づいたことを発表しましょう。

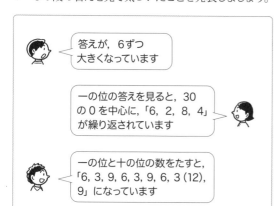

答えが，6ずつ大きくなっています

一の位の答えを見ると，30の0を中心に，「6，2，8，4」が繰り返されています

一の位と十の位の数をたすと，「6, 3, 9, 6, 3, 9, 6, 3 (12), 9」になっています

2　6の段の九九を唱えよう

黒板に6の段の九九の表とブロック図を貼る。

C　今日は，6の段の九九の勉強だね。

T　先生の後に繰り返して唱えましょう。

はじめは，かけ算の式を見ながら，次は，6のブロック図を示しながら全員で唱えていく。

六七，六八が言いづらいな

六九は「ろっく」と読むんだね

6，7，8の段になると，6 × 7 など発音がなじめずに覚えづらいという児童が増える。慣れるまでは急がずにゆっくり暗唱できるようにする。

準備物	・6の段の九九表　・6の段の図（板書用） QR ワークシート QR ふりかえりシート QR 文章問題作りシート	ICT	児童が作成した6×□の問題文を全体で共有すると，友達が作った問題を解くことを通して，かけ算の理解を深めることにつながる。

3

チョコレートが 入って いる はこが [8] はこ あります。
チョコレートは，１はこに ⑥ こずつ 入っています。
チョコレートは ぜんぶで 何(なん)こ ありますか。

１はこに チョコレート ⑥ こずつ ……○
[8] はこ分(ぶん)では ……□
チョコレートは ぜんぶで 何(なん)こですか。……◎

しき　⑥×[8]＝48

答(こた)え　48こ

4

〈6×□に なる もんだい文を つくろう〉

3 文章問題に取り組もう

問題文を提示する。（「いくつ分」が「1 あたりの数」より先に出てくる文章題）

T　式を立てて答えを求めましょう。

○ずつ□は何になるかな

同じ数ずつなのは，1箱に入っている数だよ

6個ずつ8箱分になるね

○×□だから，式は6×8になります

C　六八 48 で，答えは 48 個です。

提示した問題文を，○，□，◎の 3 段に分けた問題文に書き直す活動を入れてもよい。

4 式が6×□になる文章問題を作ろう

文章問題作りシートを配る。

T　6の段で，自分の好きなかけ算を選んで作りましょう。

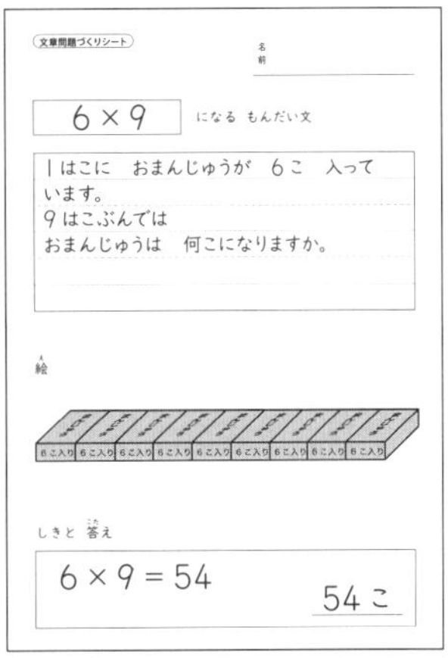

「× 9」などを絵に表すのは大変なため，「9 個入り」と書く方法でもよいことを伝える。
ふりかえりシートやワークシートを活用する。

第３時
７の段の九九 ①

本時の目標：「1 あたりの数」が７のものを出し合い，図を使って７の段を構成する。

板書例

かけ算の ７ のだんを つくろう

1 かびん１こに 花が ７本ずつ

もんだい文

2 かびん１こに 花が ⑦ 本ずつ
かびん [3] こでは
花は ぜんぶで 何本ですか。

しき
⑦ × [3]

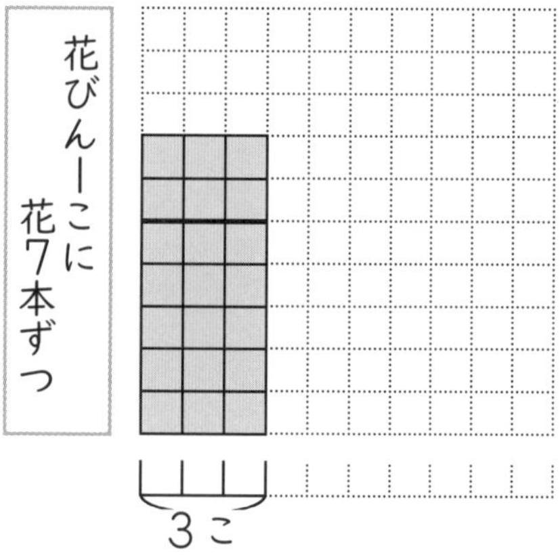

花びん１こに花７本ずつ
３こ

$7 \times 3 = 21$

答え　21 本

POINT ７の段でも，今までに学習した九九の段を使って答えを求めることができます。多様な考え方を出し合うことで学びが深ま

1 身のまわりにある「７の段になるもの」を探してみよう

今日は，7の段になるものを考えましょう
1週間は7日ずつ
テントウムシ1匹に●（ほし）が7個
1つの虹は7色
花1輪に花びら7枚ずつ

T　いろいろ見つかりましたね。虹はどうでしょう。２つの虹だと，７色ずつで，全部で 14 色になるでしょうか。かけ算で表せないものを確認する。

T　７の段は「花びん１個に花が７本ずつ」を使って，答えを調べていきましょう。

2 花びん３個分の花の数は何本になりますか

T　３段に分けた問題文を書いてみましょう。

C　よくわからないので，簡単な絵に表してみよう。…１あたりの数がはっきりするよ。

C　１あたりの数○は７本で，いくつ分□は３個になります。式は，７×３です。

T　７×３の図をかいて答えを求めましょう。

QR「かけ算シート」を活用する。

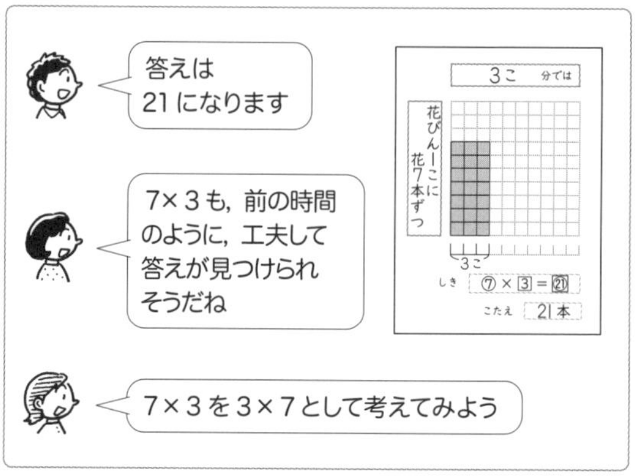

答えは
21になります
7×3も，前の時間のように，工夫して答えが見つけられそうだね
7×3を3×7として考えてみよう
3こ 分では
花びん1こに花7本ずつ
3こ
しき ⑦×③＝㉑
こたえ 21本

準備物	・算数ブロック（板書用・児童用） QR かけ算シート QR ワークシート QR ふりかえりシート

ICT	プレゼンテーションソフトを使用して，７個ずつ増えていくアニメーションを提示すると，児童が７の段を理解しやすくなる。

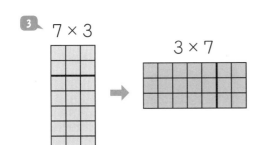

3 7 × 3

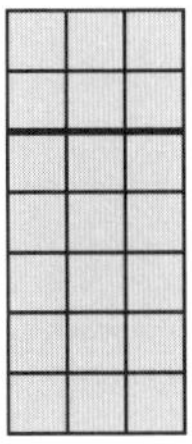

3 × 7

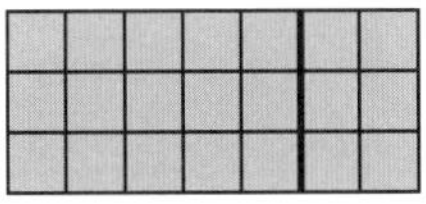

かけられる数（かず）と
かける数を 入れかえる

7 × 3 = 3 × 7
3 × 7 = 21

4

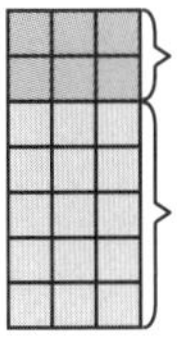

2 × 3 = 6
5 × 3 = 15
21

7を
5と2に
分（わ）ける
5のだんを
つかう

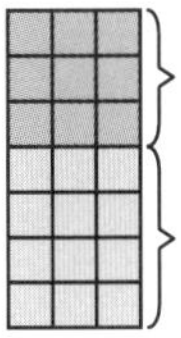

3 × 3 = 9
4 × 3 = 12
21

7を
4と3に
分ける
4と3の
だんを つかう

これまでに 学しゅうした 九九を つかって つくることが できる。

ります。

3 かけられる数とかける数を入れかえて考えよう

T いろいろと工夫して，７×３の答えを見つけられましたか。

図を使って説明できる人いますか

前の時間に，かけられる数とかける数を入れかえても答えが同じでした。だから，７×３を３の段の九九を使って答えを見つけました。3×7＝21なので，
7×３＝21です

黒板で７×３の図を横にして，７×３＝３×７を確かめる。

C この方法で，７×４や７×５，７×６もできそう。
C 習った九九を使えば答えが見つかるね。

4 ７を５と２に分けて考えよう

C 私は，５の段と２の段の九九を使って考えました。

図を使って説明しましょう

７を５と２に分けて計算しました。
5×３＝15と，２×３＝６に
なります。
15＋６＝21なので，
7×３＝21です

C 私は，７を４と３に分けて考えました。
T みんなが工夫して見つけてくれ方法で，他の７×□の答えも調べましょう。

他の計算の答えも図を使って求める。
ワークシートやふりかえりシートを活用する。

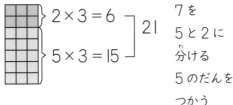

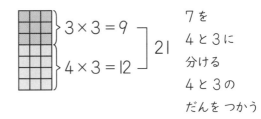

第4時

7の段の九九②

本時の目標　7の段の唱え方を知り，適用することができる。

板書例

7のだんの 九九（くく）を おぼえよう

1

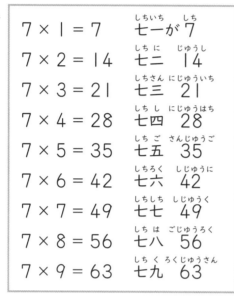

7 × 1 = 7	七一が 7	しちいち しち
7 × 2 = 14	七二 14	しち に じゅうし
7 × 3 = 21	七三 21	しちさん にじゅういち
7 × 4 = 28	七四 28	しち し にじゅうはち
7 × 5 = 35	七五 35	しち ご さんじゅうご
7 × 6 = 42	七六 42	しちろく しじゅうに
7 × 7 = 49	七七 49	しちしち しじゅうく
7 × 8 = 56	七八 56	しち は ごじゅうろく
7 × 9 = 63	七九 63	しち く ろくじゅうさん

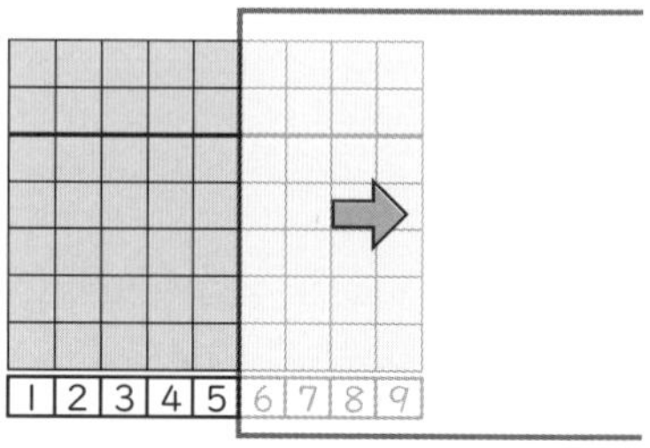

※ 右にずらしていく。

・7 ずつ ふえている

POINT　7の段は躓く児童が多い段です。練習機会を作ることは大切ですが，無理強いせず，ゲームなどを取り入れて覚えようとす

1　7の段の九九を唱えよう

前時に見つけた7の段の答えを全員で出し合い，7の段を完成させる。黒板に7の段の九九の表とブロック図を貼る。はじめは，かけ算の式を見ながら，次は，7のブロック図を示しながら全員で唱えていく。

T　先生の後に繰り返して唱えましょう。

7の段は，答えが7ずつ大きくなっているね
七四，七八が言いづらいな…
どれも言いづらいよ。「しち」がなかなか言えない

7の段は，言いづらく覚えにくい段である。発音しづらい数があるのもその原因の1つである。はじめは，ゆっくり急がずに発音して繰り返し練習する。

2　文章問題に取り組もう

問題文を提示する。

C　「○ずつ□分」がよくわからない問題だね。

T　まずは，この問題文を3段に分けた問題文に書きかえてみましょう。

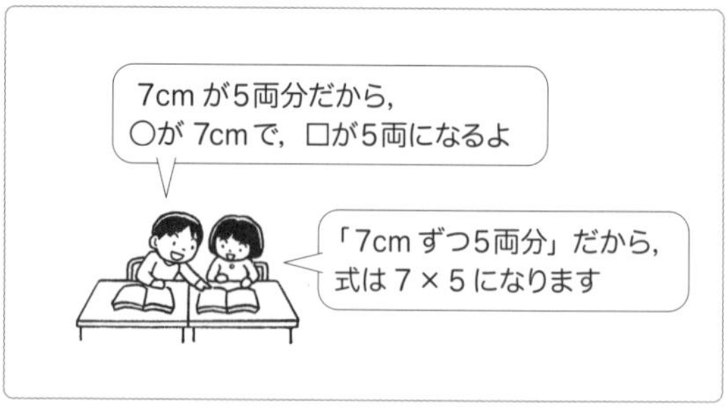

7cm が5両分だから，○が 7cm で，□が5両になるよ
「7cm ずつ5両分」だから，式は 7 × 5 になります

C　入れ物に入っていない問題は，○と□を見つけることが大事だね。

T　七五 35 で，答えは 35cm になります。

準備物	・7の段の九九表 ・7の段の図（板書用）　・九九カード QR ワークシート　QR ふりかえりシート QR 文章問題作りシート

ICT	プレゼンテーションソフトを活用して，7の段の九九を声に出して繰り返し練習することで，7の段の習熟を図ることができる。

2

おもちゃの 電車は 1りょうが 7cm です。
この 電車を 5りょう つなぐと，
ぜんたいの 長さは 何cmですか。

1りょうの 長さは ⑦ cm ずつ ……○
5 りょう分では，……□
ぜんぶで 何 cm ですか。……◎

しき　⑦ × 5 = 35

答え　35cm

3

〈九九カードゲーム〉

2のだん～7のだんの九九

・2人で する
・カードを めくって，答えを 言う
・答えの 数が 大きい 方が かち
・九九を まちがえたら まけ
・かったら カードを もらう
・カードが 多い 方が かち

★ まちがえた 九九や，
わからなかった 九九は
ノートに 書いて おこう

る意欲を高めましょう。

3 九九カードを使って隣の人とゲームをしよう

□準備物

2～7の段の九九カード 54 枚（表面はかけ算の式，裏面は白紙のもの）

□やり方とルール

❶ カードをよく混ぜて裏返しにして置く。
❷ 1枚ずつ交代でカードを取る。取ったカードの九九の答えを言う。
❸ 大きい数の方が勝ちとなる。勝った人は，相手のカードをもらえる。
❹ 九九の答えを間違えたら負けとする。
❺ カードがなくなるまでする。最終，カードが多い人が勝ちとなる。

※「九九の答えを間違えたら負け」のルールは，クラスの状況を見て変更してもよい。

T　間違ったり，言えなかったりした九九は，ノートに書いておきましょう。

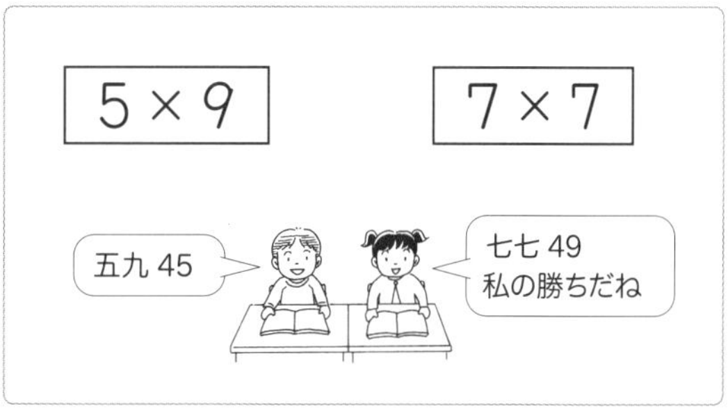

T　自分の苦手な九九がわかりましたか。何度か唱えて練習しましょう。では，相手を変えてもう一度やってみましょう。

ふりかえりシートやワークシートを活用する。

第5時
8の段の九九①

本時の目標

「1あたりの数」が8のものを出し合い，図を使って8の段を構成する。

板書例

かけ算（ざん）の 8 のだんを つくろう

1 |れつに 子どもが 8 人ずつ

もんだい文

2 |れつに 子どもが ⑧ 人ずつ
7 れつ分（ぶん）では
子どもは ぜんぶで 何人（なんにん）ですか。

しき
⑧ × 7

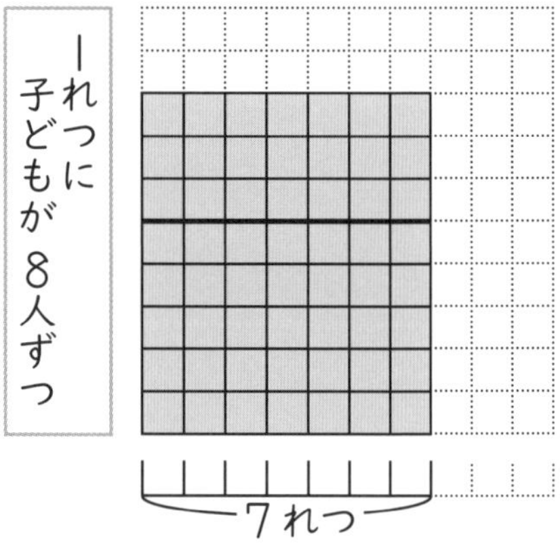

$8 \times 7 = 56$

答（こた）え　56 人

POINT　今までに学習した九九の段を使って答えを求めることができます。多様な考え方を出し合うことで学びが深まります。

1 身のまわりにある「8の段になるもの」を探してみよう

T　今日はみんなで，8の段になるものを出し合いましょう。

1人に折り紙を8枚ずつ
タコ1匹に足が8本
キャラメル1箱に8個ずつ
クモの脚も8本ずつです

T　いろいろ見つかりましたね。8の段は「1列に子どもが8人ずつ」を使って，答えを調べていきましょう。
C　8人ずつが□列分を考えていくんだね。

2 7列分の子どもの数は何人になりますか

T　3段に分けた問題文を書いてみましょう。
C　1あたりの数○は8人で，いくつ分□は7列になります。式は，8×7です。
T　8×7の図をかいて答えを求めましょう。

QR「かけ算シート」を活用する。

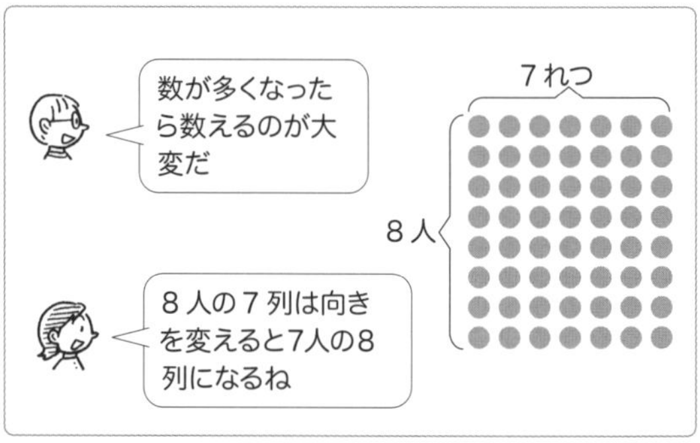

数が多くなったら数えるのが大変だ
8人の7列は向きを変えると7人の8列になるね
7れつ
8人

C　8×7は7×8だから，7×8＝56で8×7＝56になります。

黒板で8×7の図を横にして，8×7＝7×8を確かめる。

準備物	・算数ブロック（板書用・児童用） QR かけ算シート QR ふりかえりシート
ICT	表計算ソフトを活用して，児童の考える分け方を提示する。様々な方法で８の段の答えが求められることを児童が理解しやすくなる。

3

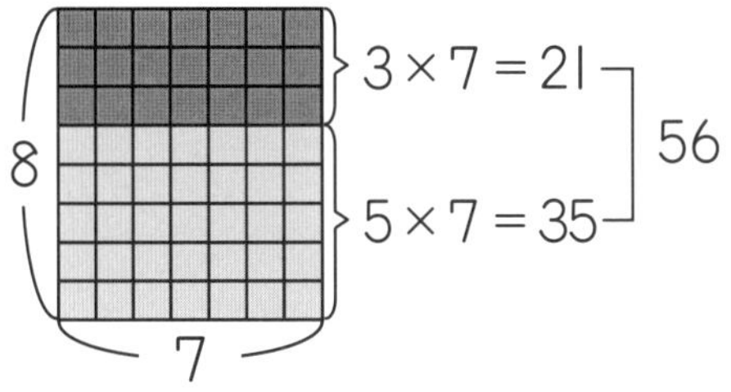

8（かけられる数）を
5と3に 分ける
5のだんと
3のだんを つかう

4

8×5＝40　8×2＝16
(5×8) (2×8)

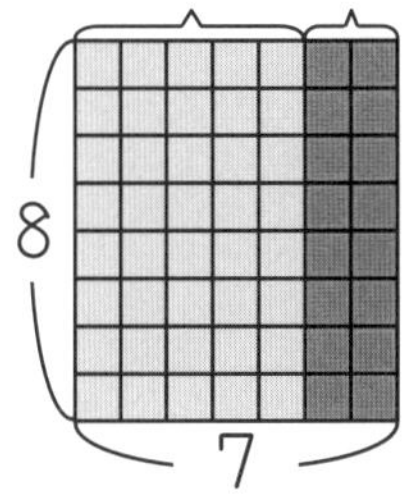

7（かける数）を
5と2に 分ける

3 かけられる数を２つに分けて考えよう

T　工夫して見つけた方法を，図を使って説明できる人いますか。

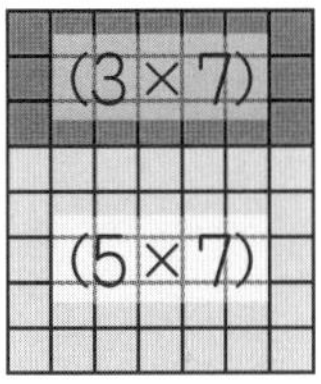

C　8×7を，5×7と3×7に分けて考えました。5×7＝35，3×7＝21で，合わせて56になります。

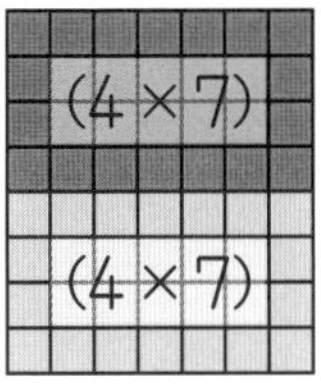

C　私は，8×7を4×7と4×7に分けました。4×7＝28なので，28と28で56になります。

C　いろいろな分け方ができるね。

4 かける数を２つに分けて考えよう

C　私は，8×7の7を分けて考えました。8×5と8×2に分けて，計算は，5×8＝40と2×8＝16で考えました。

図を使って説明する。

C　かける数を分けて考える方法もあるんだね。

T　みんなが工夫して見つけてくれた方法で，他の8×□の答えも調べましょう。

他の計算の答えも図を使って求める。
ふりかえりシートを活用する。

第6時
8の段の九九 ②

本時の目標　8の段の唱え方を知り，適用することができる。

板書例

8のだんの 九九(くく)を おぼえよう

1

式	九九	よみ
8 × 1 = 8	八一が 8	はちいち はち
8 × 2 = 16	八二 16	はち に じゅうろく
8 × 3 = 24	八三 24	はちさん にじゅうし
8 × 4 = 32	八四 32	はち し さんじゅうに
8 × 5 = 40	八五 40	はち ご しじゅう
8 × 6 = 48	八六 48	はちろく しじゅうはち
8 × 7 = 56	八七 56	はちしち ごじゅうろく
8 × 8 = 64	八八 64	はっ ぱ ろくじゅうし
8 × 9 = 72	八九 72	はっ く しちじゅうに

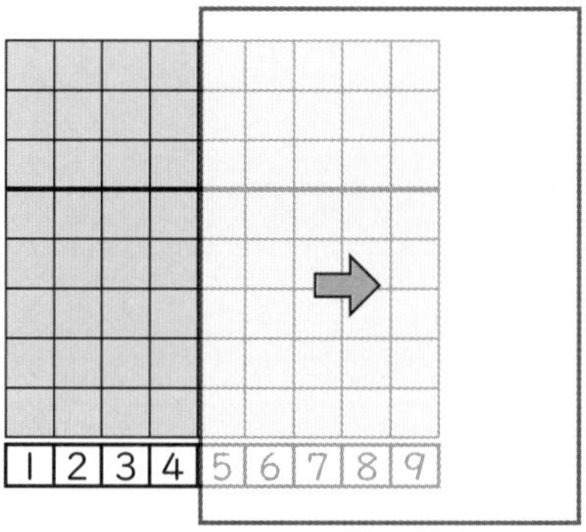

※ 右にずらしていく。

・8 ずつ ふえている
・一のくらいは 0 を まん中にして 8，6，4，2 のくりかえし

POINT　暗唱も大切ですが，九九かるた作りなどで，「1 あたりの数」と「いくつ分」をしっかりと理解することも大切です。

1　8の段の九九を唱えよう

前時に見つけた8の段の答えを全員で出し合い，8の段を完成させる。黒板に8の段の九九の表とブロック図を貼る。はじめは，かけ算の式を見ながら，次は，8のブロック図を示しながら全員で唱えていく。

T　先生の後に繰り返して唱えましょう。

8の段は，答えが 8ずつ大きくなっているね
一の位の数字が，0を真ん中にして，8，6，4，2が繰り返されているよ

8の段も，7の段と同じで，言いづらく覚えにくい段である。はじめは，ゆっくり急がずに発音して繰り返し練習する。

2　文章問題に取り組もう

T　同じピザが3枚あります。次のように切ると何個に分けられますか。

黒板にピザの絵をかき，1枚を6個に切る。

T　残りの2枚も同じように切ります。
C　これもかけ算の問題なのかな。
C　いつもの3段の問題文に書き換えてみよう。

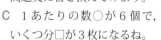

C　1あたりの数○が6個で，いくつ分□が3枚になるね。
C　式は，6 × 3 = 18 で答えは 18 個です。
T　次は，1枚を8個に切った場合を考えましょう。

同じように3段文に書き換えて立式し，答えを求める。

準備物	・８の段の九九表　・８の段の図（板書用） ・九九かるた用紙（５枚×児童数） QR ワークシート QR ふりかえりシート

ICT	プレゼンテーションソフトのテンプレートを児童に配信すると，児童用端末で作成することができる。完成した児童の作品を全体に共有しやすくなる。

2

同(おな)じ ピザが ３まい あります。
つぎのように 切(き)ると，何(なん)こに 分(わ)けられますか。
ぜんぶで 何こですか。

|まいを ⑧こずつに 切る
[3]まい分では
ぜんぶで 何こですか。

|まい６こ

⑥ずつ [3] まい分(ぶん)

しき　６×３＝18

答(こた)え　18こ

|まい８こ

⑧ ずつ [3] まい分

しき　８×３＝24

答え　24こ

3　6の段，7の段，8の段の九九かるたを作ろう【かけ算（2）第10時を参照】

6，7，8 の段のかけ算の中から，好きなかけ算を 1 つ選んで各自で九九かるたを 1 セットずつ作る。

児童に，かるた用の用紙を 5 枚ずつ配る。問題文を書く用紙は，3 行で書けるように線が入ったもの，図をかく用紙は，方眼が入ったものにする。

T　読み札 1 枚と，取り札 4 枚を作りましょう。

❶ 選んだかけ算に合った問題文
❷ 問題文に合った絵
❸ 問題文と絵に合った図
❹ かけ算の式
❺ 答え

かけ算に偏りが出ないように，班によってある程度制限を決めておくとよい。

【8 × 3 の例】

読み札

たこ|ぴきに足８本ずつ
たこ３びきでは
足はぜんぶでなん本ですか。

絵

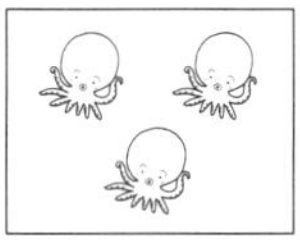

しき

8×3

図

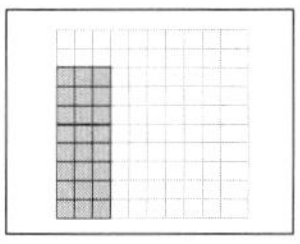

答え

24本

T　できたら，隣の人と見せ合って，間違いがないか確かめ合いましょう。

ふりかえりシートやワークシートを活用する。

第7時 9の段の九九 ①

本時の目標 「1あたりの数」が9のものを出し合い，図を使って9の段を構成する。

板書例

かけ算(ざん)の 9 のだんを つくろう

1 | はこに ももが 9 こずつ

もんだい文

2 | はこに ももが ⑨ こずつ
[8] はこ分では
ももは ぜんぶで 何(なん)こですか。

しき

⑨ × [8]

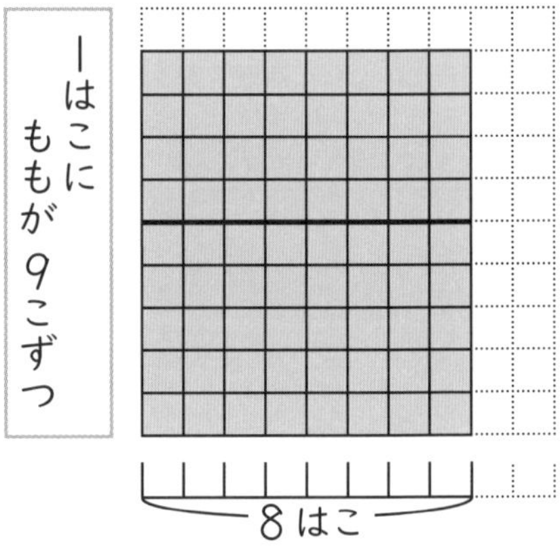

|はこに ももが 9こずつ
8 はこ

9 × 8 = 72

答(こた)え 72 こ

POINT これまでの活動から，かけられる数やかける数を分ける考え方を見つけることができるでしょう。いろいろな考え方を共有

1 身のまわりにある「9の段になるもの」を探してみよう

T 今日はいよいよ最後の九九，9の段の学習です。みんなで，9の段になるものを出し合いましょう。

1日に9頁ずつ本を読む
野球は1チーム9人ずつ
リボン1本9cmずつ
1枚のシートにシールが9個ずつ

T いろいろ見つかりましたね。9の段は「1箱に桃が9個ずつ」を使って，答えを調べていきましょう。

2 8箱分の桃の数は何個になりますか

T 3段に分けた問題文を書いてみましょう。

C 1あたりの数○は9個で，いくつ分□は8箱になります。式は，9×8です。

T 9×8の図をかいて答えを求めましょう。

QR「かけ算シート」を活用する。

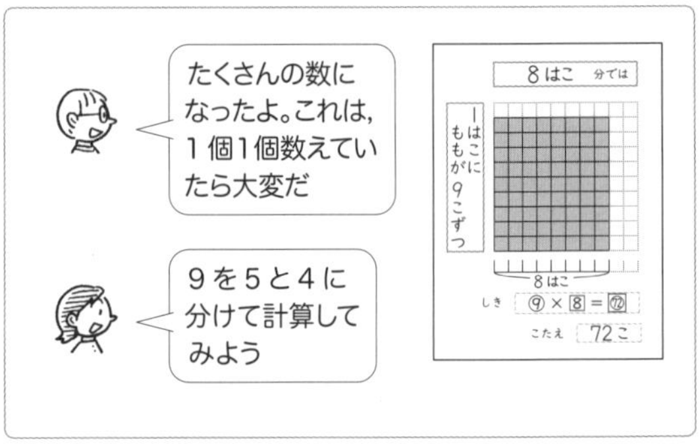

たくさんの数になったよ。これは，1個1個数えていたら大変だ
9を5と4に分けて計算してみよう
8はこ 分では
|はこに ももが 9こずつ
8はこ
しき ⑨×⑧=72
こたえ 72こ

C かけられる数とかける数を入れかえても答えは同じだから，8×9＝72で72個です。

図を使って確かめる。

準備物	・算数ブロック（板書用・児童用） QR かけ算シート QR ふりかえりシート

ICT	表計算ソフトを活用して，児童の考える分け方を提示する。様々な方法で9の段の答えが求められることを児童が理解しやすくなる。

3

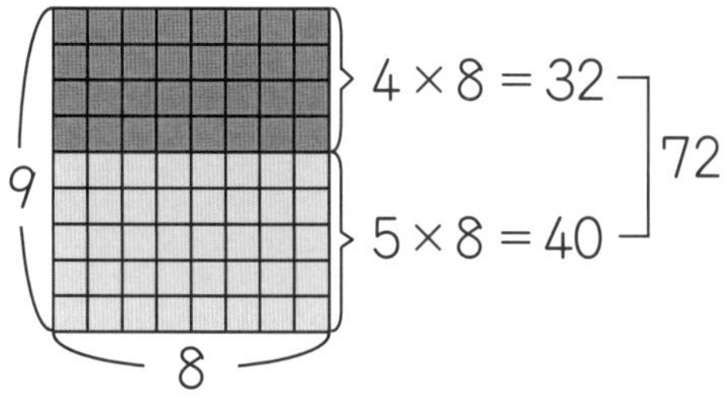

9（かけられる数）を
5と4に 分ける
5のだんと
4のだんを つかう

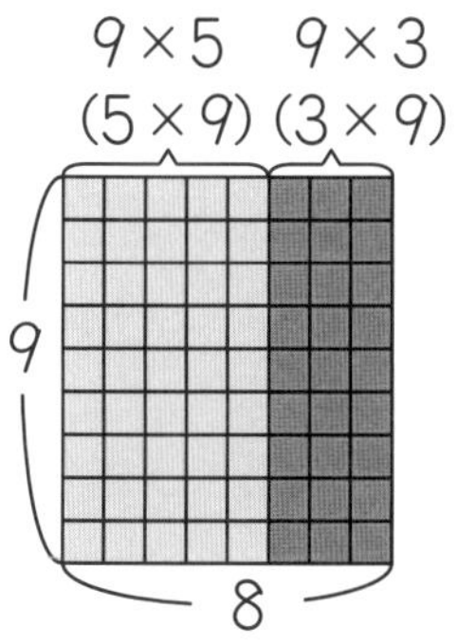

8（かける数）を
5と3に 分ける

できるようにします。

3 9×8の答えの求め方を発表しよう

T　図を使って説明しましょう。

児童数名に発表してもらう。

9×8を，5×8と4×8に分けて考えました。5×8＝40, 4×8＝32で，合わせて72になります

私は，かける数の8を5と3に分けて考えました。式は，9×5と9×3ですが, 5×9＝45と3×9＝27と計算して，答えは72になりました

図を見たら，9を3ずつ分けることができると思ったので，3×8を3つ作りました。3×8＝24で，24が3個で72になりました

4 9×1〜9×9までの答えをかけ算シートを使って調べよう

T　みんなが工夫して見つけてくれた方法で，他の9×□の答えも調べましょう。

他の計算の答えも図を使って求める。

C　これで2〜9の段まですべて九九が完成したね。
T　かけ算シートは，ノートに貼っていつでも見れるようにしておきましょう。

ふりかえりシートを活用する。

第8時

9の段の九九 ②

本時の目標　9の段の唱え方を知り，適用することができる。

板書例

9のだんの 九九を おぼえよう

1

9 × 1 = 9　九一が 9
9 × 2 = 18　九二 18
9 × 3 = 27　九三 27
9 × 4 = 36　九四 36
9 × 5 = 45　九五 45
9 × 6 = 54　九六 54
9 × 7 = 63　九七 63
9 × 8 = 72　九八 72
9 × 9 = 81　九九 81

2

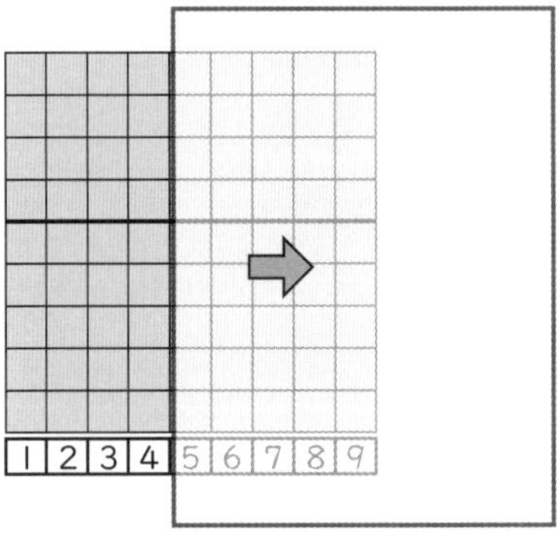

※ 右にずらしていく。

1

・9 ずつ ふえている
・一のくらいは 9，8，7，6，5，4，3，2，1
・十のくらいは 1，2，3，4，5，6，7，8
・一のくらいと 十のくらいを あわせたら 9

POINT　9の段は，指を使って答えを表すことができるという面白さを紹介してみましょう。

1　9の段の九九を完成させよう

前時に見つけた9の段の答えを全員で出し合い，9の段を完成させる。

9 × 1 ～ 9 × 9 を板書して答えを書いていく。

T　9の段の答えを見て気づいたことを発表しましょう。

答えが 9ずつ大きく なっています

一の位は，9，8，7，6，… となっています

十の位は，反対に(0)，1，2，3，…と なっています

C　一の位と十の位を合わせると，全部9になっているよ。

2　9の段の九九を唱えよう

黒板に9の段の九九の表とブロック図を貼る。

T　先生の後に繰り返して唱えましょう。

はじめは，かけ算の式を見ながら，次は，9のブロック図を示しながら全員で唱えていく。

指を使って9の段の答えを出す方法もあります

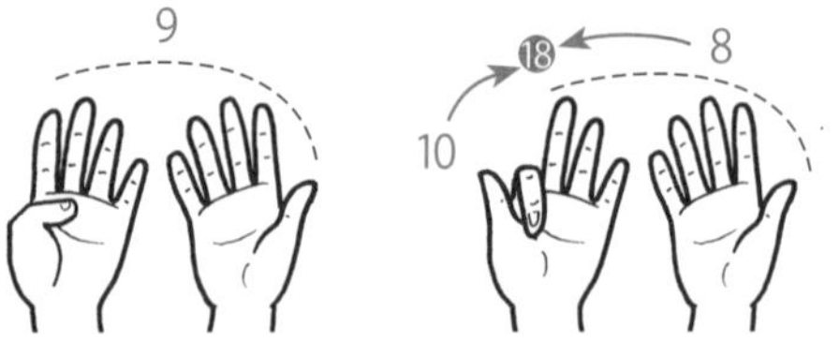

9×1のときは1番目の指を折ると，折った指の右側が9本となるので。
9×1=9

9×2のときは2番目の指を折ると，折った指の左側の1本を10と見て，右側が8本となるので。
9×2＝18

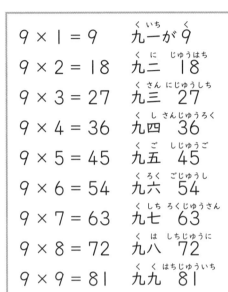

準備物	・9の段の九九表　・9の段の図（板書用） ・九九かるた用紙（5枚×児童数） QR ワークシート QR ふりかえりシート

ICT	プレゼンテーションソフトのテンプレートを児童に配信すると，児童用端末で作成することができる。完成した児童の作品を全体に共有しやすくなる。

3

１こ９円の あめを６こ 買(か)いました。
100円を 出すと，おつりは いくらですか。

① １こ９円の あめ６こは いくらですか。

１あたりの数　○　９円
いくつ分　□　６こ

しき　$9 \times 6 = 54$

答え　54円

② 100円 はらった おつりは 何円ですか。

しき　$100 - 54 = 46$

答え　46円

3 文章問題に取り組もう

問題文を提示する。

T　式を立てて答えを求めましょう。

C　３段の問題文に書きかえてみよう。

あめ１こ⑨円ずつ
6こ分では
代金は何円ですか。

1あたりの数○×いくつ分□の式にするよ

9円が6個分だから，○は9円で，□が6個になります

式は9×6で，答えは54円になります

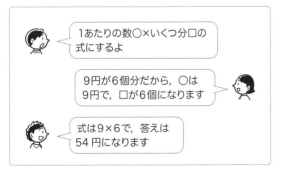

C　おつりは，100 − 54で46円になります。

4 九九かるた作りの続きをしよう

T　前の時間の続きをします。6，7，8，9の段の中から好きなかけ算を１つ選んで九九かるたを作りましょう。

できた児童は，もう１つ式を選んで作る。

【9 × 4 の例】

読み札

あめ１こ９円
あめが４こでは
いくらになりますか。

絵

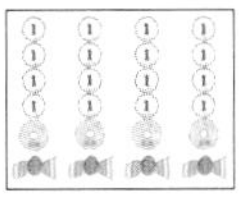

しき

9×4

図

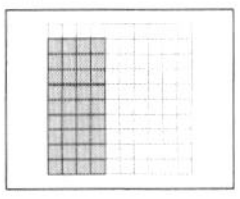

答え

36円

T　できたら，隣の人と見せ合って，間違いがないか確かめ合いましょう。

ふりかえりシートやワークシートを活用する。

第9時

1の段の九九

本時の目標　1の段の九九の意味が分かり，唱えることができる。

板書例

1こずつ ある ときの かけ算

1 4人分の 数は 何こですか。

2 しき

チョコレート  ③×4＝12　12こ

クッキー 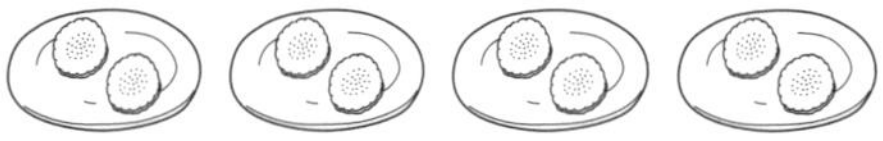 ②×4＝8　8こ

ケーキ 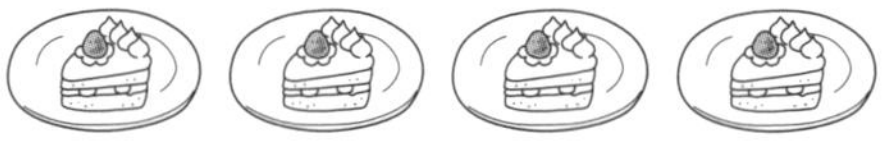 ①×4＝4　4こ

POINT　1の段の九九は必要なのか不思議に思う児童も多いです。1皿あたり3個，2個，1個と，「1あたりの数」を順に減らして，

1 4人分の数を求めよう

T　1人にチョコレートを3個ずつ，クッキーを2個ずつ，ケーキを1個ずつ配ります。

お皿に入ったお菓子のイラストを提示する。

T　これを4人分準備します。それぞれ何個いるでしょうか。

どんな式で求められますか。チョコレートとクッキーを考えましょう

チョコレートは，3個ずつ4人分だから，○ずつ□で，3×4の式になるよ

クッキーも，2個ずつ4人分だから，2×4になります

C　どちらもかけ算で求めたらいいね。

2 ケーキの4人分の数を求める式を考えよう

C　ケーキは1個ずつだから，計算しなくても4個とわかるよ。

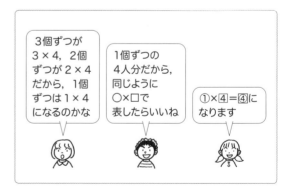

3個ずつが3×4，2個ずつが2×4だから，1個ずつは1×4になるのかな

1個ずつの4人分だから，同じように○×□で表したらいいね

①×4＝4になります

1ずつあるものをかけ算で表すことは自然ではないため，九九のいちばん最後の扱いとなる。1あたりの数を「3→2→1」と減らしていき，同じように「1あたりの数×いくつ分」で表すことをまとめる。

準備物
・1の段の九九表
・九九かるた（児童が作ったもの）
QR 板書用イラスト　QR ふりかえりシート
QR ワークシート

ICT
プレゼンテーションソフトを活用して，これまで学習した1～9の段の九九を反復練習する。繰り返し声に出して練習することで，習熟を図ることができる。

3

1×1＝1	一一（いんいち）が1（いち）
1×2＝2	一二（いんに）が2（に）
1×3＝3	一三（いんさん）が3（さん）
1×4＝4	一四（いんし）が4（し）
1×5＝5	一五（いんご）が5（ご）
1×6＝6	一六（いんろく）が6（ろく）
1×7＝7	一七（いんしち）が7（しち）
1×8＝8	一八（いんはち）が8（はち）
1×9＝9	一九（いんく）が9（く）

・1ずつ ふえている
・かける数（かず）と 答（こた）えが 同（おな）じ

式に結びつけます。

3 1の段の九九を唱えよう

黒板に1の段の九九の表を貼る。

T　1の段の九九をみんなで唱えましょう。

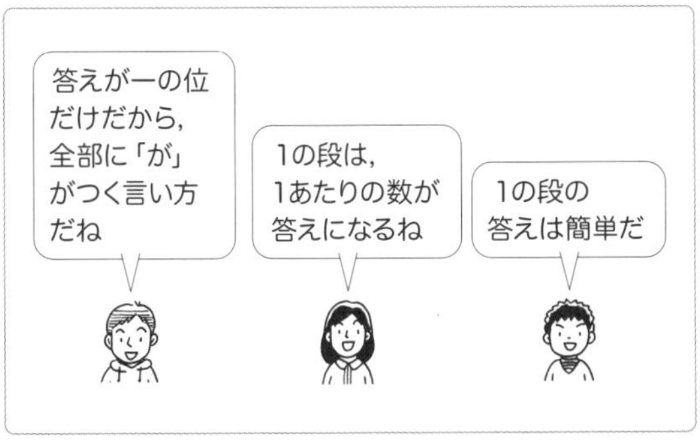

答えが一の位だけだから，全部に「が」がつく言い方だね
1の段は，1あたりの数が答えになるね
1の段の答えは簡単だ

ふりかえりシートやワークシートを活用する。

4 「九九ゲーム」をしよう

本書で紹介した下記の九九ゲームなどを取り入れながら，楽しくかけ算九九を進めていく。

「九九かるたゲーム」（かけ算（2）第11時参照）
「九九カードゲーム」（第4時参照）
「九九ビンゴゲーム」（かけ算（2）第6時参照）

かけ算（2）第9時にある「九九暗唱検定」も，授業時間内だけでなく，授業時間以外にも時間を取り，全員の合格を目指していく。

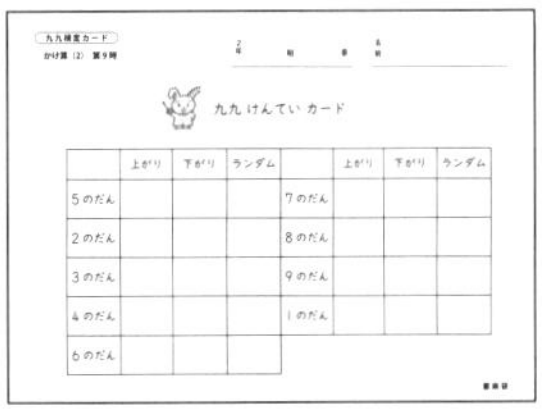

第10·11時

九九表とかけ算のひみつ ①

本時の目標 九九表を完成させ，九九表からかけ算のきまりや特徴を見つけ出すことができる。

板書例

九九の表(ひょう)から かけ算(ざん)の ひみつを さがそう

1

かける数(かず)／かけられる数(かず)

	1	2	3	4	5	6	7	8	9
1	1	2	3	4	5	6	7	8	9
2	2	4	6	8	10	12	14	16	18
3	3	6	9	12	15	18	21	24	27
4	4	8	12	16	20	24	28	32	36
5	5	10	15	20	25	30	35	40	45
6	6	12	18	24	30	36	42	48	54
7	7	14	21	28	35	42	49	56	63
8	8	16	24	32	40	48	56	64	72
9	9	18	27	36	45	54	63	72	81

2 3

- 5 のだんは 5 ずつ ふえている。
- 答(こた)えが 同(おな)じ 九九が ある。
- どのだんも かけられる数(かず)だけ ふえる。
- 答えが 24 になる 九九は 4 つ 3 × 8，4 × 6，6 × 4，8 × 3
- 2 × 4 と 4 × 2 の 答えは どちらも 8

※ 児童が発見した秘密カードを貼る。

POINT これまでの学習をまとめる意味で，九九表を自分で完成させるところから始めます。

1 1の段から9の段まで九九の表を完成させよう

ワークシートを活用する。

T これまでに学習した 1 の段から 9 の段の九九を表にまとめます。

5の段を使って書き方を説明する。

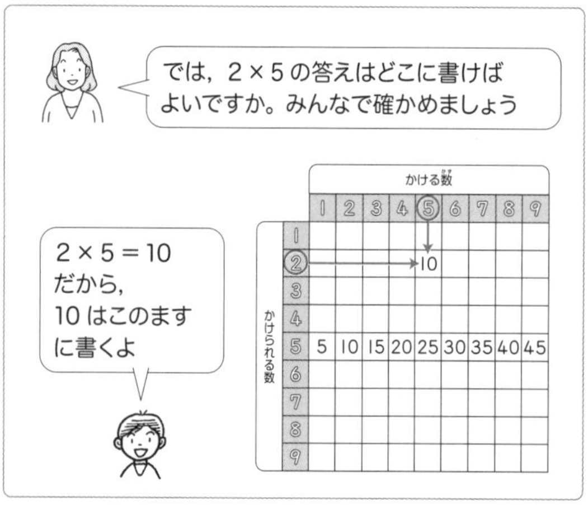

では，2 × 5 の答えはどこに書けばよいですか。みんなで確かめましょう
2 × 5 = 10 だから，10 はこのますに書くよ
かける数
かけられる数
10
5 10 15 20 25 30 35 40 45

九九表が完成したら，ペアで九九を唱えながら確かめる。

2 九九の表から「かけ算のひみつ」を見つけよう

黒板に九九表を貼る。

T 完成した九九の表を見て，発見したことや気づいたことをノートに書きましょう。

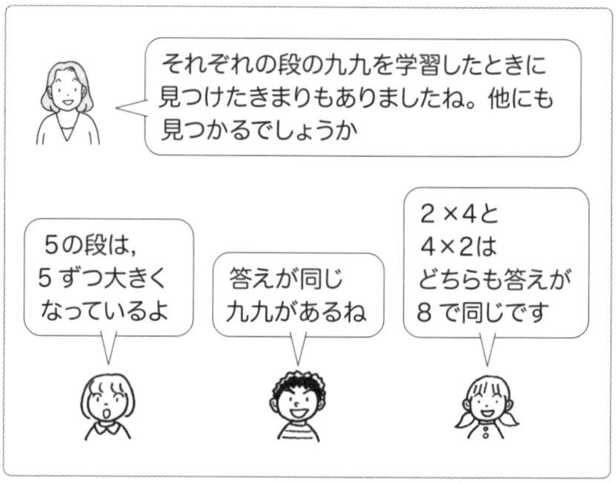

それぞれの段の九九を学習したときに見つけたきまりもありましたね。他にも見つかるでしょうか
5の段は，5 ずつ大きくなっているよ
答えが同じ九九があるね
2 ×4と 4×2は どちらも答えが 8 で同じです

T 今見つけた「かけ算のひみつ」を班で出し合いましょう。そして，カード1枚に1つの秘密を書きます。

班にカード（無地の用紙）を数枚ずつ配る。

準備物	・カード QR 九九表 QR ワークシート QR ふりかえりシート

ICT	九九表のデータを児童用端末に配信すると，九九表を見て気づいたことや見つけたきまりなどを直接書き込みやすくなる。

	1	2	3	4	5	6	7	8	9
7	7	14	21	28	35	42	49	56	63

7　7　7

7ずつ ふえる

4

かけ算の ひみつ ❶

かける数が 1 ふえると，
答えは かけられる数だけ ふえる。

① 5 × 4 = 5 × 3 + 5　　5ずつ ふえる

② 9 × 7 = 9 × 6 + 9　　9ずつ ふえる

3 「かけ算のひみつ」を発表しよう

T　1班から順にカードを見ながら発表してください。

発表したカードを黒板に貼っていく。

答えが同じになる九九がありました。答えが 24 になる九九は，3 ×8, 4×6, 6×4, 8×3です

2の段は，2ずつ，5の段は5ずつ大きくなっています。〇の段は，〇の数ずつ大きくなっています

答えが 12 になる九九が4 つありました

T　答えが同じものは同じ色でますを塗っておきましょう。

児童から出てきた秘密を九九表で確かめる。

4 「かけ算のひみつその❶」をまとめよう

T　かけ算では，かける数が 1 増えると，かけられる数だけ増えるというきまりがあります。第❶の秘密です。

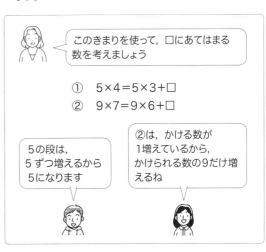

このきまりを使って，□にあてはまる数を考えましょう

① 5×4=5×3+□
② 9×7=9×6+□

5の段は，5 ずつ増えるから5になります

②は，かける数が1増えているから，かけられる数の9だけ増えるね

学習のまとめをする。
ふりかえりシートを活用する。

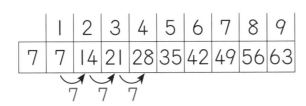

第12時
九九表とかけ算のひみつ②

本時の目標　九九表の範囲で，具体物をもとに「乗法の交換法則」について考える。

板書例

九九の表(ひょう)から かけ算(ざん)の ひみつを さがそう②

1

かける数(かず)

かけられる数 ＼ かける数	1	2	3	4	5	6	7	8	9
1	1	2	3	4	5	6	7	8	9
2	2	4	6	8	10	12	14	16	18
3	3	6	9	12	15	18	21	24	27
4	4	8	12	16	20	24	28	32	36
5	5	10	15	20	25	30	35	40	45
6	6	12	18	24	30	36	42	48	54
7	7	14	21	28	35	42	49	56	63
8	8	16	24	32	40	48	56	64	72
9	9	18	27	36	45	54	63	72	81

答(こた)えが 同(おな)じ 九九が ある。

答えが 24 に なる 九九が 4 つ
3×8，4×6
6×4，8×3

※ 児童が発見した秘密カードを貼る。

1

<答えが 63 に なる かけ算>

⑦ × [9] と ⑨ × [7]

かけられる数(かず)と かける数が 入れかわって いる

POINT　交換法則の学習は3年生で学習します。ここでは，九九表から気づき，見つけ出すことができればよいでしょう。

1　1の段から9の段まで九九の表を完成させよう

黒板に九九表と，前時に児童から出た「かけ算のひみつ」カード（交換法則に結び付くもの）を貼る。

T　みんなが見つけてくれた秘密の中に，「同じ答えの九九がある」というのがありました。答えが63になるかけ算はいくつあるでしょう。

C　7×9と9×7の2つです。

C　かけられる数とかける数が入れかわった九九です。前にも（第1時）学習したね。

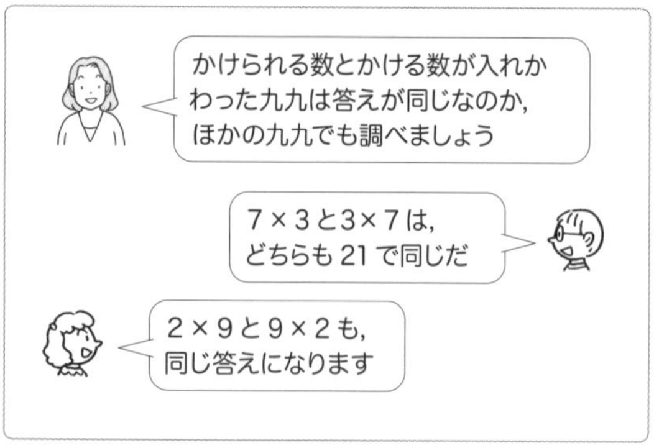

2　図を使って答えが同じになることを確かめよう

ワークシートを活用する。

T　㋐と㋑の子どもの人数をそれぞれかけ算の式に表して求めてみましょう。

C　縦3人ずつの5列分だから，㋐は3×5＝15で15人です。

C　㋑は，5人ずつの3列分で5×3＝15人だ。

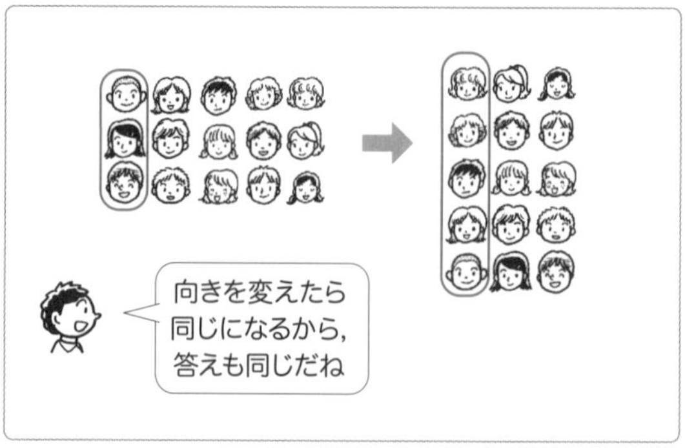

向きを変えたら同じになるから，答えも同じだね

算数ブロックで3×5＝5×3を表して確かめてもよい。

準備物
・算数ブロック（板書用）
QR 九九表
QR ワークシート
QR ふりかえりシート

ICT
九九表のデータを配信して，同じ答えになる数の色を変えて印をつけると，かけ算の理解を深めることができる。

2

※ ㋐の向きを変えて見せる。

㋐

○人ずつ □れつ分

㋑

しき
$3 \times 5 = 15$
答え　15 人

しき
$5 \times 3 = 15$
答え　15 人

3

かけ算の ひみつ ❷

かけられる数と かける数を
入れかえて 計算（けいさん）しても 答えは 同じである。

4

<答えが 18 >

2×9　　3×6
9×2　　6×3

<同じ 答えが 3 つ>

$4 \times 9 = 36$
$9 \times 4 = 36$
$6 \times 6 = 36$

3 「かけ算のひみつその❷」をまとめよう

T　かけ算では，かけられる数とかける数を入れかえて計算しても答えは同じになるというきまりがあります。第❷の秘密です。

T　このきまりを使って，□にあてはまる数を書きましょう。できたら，九九の表で確かめましょう。

①3 × 8 = 8 ×□　②4 ×□= 5 × 4
③□× 6 = 6 × 7　④9 × 3 = 3 ×□

交換法則の一般化は，3 年生以降，分配法則と共に学習する。2 年生では，図に表し，九九の範囲のみの理解で十分である。

4 答えが 18 になる九九をすべて見つけよう

C　2 × 9 と 3 × 6 があります。
C　数字を入れかえても答えは同じだから，9 × 2 と 6 × 3 も，答えが 18 になります。
C　九九表の中に同じ答えが 4 つもあるね。
C　同じ色で塗っておくよ。

同じ答えが 3 つある かけ算を探しましょう
答えが 36 になるかけ算は 3 つです
4 × 9，9 × 4，6 × 6 です
4 × 9 と 9 × 4 は，やっぱりかけられる数とかける数が入れかわったものだね
そうか，6 × 6 は入れかわっても 6 × 6 だ

学習のまとめをする。　ふりかえりシートを活用する。

第13時

九九をこえたかけ算

本時の目標　かけ算のきまりを使って九九をこえた1位数×2位数の答えを求める。

板書例

九九より 大きい数(かず)の かけ算(ざん)に ちょうせんしよう

1

しき　3 × 12

2

Aさんの 考え方(かんがえかた)

3 × 9 = 27
3 × 10 = 30 (+3)
3 × 11 = 33 (+3)
3 × 12 = 36 (+3)

3

Bさんの 考え方

3 × 9 = 27
3 × 3 = 9
27 + 9 = 36

2

かける数

かけられる数	1	2	3	4	5	6	7	8	9	10	11	12
1	1	2	3	4	5	6	7	8	9			
2	2	4	6	8	10	12	14	16	18			
3	3	6	9	12	15	18	21	24	27			
4	4	8	12	16	20	24	28	32	36			
5	5	10	15	20	25	30	35	40	45			
6	6	12	18	24	30	36	42	48	54			
7	7	14	21	28	35	42	49	56	63			
8	8	16	24	32	40	48	56	64	72			
9	9	18	27	36	45	54	63	72	81			
10												
11												
12												

答え(こたえ)　36こ

POINT　これまでの学習で得た九九のきまりなどを使って工夫して答えを見つけます。多様な考え方を認め合って，共有できるよう

1 栗は全部で何個ですか。九九表を見て考えよう

ワークシートを活用する。黒板に栗のイラストを貼る。

T　全部の数を求める式はどうなりますか。

C　縦に3個ずつで，それが12列あるから，式は3 × 12になります。

C　九九は3 × 9までだから，どうやって答えを求めよう。

まずは，各自で取り組み，その後ペアで話し合う。

九九の表を見て考えてみましょう

3の段は，かける数が3ずつ増えるのだったね

3 × 9の次も，3ずつ増えると考えたらどうかな

2 「かけ算のひみつ（きまり）」を使って説明しよう

黒板に九九表を貼る。

T　Aさんの考え方をみんなで聞きましょう。

前の時間に学習した「かけ算のひみつ①」を使いました。3の段の答えは，3ずつ増えていきます。だから，3ずつ足していって，3 × 12は36になりました

3 × 9 = 27
3 × 10 = 30 (+3)
3 × 11 = 33 (+3)
3 × 12 = 36 (+3)

Aさん

T　Aさんの考え方のいいところはどこですか

C　「かける数が1増えると，答えはかけられる数だけ増える」というきまりを使っています。

C　これなら，他のかけ算になっても同じように考えることができます。

準備物		ICT
QR 九九表　・算数ブロック（板書用） QR 板書用イラスト QR ワークシート QR ふりかえりシート		図シートを児童用端末に配信しておけば，児童が考え方を直接図に書き込むことができる。それを全体に共有すると児童の理解を深めることができる。

4

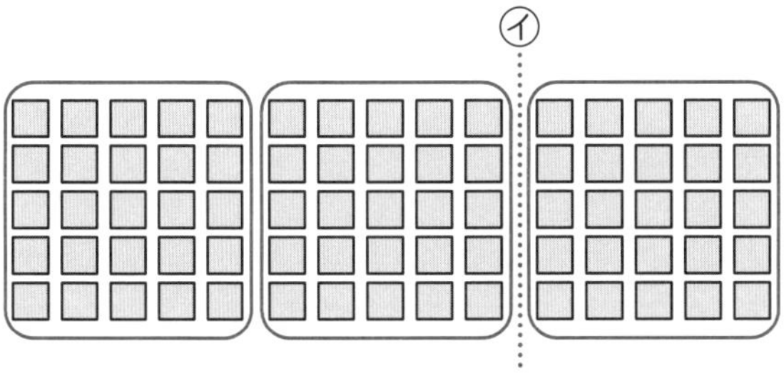

しき　5 × 15

㋐

5 × 9 = 45
5 × 10 = 50
5 × 11 = 55
5 × 12 = 60
5 × 13 = 65
5 × 14 = 70
5 × 15 = 75

（5 ずつ）

㋑

5 × 10 = 50
5 × 5 = 25
50 + 25 = 75

㋒

5 × 5 = 25
25 + 25 + 25 = 75

大きい 数の かけ算も，かけ算の きまりや
かけ算九九を つかって もとめる ことが できる。

にしましょう。

3 かける数の 12 を 2 つに分けて計算する方法を説明しよう

他の考え方の児童に発表してもらう。

3 × 9 までは学習したので，9 列のところに線を引いて，3 × 12 を 3 × 9 と 3 × 3 に分けて計算しました

B さん

私は，5 列のところに線を引いて 2 つに分けて計算しました。3 × 5 と 3 × 7 に分けました

C さん

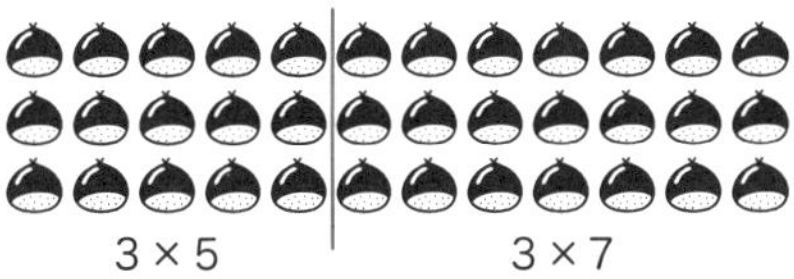

T　2 人の考え方のいいところはどこですか。

C　かけ算九九を作ったときにも，かける数を分けて答えを出しました。知っている九九を使って計算しています。

4 工夫して 5 × 15 の答えを見つけよう

ふりかえりシートを活用する。

3 × 12 の答えの出し方をヒントに各自で取り組む。

かけ算の秘密を使えば簡単だ。5 × 9 = 45 から 5 ずつ増やしていくよ

5 とびで数えてもできるよ

15 を 10 と 5 に分けて計算しました

5 × 5 のかたまりが 3 つあるので，25 + 25 + 25 で考えました

様々な考え方をみんなで共有する。
学習のまとめをする。

第14時

かけ算の応用問題

本時の目標：かけ算九九を活用して，工夫して問題を解決する。また，解決の多様な考え方を理解することができる。

板書例

クッキーの 数(かず)を かけ算(ざん)を つかって もとめよう

1

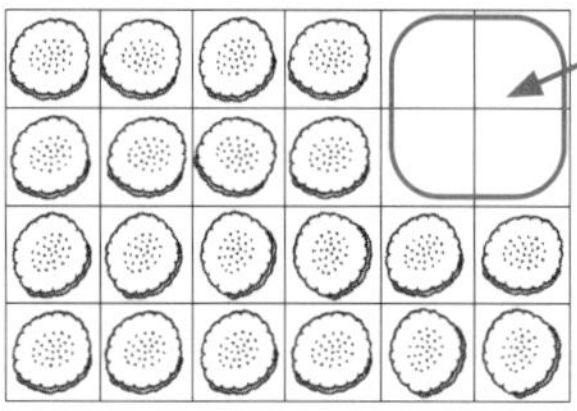

㋑

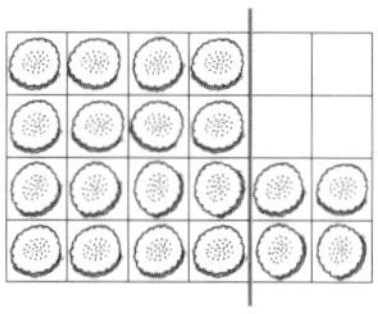

4 × 4 = 16　2 × 2 = 4
16 + 4 = 20

2

㋐

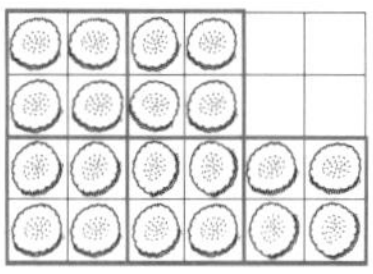

4が5つ

4 × 5 = 20

答(こた)え　20こ

㋒

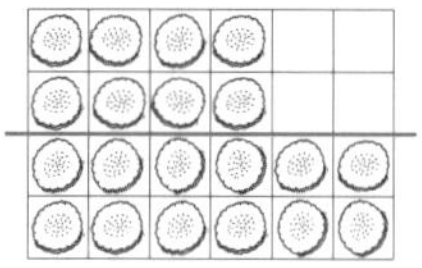

2 × 4 = 8　2 × 6 = 12
8 + 12 = 20

POINT　児童が見つけた考え方を皆で認め合い，そこからまた新たな考え方が生まれるような話し合いをしていきましょう。

1　かけ算を使って工夫して求めよう

ワークシートを活用する。黒板にクッキーの絵を貼る。

T　箱に入っていたクッキーを4枚食べました。残ったクッキーの数を，かけ算を使って求めましょう。

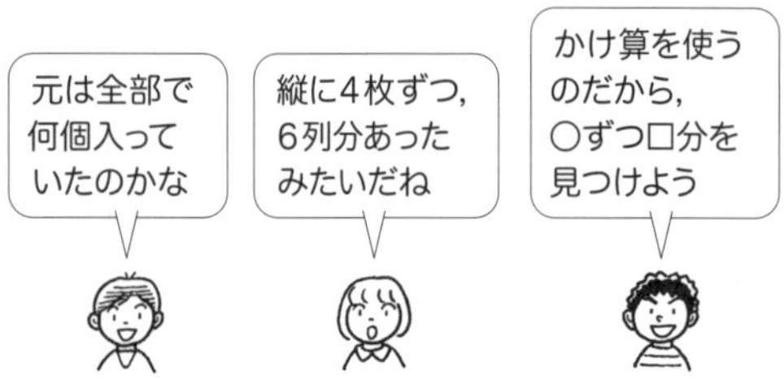

元は全部で何個入っていたのかな
縦に4枚ずつ，6列分あったみたいだね
かけ算を使うのだから，○ずつ□分を見つけよう

T　かけ算を1回でも使って計算しましょう。
C　2つに分けて計算しよう。

2　友達の考え方を聞いて話し合おう

【Aさん】(㋐)
図のように，4の集まりで考えました。4の集まりが5つあります。4 × 5 = 20で，答えは20個になります。

【Bさん】(㋑)
図を縦に2つに分けて考えました。
4 × 4 = 16　2 × 2 = 4　あわせて20になります。

【Cさん】(㋒)
図を横に2つに分けて考えました。
2 × 4 = 8　2 × 6 = 12　あわせて20になります。

C　みんな，図を分けて計算しているね。
C　どれもかけ算を使って求めているよ。

準備物
・算数ブロック（板書用）
QR 板書用イラスト
QR ワークシート
QR ふりかえりシート

ICT
図シートを児童用端末に配信しておけば，児童が考え方を直接図に書き込むことができる。それを全体に共有すると児童の理解を深めることができる。

3

㊓ 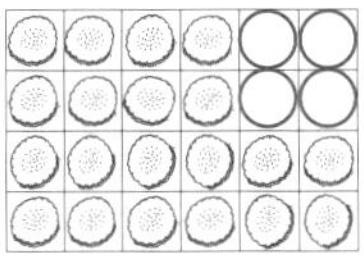

4 こ あると 考え（かんが）て
4 × 6 = 24
4 こ ないから
24 − 4 = 20

㊔ 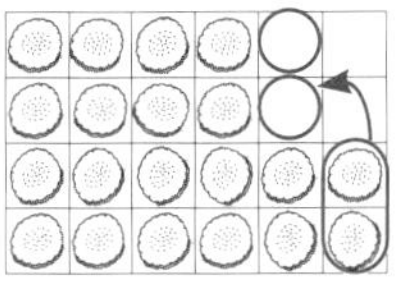

2 こ うごかす
4 × 5 = 20

3 他の考え方を聞いて話し合おう

【D さん】（㊓）
箱のクッキーが全部あったとすると，4 × 6 = 24 で 24 個です。4 枚食べたので，24 − 4 = 20 で，答えは 20 個になります。

【E さん】（㊔）
図のように，2 個を動かすと，4 個ずつ 5 列分で求めることができます。4 × 5 = 20 になります。

クッキーが無いところを，あるとして考える方法もあるんだね

動かして考える方法は全く思いつかなかったよ。すごいね

4 チョコレートの数を工夫して求めよう

ワークシートの問題を活用する。

T　お友達の考えをヒントにかけ算を使って求めましょう。

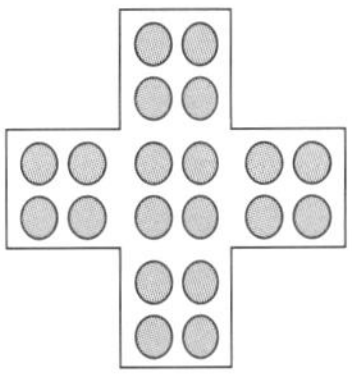

4 個ずつの集まりが 5 つあるよ

5個ずつの集まりが 4 つあります

2 × 6 と 4 × 2 に分けて計算するよ

学習の感想を書く。
ふりかえりシートを活用する。

名前 ＿＿＿＿＿＿＿＿

● たこやきが　1ふねに　6こずつ　のっています。
1ふねから　9ふね分(ぶん)までの　たこやきの
数(かず)を　しらべて　□に　書(か)きましょう

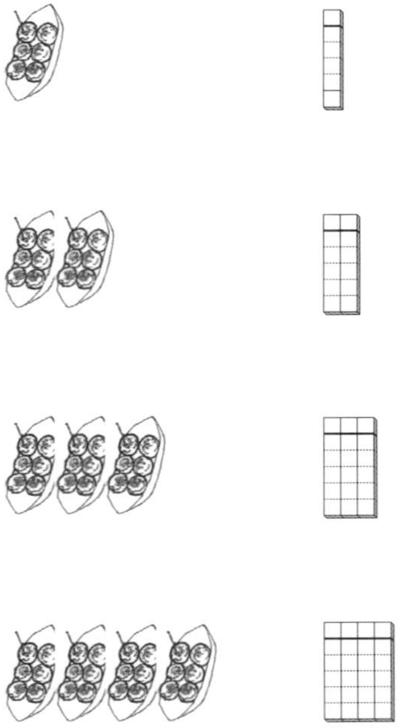

6×1＝□
ろく　いちが　□

6×2＝□
ろく　に　□

6×3＝□
ろく　さん　□

6×4＝□
ろく　し　□

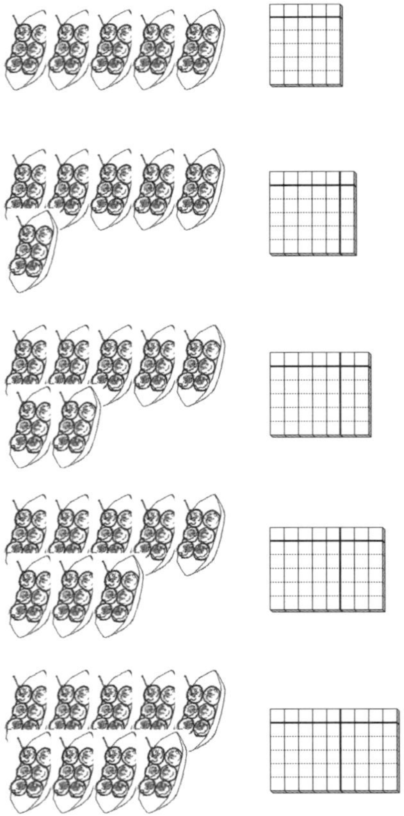

6×5＝□
ろく　ご　□

6×6＝□
ろく　ろく　□

6×7＝□
ろく　しち　□

6×8＝□
ろく　は　□

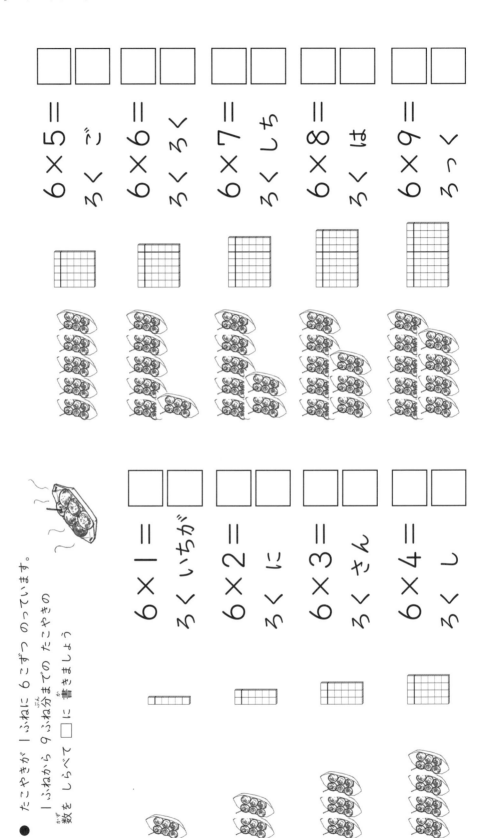

6×9＝□
ろっく　□

第12時　ワークシート

名前 ＿＿＿＿＿＿＿＿

● 九九の ひょうを 見て，答(こた)えましょう。

	かける数(かず) 1	2	3	4	5	6	7	8	9
かけられる数 1	1	2	3	4	5	6	7	8	9
2	2	4	6	8	10	12	14	16	18
3	3	6	9	12	15	18	21	24	27
4	4	8	12	16	20	24	28	32	36
5	5	10	15	20	25	30	35	40	45
6	6	12	18	24	30	36	42	48	54
7	7	14	21	28	35	42	49	56	63
8	8	16	24	32	40	48	56	64	72
9	9	18	27	36	45	54	63	72	81

(1) 7×9と 9×7の 答えに 色を ぬりましょう。

かけられる数と かける数を 入れかえて 計算(けいさん)しても 答えは 同(おな)じだね。

(2) 子どもは ぜんぶで 何人(なんにん) いるでしょう。

㋐ 

しき

答え＿＿＿人

㋑ 

しき

答え＿＿＿人

(3) □に あてはまる 数を 書(か)きましょう。

① 3 × 8 = □ × 3　　② 4 × □ = 5 × 4

③ □ × 6 = 6 × 7　　④ 9 × 3 = 3 × □

(4) 答えが 18になる かけ算(ざん)を 書きましょう。

□ × □　　□ × □

□ × □　　□ × □

1000 より大きい数

全授業時数 8 時間

◎ 学習にあたって ◎

<この単元で大切にしたいこと>

この単元の学習を通して，数の範囲が 4 位数になっても，3 位数までの数で学習した数の仕組みが適応されるよさを理解できるようにすることが大切です。つまり，10 のまとまりを作ると次の位へ繰り上がる仕組みや，数の書き表し方，数の読み方，数の大小なども既習の考え方と同じであることを理解できるようにします。（十進位取り記数法）

<数学的見方考え方と操作活動>

ここでの数学的見方考え方は十進位取り記数法の考え方です。数量を 10 個のまとまりにして，10 個のまとまりができると左側の次の位に繰り上げていきます。繰り上がらない数をその位に数字として表記する考え方で，一の位から十の位，百の位，千の位，一万の位へと同じきまりになっています。

また，0 ～ 9 までの 10 個の数字だけでどんな数でも表すことができます。同じ数字でも位の位置によって表す量の大きさに違いがあるという考え方を学びます。

<個別最適な学び・協働的な学びのために>

本時の学習は，大きい数を扱うため，具体的な量の個数を調べる活動でも各人や班で分担して活動することになります。どのような方法ですればいいのか話し合うことで学びが深まります。

数を理解する学習でも，半具体物と数字と数詞の役割を決めて互いに問題を出し合うことで理解を深めることができます。また，相対的な数の学習では，お金を具体的な量として扱い両替をする学習場面があります。そのような場面でも役割演技を入れると，対話的な学びが深まります。

数直線 (数の線) の学習では，□にあてはまる数をどのような考え方で決めたのか，その理由を話し合うことで理解を深めることもできます。

◎ 評　価 ◎

知識および技能	一万までの数の読み方や書き表し方，数の構成や系列，順序，大小などを理解できる。 一万までの数を読み書きし，数の大小・相対関係を不等号を用いて表すことができる。
思考力，判断力，表現力等	一万までの数を，既習の「十進位取り記数法」を用いて表すことができる。
主体的に学習に取り組む態度	身のまわりの大きい数に関心をもち，「十進位取り記数法」をもとに数を読み書きしようとしている。

◎ 指導計画　8 時間 ◎

時	題	目　標
1	1000 をこえる数	千をこえる数を 10 ずつまとめて調べることができる。
2	4位数の読み方・書き方	4位数の読み方と書き方がわかる。
3	空位のある4位数の読み方・書き方	空位のある4位数の記数法がわかる。
4	4位数の構成	4位数の仕組みや数の構成を理解する。
5	数の相対的な大きさ	4位数を 100 を単位としてとらえることができ，それを使って，たし算・ひき算ができる。
6・7	数直線	4位数の数直線の目盛りを読み取ったり，数直線上に数を表したりすることができる。
8	10000（一万）という数	一万という数の大きさや構成が理解できる。

第 1 時
1000 をこえる数

本時の目標 千をこえる数を 10 ずつまとめて調べることができる。

板書例

1 円玉は ぜんぶで 何(なん)こですか

1 <しらべ方>

10 ずつ まとめる
10 を 10 こ あつめる

↓

100 を 10 こ あつめる

100 が 10 こで 1000

2
100 が 23 こ
10 が 8 こ
1 が 7 こ

↓

3
1000 が 2 こ ……二千(にせん)
100 が 3 こ
10 が 8 こ
1 が 7 こ
} 三百八十七

二千三百八十七(にせんさんびゃくはちじゅうなな) こ

POINT 「1000 までの数」でも具体物を 10 ずつまとめる活動をしましたが，ここでも 10 ずつまとめていき，10 が 10 個で

1 班に分かれて1円玉を数えよう

児童に 1 円玉を 2387 個（2300 個程度）見せる。

T　1 円玉は全部で何個あると思いますか。
C　すごい数だね。1000 個はあるのかな？

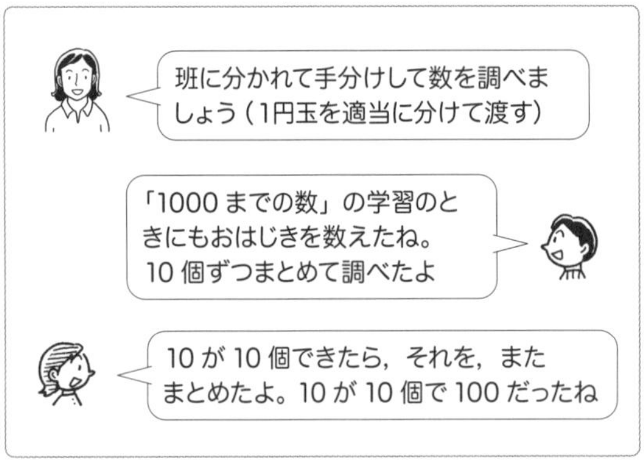

班に分かれて手分けして数を調べましょう（1円玉を適当に分けて渡す）
「1000 までの数」の学習のときにもおはじきを数えたね。10 個ずつまとめて調べたよ
10 が 10 個できたら，それを，またまとめたよ。10 が 10 個で 100 だったね

扱うものは，1 円玉やクリップなど，10 ずつまとめることができるものであればよい。扱う数は,「一千（いちせん)」と読まないことから，はじめは 2000 以上が相応しい。
これまでに，10 ずつまとめて数える活動はしているが，ここで再度，10 ずつ結集することの便利さを感じ取る。

2 全体で何個になるか調べよう

各班がどのようにまとめているかを紹介する。

T　各班で調べてくれた 1 円玉の数をまとめてみます。全部で何個になるでしょう。

班毎に調べた 1 円玉の数を発表する。

それぞれのまとまりは全部でいくつになりますか
100 のまとまりが全部で 23 個あります
10 のまとまりは全部で 8 個です
1 は7個になります

C　100 が 10 個で 1000 になるから，100 も 10 個ずつまとめたらどうかな。
C　1000 のまとまりが 2 個できたよ。

準備物
・1円玉約2300個（または1円玉に代わるもの）
・算数ブロック（板書用）
QR 位の部屋シート
QR ふりかえりシート

ICT
絵が入った位の部屋シートを複数用意する。それらを児童に配信すれば，千をこえる数を読んだり書いたりすることを通して，習熟を図ることができる。

4

千のくらい	百のくらい	十のくらい	一のくらい

2	3	8	7
二千	三百	八十	七

10 ずつ あつめる
10 あつまったら つぎの くらいへ
100 が 10 あつまると 1000

100，100 が 10 個で 1000 と，10 のかたまりを根付かせていきます。

3 1円玉の数を読んでみよう

T　1円玉の数は，1000 のまとまりが 2 個，100 のまとまりが 3 個，10 のまとまりが 8 個，1 が 7 個になりました。全部で何個といえばよいでしょう。

1000 を 2 個集めた数を二千といいます。二千と三百八十七で二千三百八十七といいます。みんなで読んでみましょう

「二千三百八十七」個

C　はじめはバラバラだったけど，こうやって 10 ずつまとめていったら数がよくわかるね。

4 調べた数を位の部屋に入れてみよう

T　百の位の上の位は「千の位」になります。

それぞれの位に 1 円玉（または，算数ブロック）を置く。

1 円玉の下に数字を書きましょう

それぞれの位の部屋には，1 つずつ数字が入るんだったね

千の位は 2，百の位は 3，十の位は 8，一の位は 7 と数字を書くよ

T　二千三百八十七は「2387」と書きます。

2387 の読み方と書き方を確認する。

C　1 を 10 集めて 10 になって，10 を 10 集めて 100 になって，100 を 10 集めて 1000 になって，10 ずつ集めたら位が変わっていくね。

ふりかえりシートを活用する。

第2時 4位数の読み方・書き方

本時の目標　4位数の読み方と書き方がわかる。

板書例

1000より 大きい 数(かず)の 読(よ)み書(か)きを しよう

1

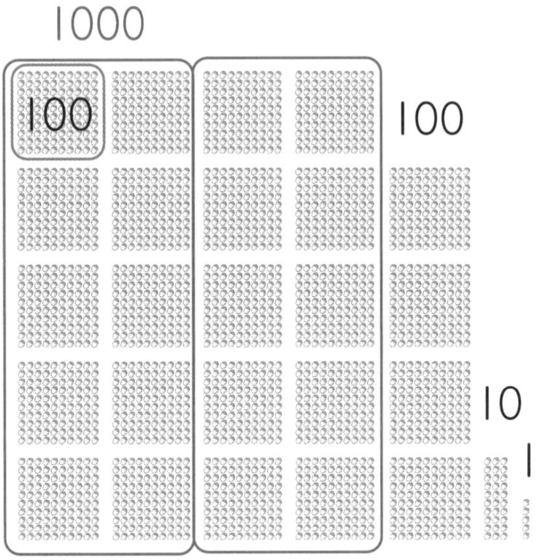

1

1000が　2こ
100が　4こ
10が　3本
1が　5こ

2435こ

POINT　各位の数量の大きさが実感できるように，数字だけでなく半具体物（算数ブロック）を使って授業を進めます。

1 どんぐりは何個あるか調べよう

ワークシートを使って学習する。

のひとまとまりが
100個とわかったよ。
100が24個あるよ
100が10個で1000だから，1000を囲んでみよう。1000のまとまりが2個できました

C　1000のまとまりが2個，100のまとまりが4個，10のまとまりが3本，1が5個だね。

C　全部で2435個になりました。

まずは，100のまとまりを10個ずつ線で囲み，1000，100，10，1がそれぞれいくつかを書き留めてから全部の数を読んで（書いて）みる。

2 算数ブロックに置き換えて「位の部屋」に入れてみよう

黒板に「位の部屋」をつくり，児童が交代で算数ブロック図（1000，100，10，1）を貼っていく。

それぞれの位にブロックを入れましょう
千の位には，1000のブロックを2個入れました
百の位には，100のブロックを4個入れます
十の位は，10のブロックが3本です
一の位は1のブロックが5個になります

T　ブロックの下に，それぞれの位の数字を書きましょう。

2435の読み方と書き方を確認する。

準備物
QR 算数ブロック図（板書用） QR ワークシート QR ふりかえりシート QR 画像「紙は全部で何枚かな」

ICT
位の部屋シートを配信しておくと，教師が４桁の数を読み上げたものを繰り返し書く練習ができ，習熟を図ることができる。

2

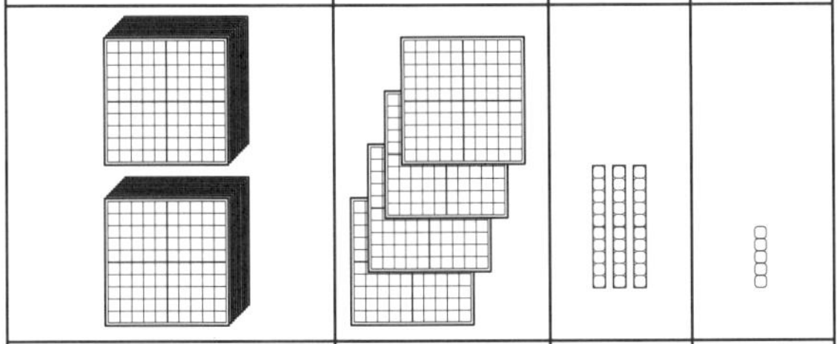

千のくらい	百のくらい	十のくらい	一のくらい
2	4	3	5
二千	四百	三十	五

3

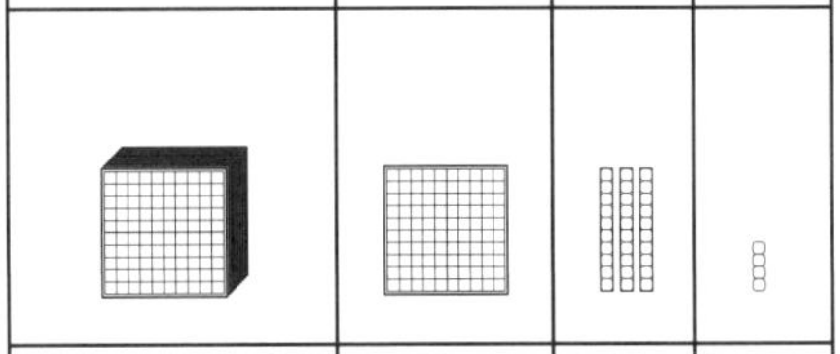

千のくらい	百のくらい	十のくらい	一のくらい
1	1	3	4
千	百	三十	四

4

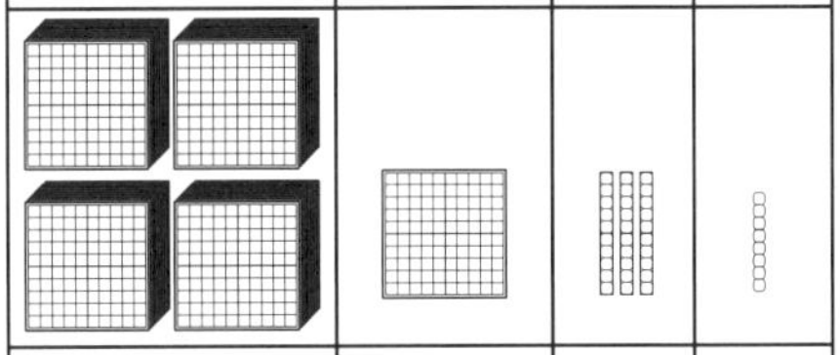

千のくらい	百のくらい	十のくらい	一のくらい
4	1	3	8
四千	百	三十	八

3 算数ブロックを数字で表して読んでみよう

T　ブロックの数をノートに書きましょう。

黒板の位取り表にブロックを置き，児童が交代でその下に数字を書く。その後，全員で数を読む。空位のない４桁の数を何問か繰り返す。

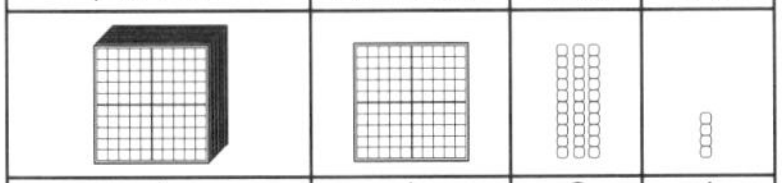

千のくらい	百のくらい	十のくらい	一のくらい
1	1	3	4
千	百	三十	四

1000 が1個，100 が 1個，10 が3本，1が4個で 1134 になります

読み方は「一千百三十四」かな

C　1000 は「一千」ではなく「千」と読むよ。100 も「一百」と読まなかったよ。

4 数を読むので，ブロックを置いて数字で書こう

T　今度は，先生が４桁の数を読みます。２回読むので，位の部屋に数字を書いて，ブロックを置きましょう。

はじめは読み方を書いておいてもよい。教師は，「四千 百 三十 八」と間を少し開けながら読むようにする。児童が交代で操作をする。何問か繰り返す。

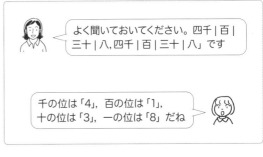

よく聞いておいてください。四千｜百｜三十｜八，四千｜百｜三十｜八」です

千の位は「4」，百の位は「1」，十の位は「3」，一の位は「8」だね

「半具体物」と「数字」と「数詞」の三者が一体となって理解できるようにする。

ふりかえりシートを活用する。

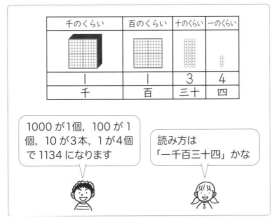

第3時 空位のある4位数の読み方・書き方

本時の目標 空位のある4位数の記数法がわかる。

板書例

紙は ぜんぶで 何まいですか

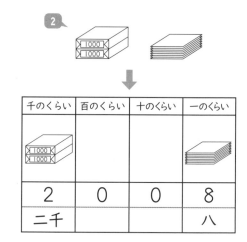

1

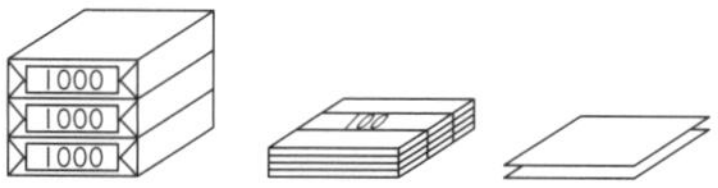

千のくらい	百のくらい	十のくらい	一のくらい
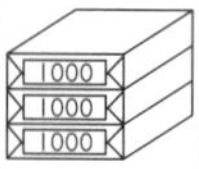	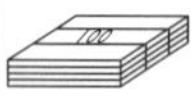		
3	4	0	2
三千	四百		二

2

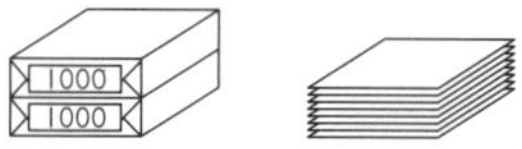

千のくらい	百のくらい	十のくらい	一のくらい
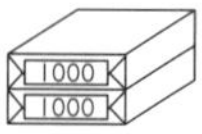			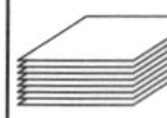
2	0	0	8
二千			八

何も ない くらいには 0を 書く　0は 読まない

POINT 児童の実態に応じて手軽に使える QR「位の部屋シート」を準備しましょう。

1 紙は全部で何枚あるか調べよう

3402 枚の紙の現物または図を提示する。

C　1000 の束と 100 の束とバラがあるね。

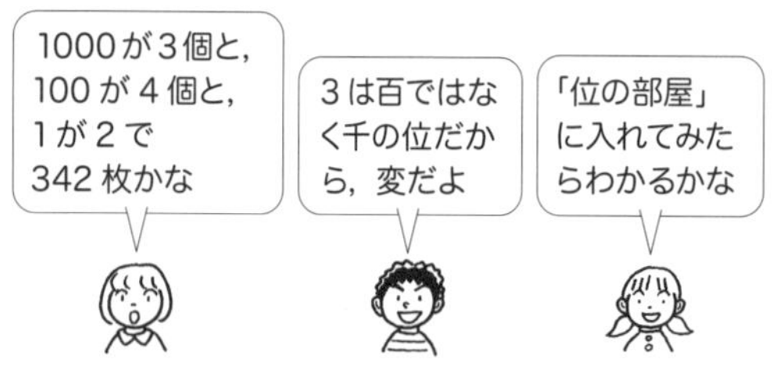

T　紙を「位の部屋」に入れてみます。

C　十の位には紙が何もないよ。何もないから十の位は0だね。3402 枚になります。

C　0は書くけど0は読まなかったよ。三千四百二枚です。

児童に QR「位の部屋シート」を配っておくと，各自でまとめやすくなる。

2 0に気をつけて数を読もう

T　次の紙の数はどうでしょう。

2008 枚の紙の現物または図を提示する。

C　今度は，1000 の束とバラしかないね。

C　100 の束と 10 の束がないよ。

児童が紙の図を黒板の「位の部屋」に入れる。

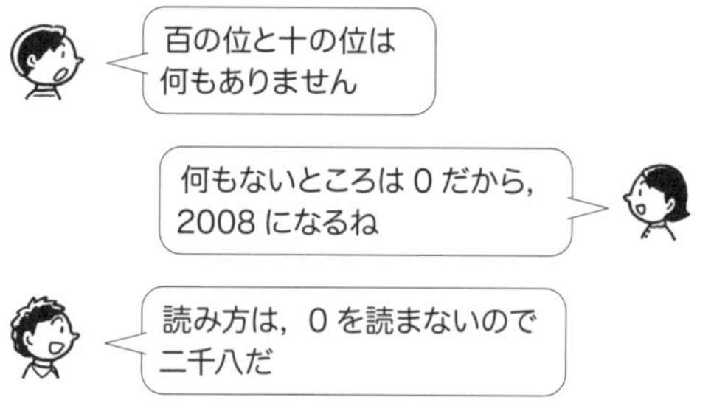

黒板の「位の部屋」に児童が数字と読み方を書く。

T　みんなも自分の「位の部屋」に書いておきましょう。

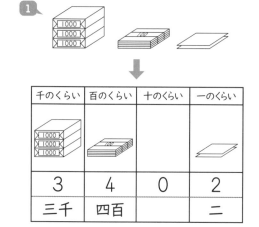

準備物	QR 紙の図（板書用） QR 位の部屋シート QR ふりかえりシート QR 画像「紙は全部で何枚かな」

ICT	位の部屋シートを配信しておくと，4桁の数（百や十，一の位が空位のもの）を繰り返し書く練習ができ，習熟を図ることができる。

3

＜数字（すうじ）→読み＞

2010

千	百	十	一
2	0	1	0
二千		十	

3007

千	百	十	一
3	0	0	7
三千			七

4

＜読み→数字＞

千	百	十	一
1	0	0	3
千			三

0を 書くのを
わすれない

3 「位の部屋」に数を書いて読んでみよう

T 「2010」は何と読みますか。「位の部屋」に数字を書いて，読み方も書きましょう。

1つの位に入るのは1つの数字だから，千の位は2，百の位は0，十の位は1，一の位も0になります

今度は，百の位と一の位が0になっているよ

T 2010を読んでみましょう。

C 0は読まないから，二千十です。

C 「位の部屋」に数字を入れると，どこの位が0になるかよくわかるね。

「3007」や「4000」など，空位のある4桁の数を何問か繰り返す。

4 数を読むので，0に気をつけて数字で書こう

T 今度は，先生が4桁の数を読みます。2回読むので，位の部屋に数字を書きましょう。

教師は，「千 三」と間を少し開けながら読むようにする。

よく聞いておいてください。「千｜三，千｜三」です

千の位は「1」で，一の位は「3」だね。百の位と十の位は読まなかったけど，0が必要だから1003になるよ

0を書かないと13になってしまうね

空位のある4桁の数を何問か繰り返す。

はじめは，教師が準備した「位の部屋」を使って考えるが，児童自身が自分で位取り表を書き，いずれは表がなくても数字が書けるようになるとよい。

ふりかえりシートを活用する。

第4時

4位数の構成

本時の目標　4位数の仕組みや数の構成を理解する。

板書例

数(かず)を くわしく しらべよう

1

1000 を 2 こ，100 を 4 こ，
10 を 7 こ，1 を 5 こ あわせた数

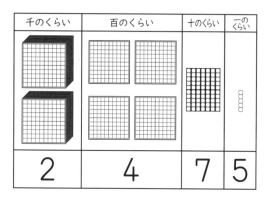

千のくらい	百のくらい	十のくらい	一のくらい

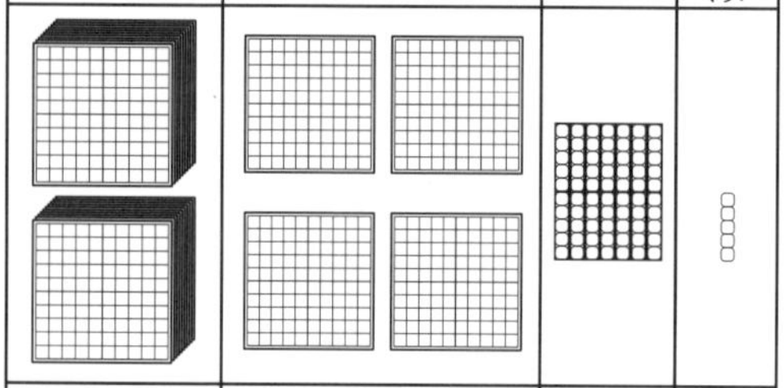

2	4	7	5

2

1000 を 4 こ，1 を 6 こ
あわせた数

千	百	十	一
4	0	0	6

1つの くらいに 数字(すうじ)は 1つ 入る

POINT 言葉や数字だけでなく，算数ブロックで表し可視化することで，数の構成が明確にわかるようになります。

1　1000 を 2 個，100 を 4 個，10 を 7 個，1 を 5 個あわせた数はいくつですか

C　1000 が 2 個で 2000，100 が 4 個で 400，10 が 7 個で 70，1 が 5 個で 5 だから，…。

C　数字だけではよくわからないな。

T　「位の部屋」にブロック図を入れて考えてみましょう。

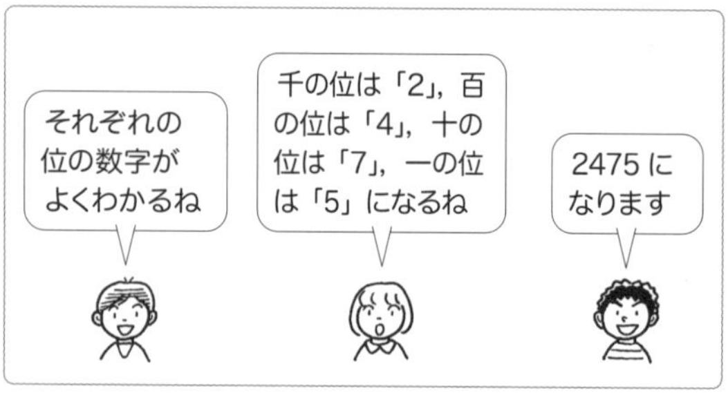

数字だけでは理解できない子どもも，位取り表にブロック図を置くことで理解しやすくなる。

T　自分の「位の部屋」にも数字を書き入れておきましょう。

2　1000 を 4 個と 1 を 6 個あわせた数はいくつですか

C　1000 が 4 個で 4000，1 が 6 個で 6，100 と 10 はないね。

C　頭の中にブロック図を置いて考えてみよう。

C　「位の部屋」に数字を書き込んでみよう。

C　位の部屋が 4 つあって，それぞれの部屋に必ず数字が入っているんだね。

空位なし・空位ありの問題を数問扱う。
必要に応じて，数をブロック図で表して見せる。

準備物	QR 算数ブロック図（板書用） QR 位の部屋シート QR ふりかえりシート

ICT	位の部屋シートを配信しておくと，4桁の数を繰り返し書く練習を通して，4桁の数の構成の理解を深めることができる。

3

2147 は

1000 を（2）こ
100 を（1）こ
10 を（4）こ
1 を（7）こ
あわせた数

千	百	十	一
2	1	4	7

3050 は

1000 を（3）こ
10 を（5）こ
あわせた数

千	百	十	一
3	0	5	0

4

5009 は

千のくらいの 数字が（5），
百のくらいの 数字が（0），
十のくらいの 数字が（0），
一のくらいの 数字が（9）
の数

千	百	十	一
5	0	0	9

3 2147 は 1000 を何個，100 を何個，10 を何個，1 を何個あわせた数ですか

C 「位の部屋」に数字を書いて考えよう。1000 を 2 個，100 を 1 個，10 を 4 個，1 を 7 個あわせた数です

T では，3050 はどんな数といえますか。

千	百	十	一
3	0	5	0

「位の部屋」にまず数字を書いて…，百の位と一の位が 0 になるね

百の位と一の位が何もない数だ

1000 を 3 個と，10 を 5 個あわせた数になります

ブロック図で確かめる。
空位なし・空位ありの問題を数問扱う。

4 千の位の数字が 3，百の位の数字が 1，十の位の数字が 0，一の位の数字が 8 の数はいくつですか

C これも「位の部屋」に数字を入れるとわかります。
C 1 つの位に 1 つの数字だから，3108 です。

5009 を，それぞれの位の数字で表しましょう

千の位の数字が 5 で，一の位の数字が 9 の数です

あれ？百の位と十の位が抜けているよ

そうか，それぞれの位には必ず数字が入るんだったね

C 5009 は，千の位の数字が 5，百の位の数字が 0，十の位の数字が 0，一の位の数字が 9 の数です。

学習のまとめをする。
ふりかえりシートを活用する。

第5時 数の相対的な大きさ

本時の目標 4位数を100を単位としてとらえることができ，それを使って，たし算・ひき算ができる。

板書例

お金を つかって 考(かんが)えよう

1 100を23こ あつめた数(かず)

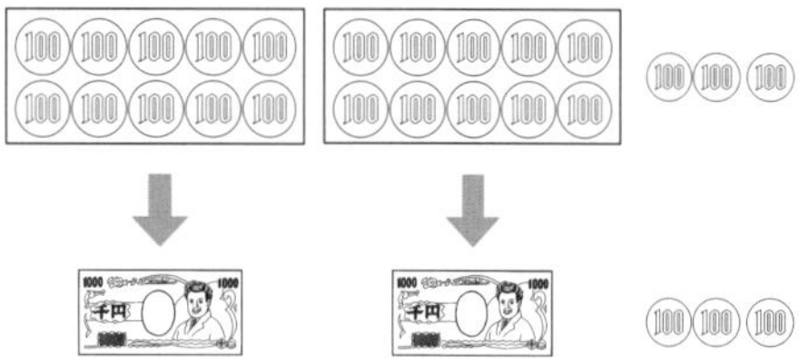

100が23こ〈 100が20こ 2000 ／ 3こ 300 〉2300

2 3400は100を 34 こ あつめた数

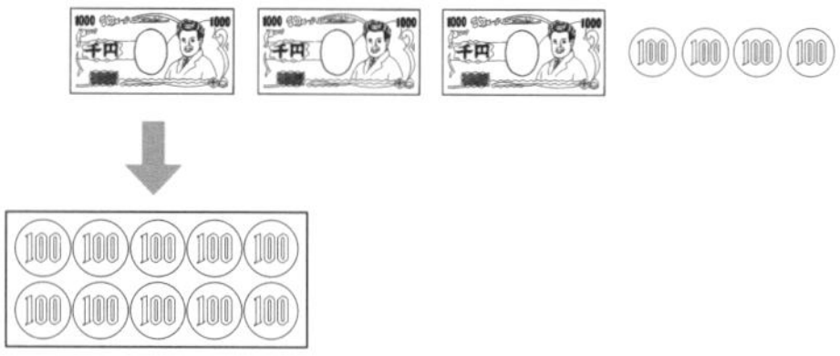

3400〈 3000は 30こ ／ 400は 4こ 〉100が34こ

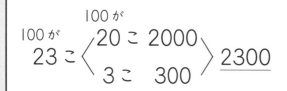

POINT 1000円札1枚と100円玉10個の両替経験がない児童に配慮しましょう。

1 100を23個集めた数はいくつですか

T 100円玉が23個でいくらになるか考えてみましょう。黒板に100円カード23枚を貼る。

100，200，300，…順に数えていくと，…あー途中でわからなくなってしまった

100円玉が10個で1000円になるよ

それなら，100円玉20個で2000円になるね

C 3個で300円だから，2000円と300円で2300円になります。

100円カード10枚を1000円札カード1枚に両替する。

C 100円玉10個が1000円札1枚に変身だ。

C 100を23個集めた数は2300になります。

「1000までの数」と同じく，子どもたちに身近なお金を使って導入する。

2 3400は，100を何個集めた数ですか

T これもお金を使って考えてみます。3400円は100円玉で何個になるでしょう。

黒板に1000円札カード3枚と100円カード4枚を貼る。

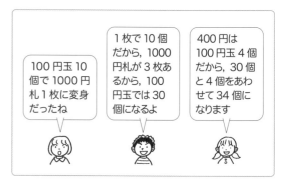

100円玉10個で1000円札1枚に変身だったね

1枚で10個だから，1000円札が3枚あるから，100円玉では30個になるよ

400円は100円玉4個だから，30個と4個をあわせて34個になります

1000円札カード1枚を100円カード10枚に両替する。

C 3400は，100を34個集めた数になります。

C 3400を3000と400に分けて考えてから，合わせたらいいね。「8000は100を何個集めた数」も考える。

準備物
QR お金カード（板書用）
QR ワークシート
QR ふりかえりシート

ICT
デジタルコンテンツを活用して，練習問題を繰り返し解くことで，簡単な4位数のたし算・ひき算の理解を深めることができる。

3 700 + 800 = 1500

100 が 7 + 8 = 15

4 1000 − 400 = 600

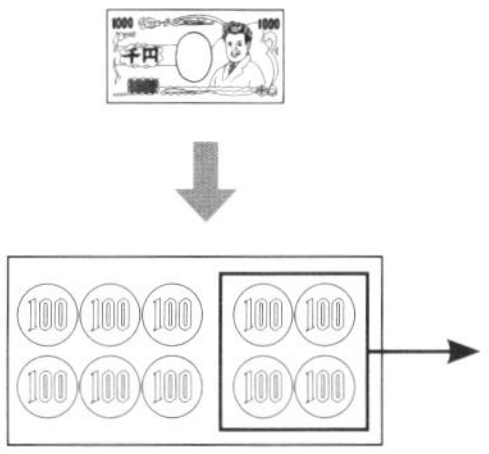

100 が 10 − 4 = 6

100 を もとにして 考える ことが できる。

3 700 + 800 を計算しよう

C これもお金で考えたらできそうだよ。

黒板に 100 円カード 7 枚と 8 枚を貼る。

100 円玉で見ると，7 個と 8 個になるね。7 + 8 = 15 で，100 円玉が 15 個

100 を 15 個集めた数になるから，1500 になります

「1000 までの数」でも何百の計算は学習している。100 をもとにして計算できることを確認する。

練習問題をする。

4 1000 − 400 を計算しよう

まずは，各自で計算してみる。

T どうやって計算したか説明できますか。

黒板に 1000 円札カード 1 枚を貼る。

1000 円札から 400 円は取れないので，1000 円札を 100 円玉 10 個に両替しました。そして，そこから 100 円玉を 4 個取ります。残りは 6 個になるので，600 円です。だから，1000 − 400 = 600 になります

C お金で考えたら大きな数の計算でもできました。両替は便利だね。

練習問題をする。
ふりかえりシートを活用する。

第6·7時 数直線

本時の目標　4位数の数直線の目盛りを読み取ったり，数直線上に数を表したりすることができる。

板書例

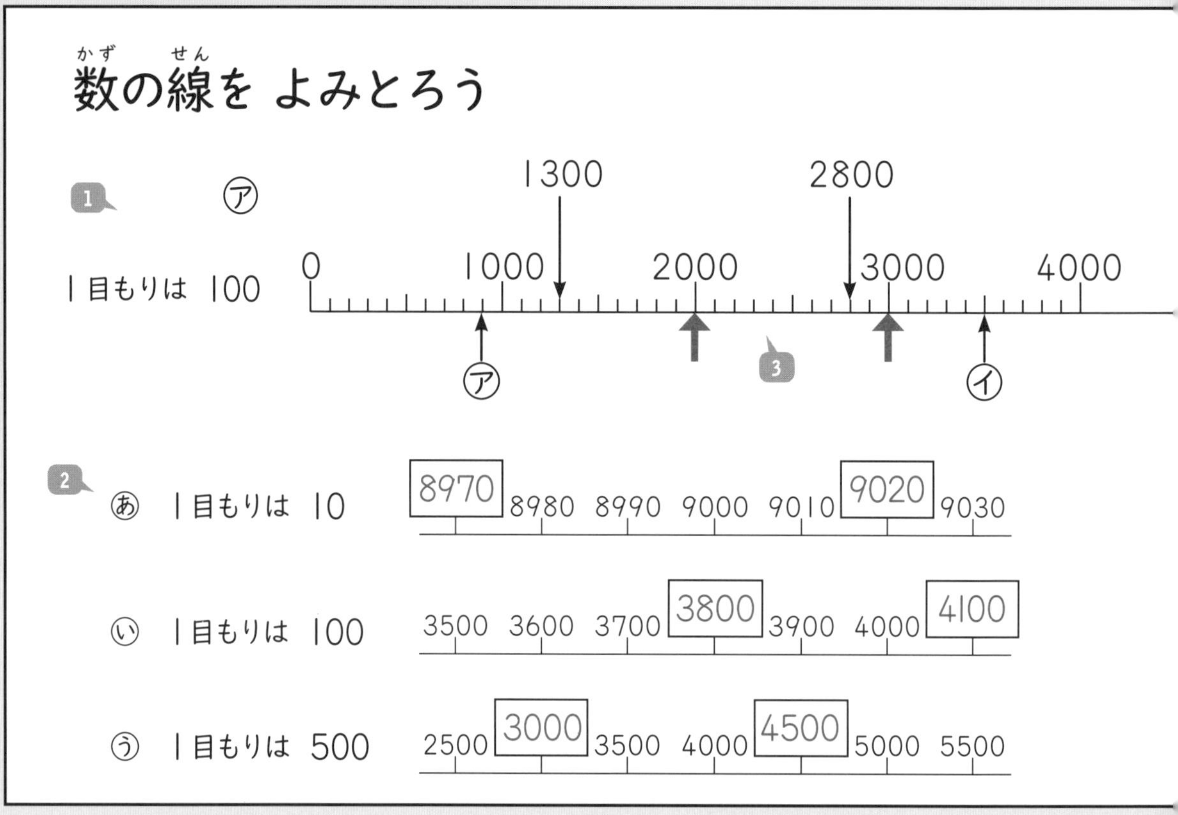

POINT　数直線の目盛りはICT機器などを使ってできるだけ拡大して見せるようにしましょう。

1 数の線の1目盛りの大きさを調べよう

ワークシートを使って学習する。

T　矢印が指す目盛りの数をどうやって調べたらよかったですか。

C　まずは，1目盛りがいくつかを調べます。

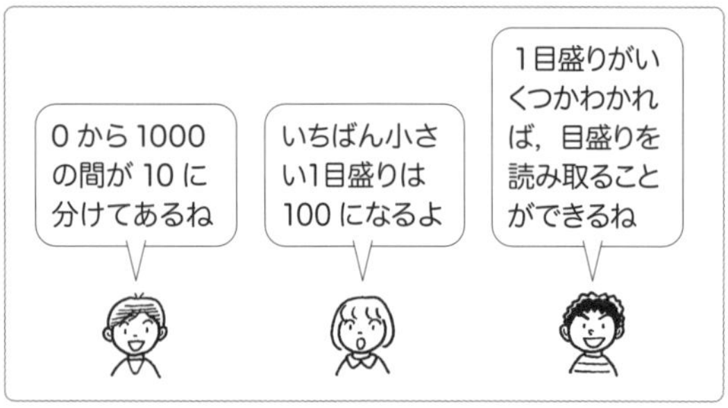

T　㋐〜㋓の目盛りを読み取りましょう。

C　㋐は，100，200，300，…で900です。

C　㋑は，3000から5目盛りのところなので3500になります。

目盛りを読みながら全体で確認する。

2 数の線の目盛りを読み取ろう

T　あ〜うの数の線の目盛りを調べます。

C　1目盛りの数はいくつになるのかな。

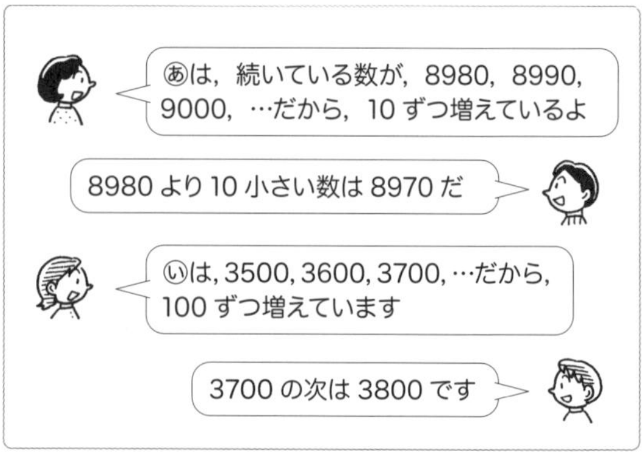

C　うは，3500の次が4000だから500増えているね。2500より500大きい数は3000になります。

続いている数から，いくつずつ数が増えているかをまずは見つけて，数直線を読み取っていく。

T　みんなで左から順に読んでいきましょう。

準備物
QR 数直線
QR ワークシート
QR ふりかえりシート

ICT
数直線を大型テレビで拡大表示すると，1目盛りの大きさや目盛りの数え方を確認しやすい。

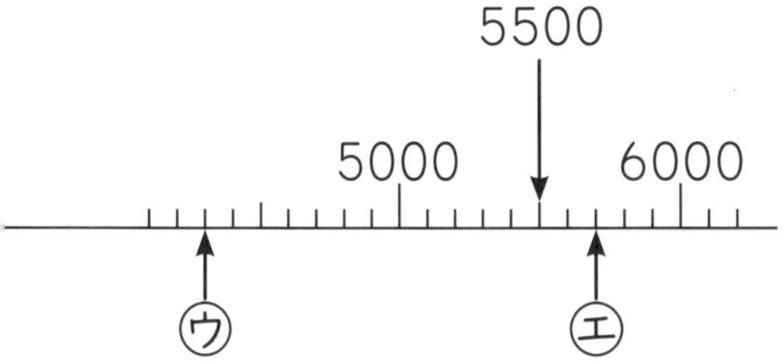

| 目もりが いくつかを
よみとろう

4

① 9080 < 9100　② 8970 < 9020

③ 8962 > 8956

上の くらいの 数字から
くらべる

3 数の線に数を表してみよう

T　㋐の数の線で，2800 を表す目盛りはどこになりますか。

1目盛りが 100 だったから，
2000 から8つ目の目盛りになります

3000 から，
2900，
2800 と，2つ前の
目盛りと考えました

T　2800 より 200 大きい数はいくつですか。
C　1目盛りが 100 だから，右に 1，2 目盛り進めると 300 になります。
C　800 小さい数は，左に 1，2，…で 2000 です。

ICT 機器を使って数直線の目盛りを大きく見せ，全体で共有しながら進める。

4 どちらの数が大きいか不等号で表そう

T　8970 と 9020 はどちらが大きいですか。どうやって比べたらよかったですか。

大きい位から数字を比べたら
よかったよ。千の位が 8 と 9
だから，9020 の方が大きいです

数直線で見たら，9020
の方が右の方にあるから，
9020 の方が大きいね

C　8956 と 8962 は，千の位と百の位の数字が同じだから，十の位の数字で比べたらいいね。

数の大きさは，上の位から比べていくことを再度確認する。数直線でも大きさを確かめておく。

ふりかえりシートを活用する。

第8時
10000（一万）という数

本時の目標　一万という数の大きさや構成が理解できる。

板書例

1000 を 10 こ あつめた 数（かず）は いくつかな

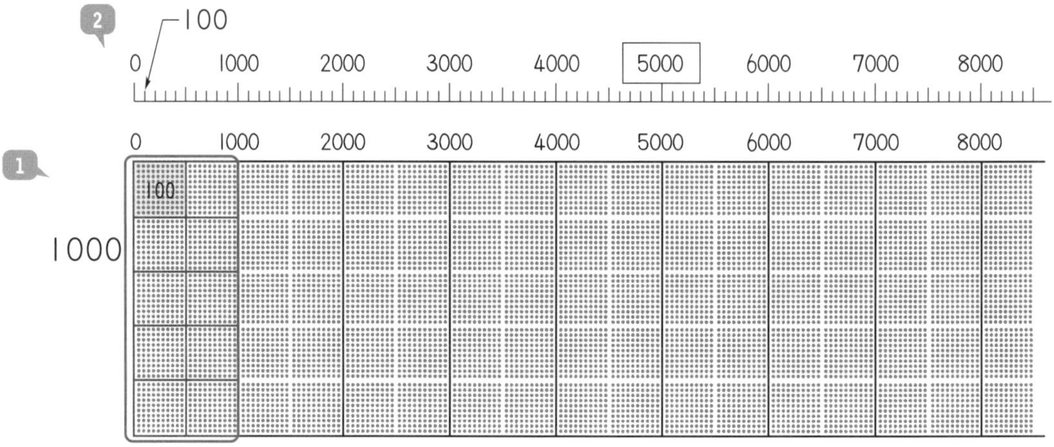

1000 を 10 こ あつめた 数を
一万（いちまん）と いい 10000 と 書（か）きます。

2 100 が 100 こで
10000

POINT　10000 個の点（・）の図や数直線は ICT 機器を使って拡大して見せましょう。

1 点（・）は全部で何個か調べよう

ワークシートを使って学習する。

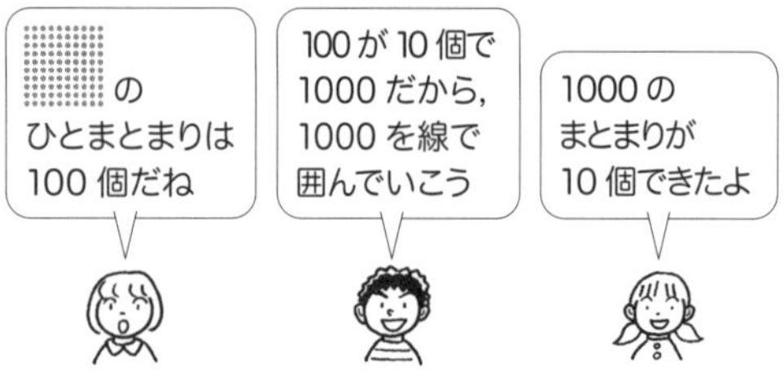

のひとまとまりは100 個だね
100 が 10 個で1000 だから，1000 を線で囲んでいこう
1000 のまとまりが10 個できたよ

黒板の図を 1000 ずつ囲み，みんなで 1000，2000，…と順に読んでいく。

C　…，5000，…9000 で，この次は何だろう。

T　9000 の次は 10000（一万）です。1000 を 10 個集めた数を一万といい，10000 と書きます。

100 が 10 集まって 1000，1000 が 10 集まって 10000 という十進位取りが最も大切である。1000，2000，…と 1000 を 10 個結集するイメージをしっかりと持たせる。

2 図にあわせて数の線をひいてみよう

黒板の図の数にあわせて，数直線を提示する。

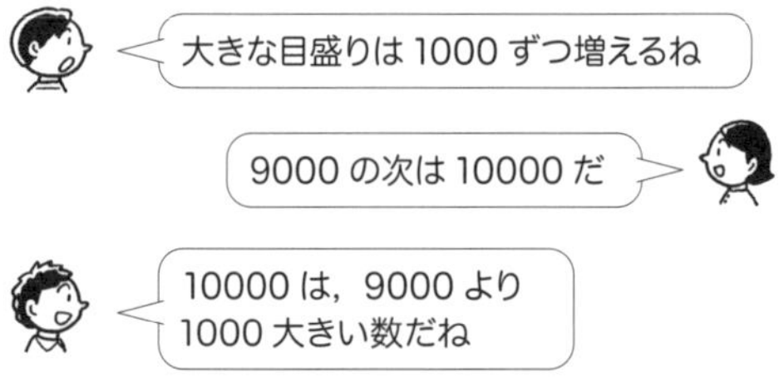

大きな目盛りは 1000 ずつ増えるね
9000 の次は 10000 だ
10000 は，9000 より1000 大きい数だね

C　数の線でも 1000 が 10 個で 10000 ということがよくわかります。

全員で数直線にあわせて 1000 から順に読んでいく。

T　1000 を 10 個に分けた小さい目盛りがあります。1 目盛りはいくつになりますか。

C　100 が 10 個で 1000 だから，100 です。

T　10000 は 100 を何個集めた数でしょう。

点（・）の図と数直線で 100 個を確かめる。

準備物	
	QR 数直線 QR ふりかえりシート QR ワークシート QR 動画「一万の数を調べよう」

ICT	
	数直線を大型テレビで拡大表示して確認する。1目盛りがどれだけなのかを読むことが苦手な児童の理解にもつなげやすくなる。

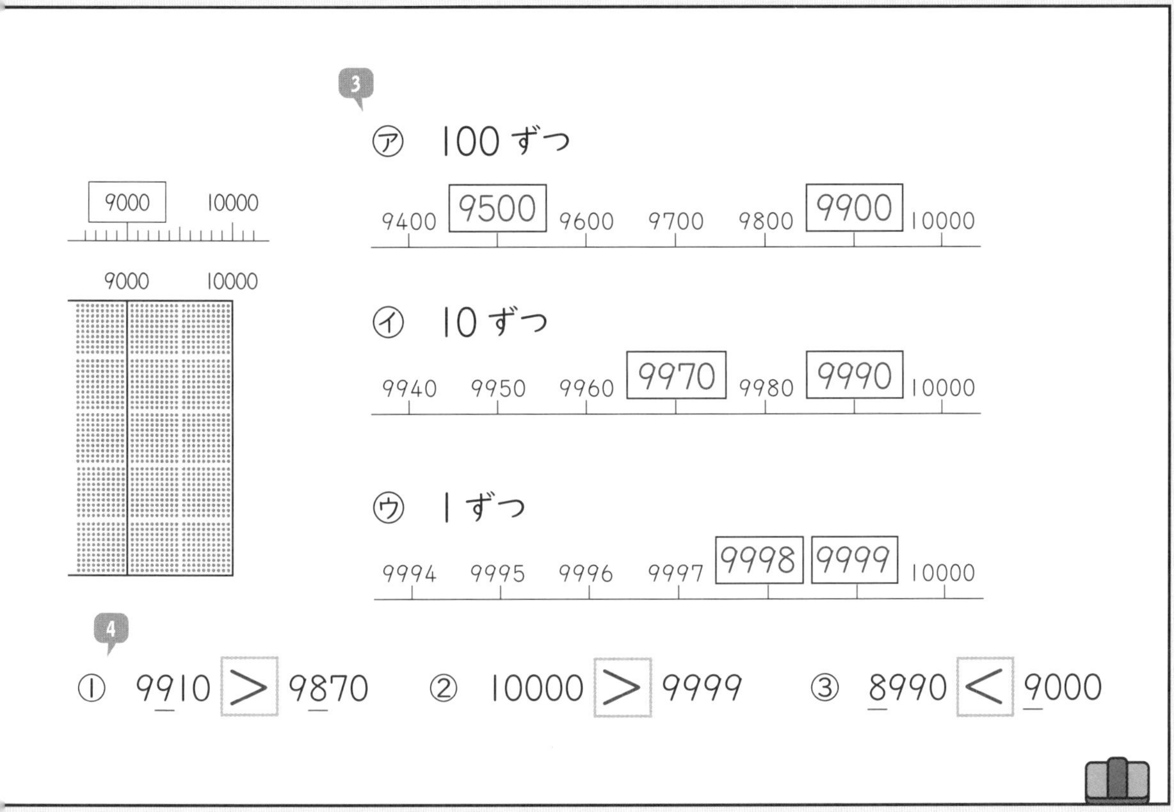

3 数の線の目盛りを読み取ろう

10000に近い数の数直線（1目盛りが100，10，1）を読み取る。

㋐は，9600，9700，9800，…と100ずつ大きくなっているよ

㋑は，9940，9950，…だから，1目盛りが10だね

㋒は，1目盛りが1です。1ずつ大きくなっています

T　みんなで読んでみましょう。

㋐～㋒の数直線を全員で読んでいく。

C　10000より100小さい数は9900で，10000より10小さい数は9990，10000より1小さい数は9999だね。

4 どちらの数が大きいか不等号で表そう

T　数の大きさはどうやって比べましたか。

大きい位から数字を比べました

9910と9870は，千の位が同じ数字なので百の位の数字で比べます

数直線で見たら10000の方が9999より1大きいです

【紙1万枚はどれくらい？】

学校の印刷室にある用紙を1万枚（1000枚入り×10束）準備して，1万枚の量を実感させるとよい。子どもたちが交代で1束（1000枚）ずつ積んでいき，全員で「1000，2000，3000，…」と数えていく。

★参考動画 QR「一万の紙をつくろう」

ふりかえりシートを活用する。

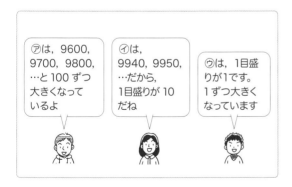

第１時　ふりかえりシート

名前 ______________________

● とうもろこしの　つぶは　何こ　ありますか。

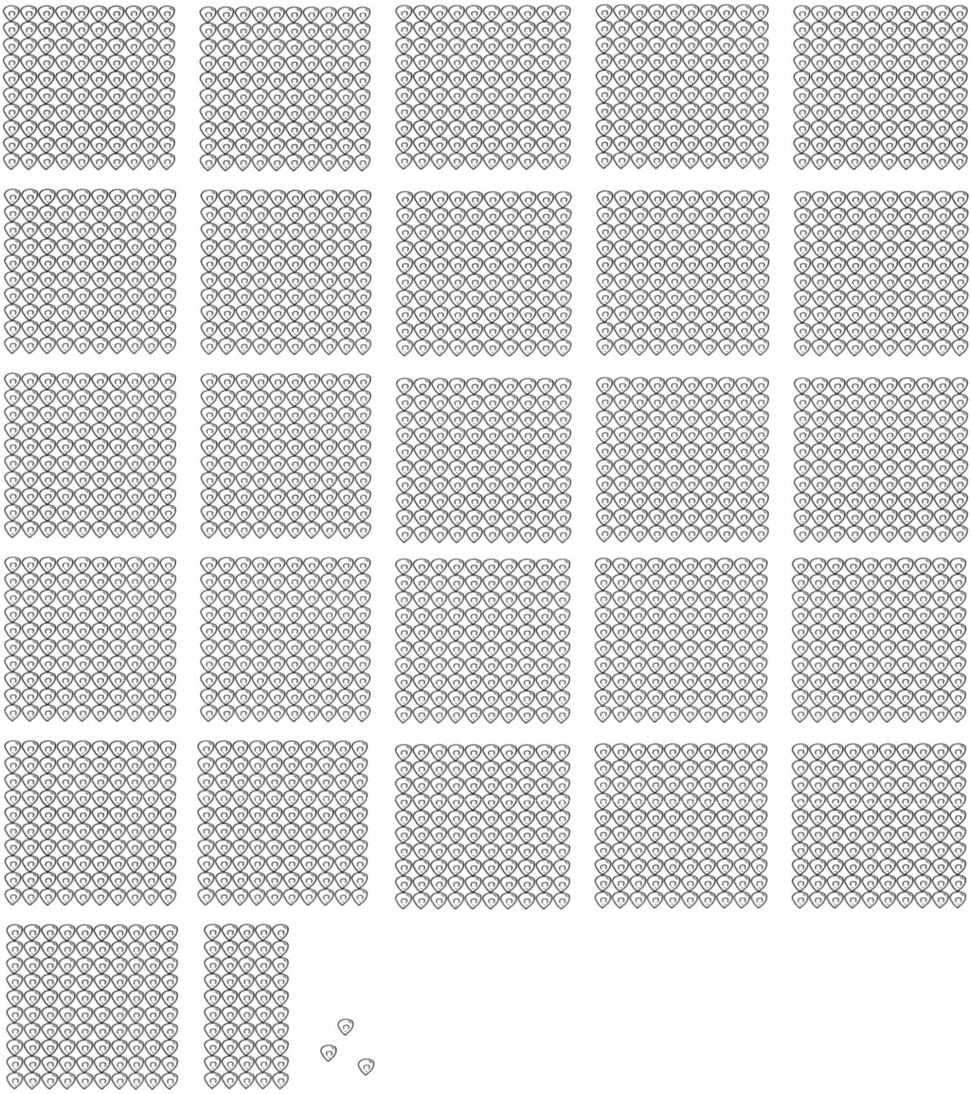

ひとまとまりが
100 こだね。

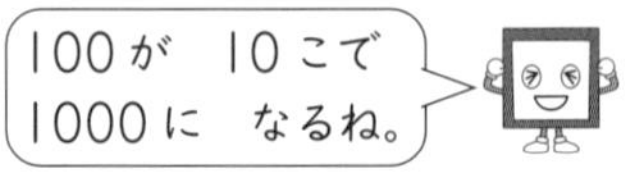
100 が　10 こで
1000 に　なるね。

第8時　ワークシート

名前

1 ① 1000ずつの まとまりを 赤線で かこみましょう。
② 数の線の □ に 数を 書きましょう。

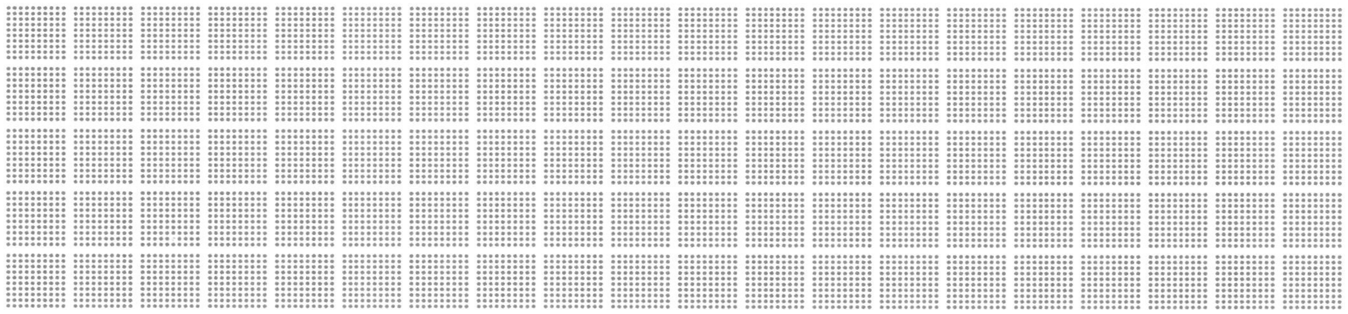

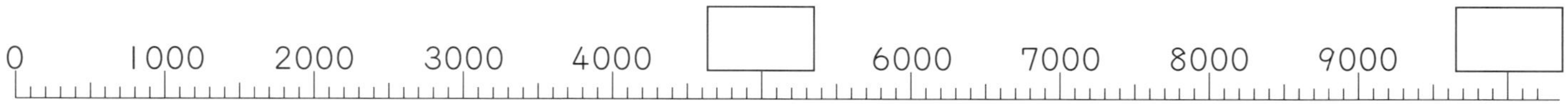

2 10000に 近い □ の 数を 書きましょう。

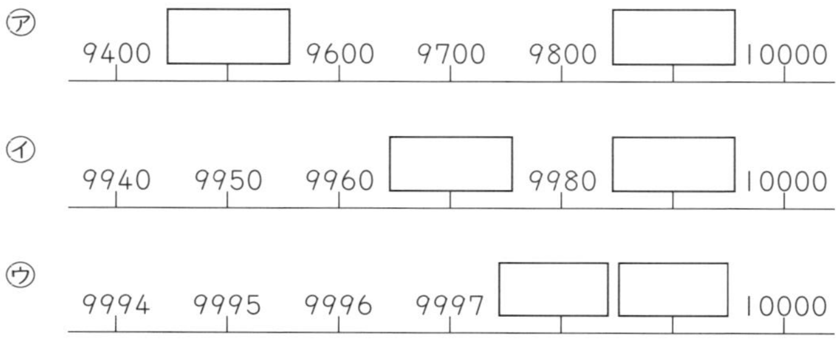

3 □ に あてはまる ＞，＜を 書きましょう。

① 9910 □ 9870

② 10000 □ 9999

③ 8990 □ 9000

長いものの長さのたんい

全授業時数４時間

◎ 学習にあたって ◎

<この単元で大切にしたいこと>

本単元は，普遍単位「センチメートル（cm）」を基に，100 倍の長さの「メートル（m）」を学習します。児童が日常で使っている 30cm ものさしで，1m をこえる長さを測定すると，ものさしを何度も継ぎ足して測定しなければならず，不便です。こうしたことをきっかけに，1m ものさしを導入して，「メートル（m）」という単位の必要性を気づかせます。

<数学的見方考え方と操作活動>

児童は，身長やプールの深さなど，日常生活の中で，1m が 100cm であることを知っているかも知れません。しかし，いざ換算になるとそこは丁寧に指導する必要があるでしょう。

「一尋」など日本に昔からある単位なども利用しながら，「一尋」のテープの長さは，1m のテープと「はした」の 20cm のテープで 1m20cm になっているなど，m の単位と cm の単位が加法的に表現されていることを理解させます。

<個別最適な学び・協働的な学びのために>

1m ものさしを使う前に，テープものさしを作ります。テープものさしを作る過程で，1m ものさしの目盛りの意味が理解できてきます。また，1m ものさしなどを使い，グループで協力しながら，役割を分担して予想を立て，いろいろなものの長さを測定することで，長い長さの量感が養われていきます。

◎ 評　価 ◎

知識および技能	長いものの長さを表すときはｍという単位を用いることや，ｍとcmの単位の関係を理解し，1ｍものさしなどを用いて長さを測定することができる。
思考力，判断力，表現力等	上位単位の必要性に気づき，既習の長さの学習をもとに，長いものの長さを表す単位について考えることができる。
主体的に学習に取り組む態度	身のまわりにあるものの長さに関心を持ち，量感をもとに検討をつけて，計器や単位を適切に選択し，測定しようとする。

◎ 指導計画　４時間 ◎

時	題	目　標
1	両手を広げた長さ	両手を広げた長さを測るには，30cm ものさしでは不便だということに気づく。
2	長い長さの単位（m）	長い長さを表す単位「m」を知り，両手を広げた長さをmや cm を使って表すことができる。
3	長さのたし算・ひき算	１mをこえる長さを cm やmで表すことができる。mを用いたたし算・ひき算ができる。
4	１ｍ ものさしで測定	１mものさしを使って測定する活動を通して １mの量感を養う。

第1時
両手を広げた長さ

本時の目標　両手を広げた長さを測るには，30cm ものさしでは不便だということに気づく。

板書例

りょう手を 広(ひろ)げた 長(なが)さを はかろう

1

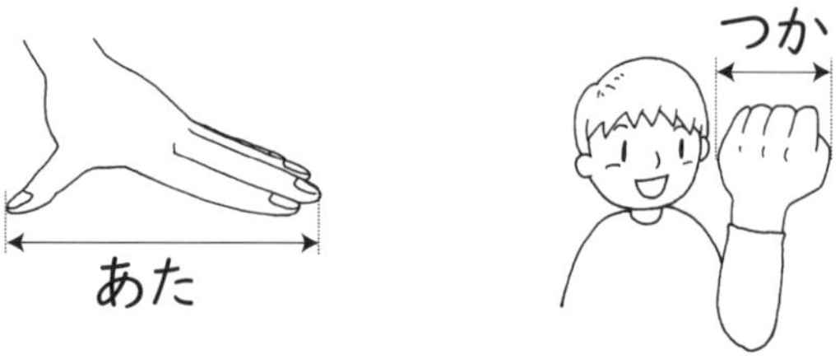

あたの 長さを テープに うつしとろう

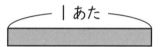

1あた

12cm 6mm
126mm

1cm = 10mm

2

<あた>　※ テープを貼る。

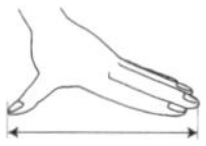

12cm 6mm
126mm

<つか>

6cm 2mm
62mm

※ノートやワークシートに記録する。

POINT 両手を広げた長さを 30cm ものさしで実際に測ることで，もっと長いものさしの必要性を感じることができるでしょう。

1 自分の身体の長さを測ってみよう

T　親指と中指の間の長さを，昔は「あた」といいました。みんなの「あた」の長さはどれくらいでしょう。

C　10cm…くらいかな。まずは，予想させる。

C　30cm ものさしを使って測ってみたいな。

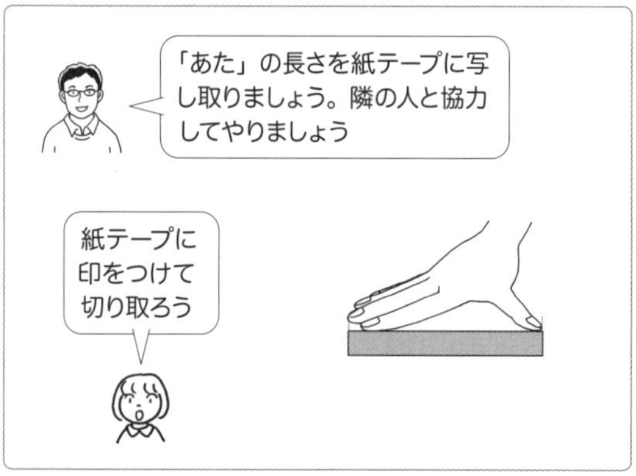

「長さ」という量を意識させるため，「あた」を紙テープや直線に写し取り，見えるものにしておくとよい。

2 「あた」の長さを読み取ろう

T　みんなの「あた」の長さは何 cm 何 mm ですか。

ものさしの目盛りの読み方を復習する。

紙テープの長さを測りましょう
大きな目盛りが 12 で，小さい目盛りが 6 だから，12cm 6mm です
14cm ちょうどでした

T　自分の「あた」の長さを知っておくと，ものさしがないときに，「あた」を使って大体の長さを知ることができます。

cm と mm で表した長さを mm だけで表してみる。

切り取った紙テープをノート（ワークシートも活用できる）に貼り，長さを記録しておく。時間があれば，「つか」の長さも測る。

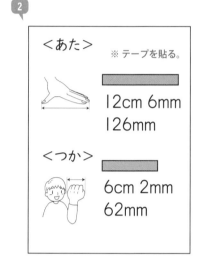

準備物	・30cm ものさし ・はさみ QR 板書用イラスト QR ワークシート ・紙テープ

ICT	「あた」や「つか」,「ひろ」を友達同士で児童用端末を使って撮影する。長さに対する興味関心を高め，長さの学習を進めることができる。

3

テープに うつしとって
はかろう

4

・30cm ものさしを つかう
・30cm ものさしを
5 本 つかった
・30cm ものさしで しるしを
つけながら はかるのは
たいへん
・ふべんだった
・もっと 長い ものさしが
ほしい

※児童の感想を板書する。

3 両手を広げた長さ（ひろ）を測ってみよう

T　○○さん, 両手を広げてください。○○さんの「ひろ」の長さはどれくらいでしょう。
C　何 cm くらいかな。30cm よりは長そうだね。
C　30cm ものさしでは測りにくいね。
C　「あた」と同じように紙テープに写し取ったらどうかな。測り方を話し合う。

テープの端を揃えて
ピンと張って折り曲げて切る。

切り取った紙テープと同じ長さの紙テープを，班の数分準備する。

4 30cm ものさしを使って，紙テープの長さを工夫して測ろう

T　班で協力して測ってみましょう。

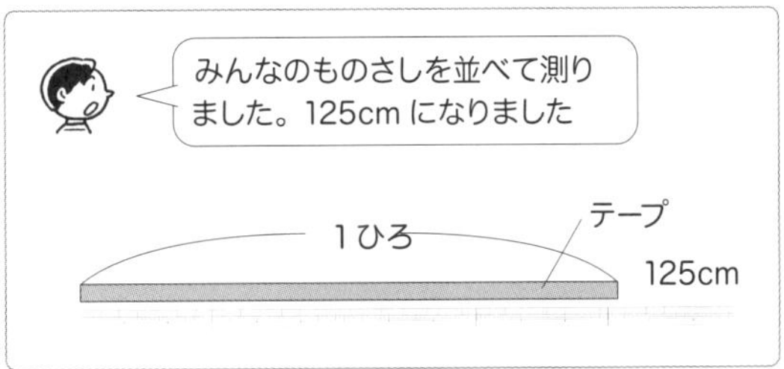

みんなのものさしを並べて測りました。125cm になりました
1ひろ
テープ
125cm

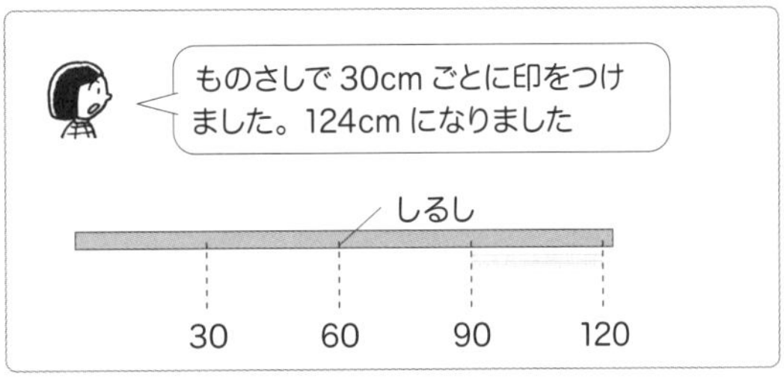

ものさしで 30cm ごとに印をつけました。124cm になりました
しるし
30
60
90
120

学習の感想を発表する。
30cm ものさしで測ることの不便さを体験し，次時への課題につなげる。

第2時 長い長さの単位（m）

本時の目標 長い長さを表す単位「m」を知り，両手を広げた長さをmやcmを使って表すことができる。

板書例

テープものさしを 作ろう

1 もっと 長い ものさしを 作ろう

テープ

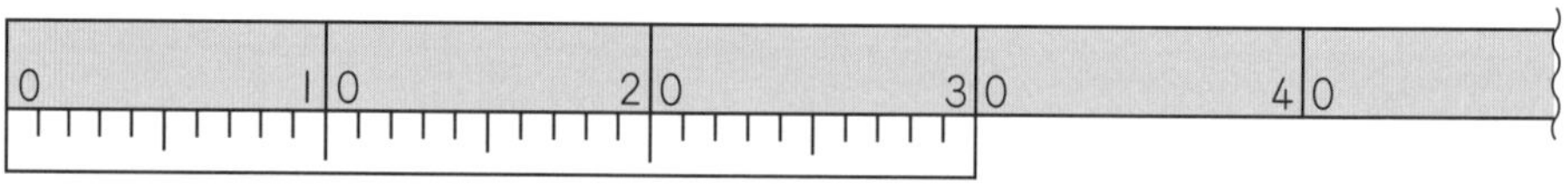

ものさし

テープに 10cm ずつ
目もりを つける

POINT テープものさしを作ることで，1 mものさしの目盛りの意味がよくわかります。

1 長い長さを測るものさしを作ろう

T 前の時間に「ひろ」の長さを測ったとき，もっと長いものさしがあれば，という意見がありました。もっと長いものさしを作りましょう。

150cm くらいの紙テープを 2 人に 1 本配る。

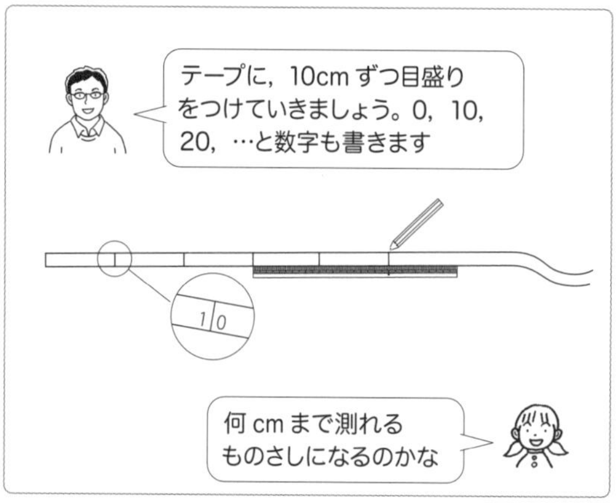

テープに，10cm ずつ目盛りをつけていきましょう。0，10，20，…と数字も書きます
10
何 cm まで測れるものさしになるのかな

2 人で協力しながら，30cm ものさしで，紙テープに 10cm 刻みの目盛りをつけていく。

2 長い長さを表す単位を知ろう

T 目盛りは何 cm まで書けましたか。

C 150 まで書けました。150cm まで測ることができます。

T 目盛りの 100 を押さえましょう。100cm を 1 メートルといい，1 mと書きます。

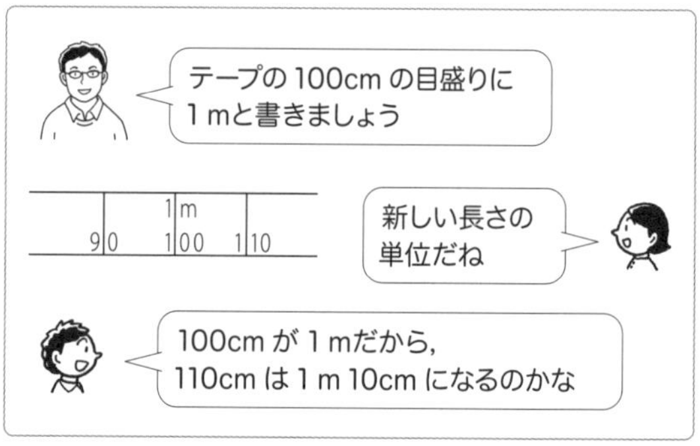

110cm から 150cm まで，1m10cm，1 m 20cm，…1m50cm とmと cm を使った表し方で読んでいく。

時間に応じて，1cm 刻みの目盛りを 1 m以上に入れておくと測定にとても便利である。

準備物	・30cm ものさし ・はさみ	・紙テープ（1.5 m） ・1 mものさし

ICT 目盛りを拡大表示して，目盛りの数え方や読み方を繰り返して確認すれば，長い長さを読む力を習熟することにつながる。

2

メートル
100cm = 1 m

1m

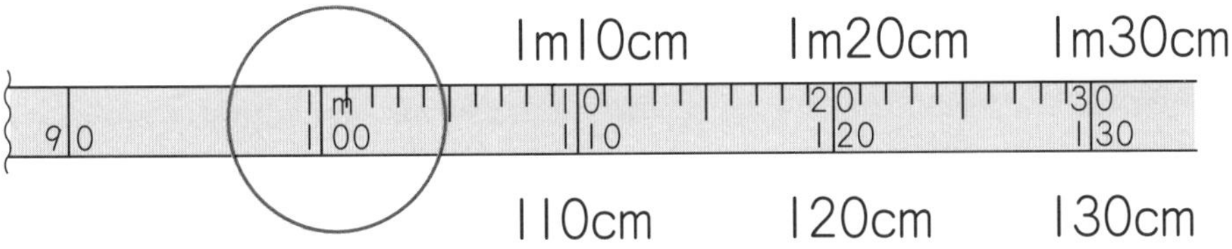

3

＜自分の ひろの 長さ＞

・120cm = 1m 20cm

・118cm = 1m 18cm

3 テープものさしで長い長さを測ってみよう

T　テープものさしで，相手の「ひろ」を測ってみましょう。テープを持って，両手を真横にピンと伸ばしましょう。

何m何 cm になりましたか

120cm の目盛りだから，1 m 20cm でした

118cm の目盛りだから，1 m 18cm です

T　自分の「ひろ」の長さをノート（またはワークシート）に記録しておきましょう。

T　両手を広げた長さが 1 mちょっとくらいと覚えておくと便利だね。

4 1 mものさしの目盛りを読んでみよう

T　1 mちょうどのものさしを紹介します。

班に 1 本ずつ 1 mの竹尺を配り，大きな目盛りと小さな目盛りがそれぞれ何 cm かを確かめる。

T　30cm はどこですか。指さしてみましょう。

30cm，75cm，98cm など，目盛りの読み方を練習する。

【1 mはどれくらい？】

1 mの量感を掴むための活動をする。本時だけに限らず，毎時間授業の始まりや終わりに活動をすることで，自然と量感がついてくる。また，1 mだけに限らず 10cm はどれくらい？などもあわせて行うとよい。

両手で 1m を作ってみましょう

足元から 1m の高さはどこになるでしょう

学習のまとめをする。

第3時

長さのたし算・ひき算

本時の目標 1mをこえる長さをcmやmで表すことができる。mを用いたたし算・ひき算ができる。

板書例

長さ(なが)を m と cm で あらわそう

1

1m = 100cm

・ろう下の はば

2m 40cm = 240cm

200cm + 40cm

2

・車の 長さ

400cm = 4m

390cm = 3m 90cm

300cm　90cm

3

㋐ 1m50cm と 2m10cm の つくえをならべると 何(なん)m 何 cm ですか。

1m 50cm　2m 10cm

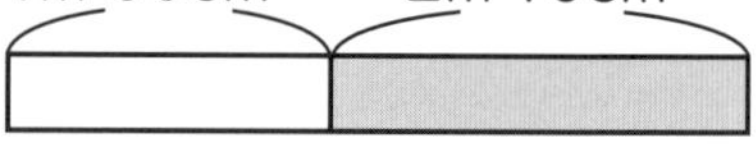

しき

1m 50cm ＋ 2m 10cm

答(こた)え　3 m 60cm

POINT 目に見えない長さを，紙テープを使って表すことで，単位換算も計算もわかりやすくなります。

1 「1 m＝100cm」を使って長さをいいかえよう

ワークシートを使って学習する。

T　廊下の幅を測ってみます。大体どのくらいの長さだと思いますか。

量感を養う上でも，予想を立ててから測定をする。子どもたちに協力してもらい測定する。

C　1 mものさしで2回と 40cm で 2 m 40cm です。

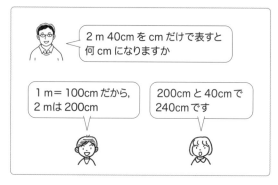

2 m 40cm を cm だけで表すと何 cm になりますか

1 m＝100cm だから，2 mは 200cm

200cm と 40cm で 240cm です

同じように黒板の横の長さなども，まずは長さを予想させ測定する。児童が測定する活動を多く取り入れる。

2 ○cm＝□m△cm の練習をしよう

T　2台の車の長さをそれぞれ表しましょう。400cm は何mですか。390cm は何m何 cm ですか。

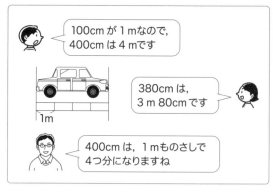

100cm が 1 mなので，400cm は 4 mです

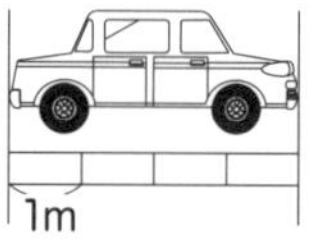

380cm は，3 m 80cm です

400cm は，1 mものさしで 4つ分になりますね

単位換算の練習問題をする。

① 300cm = (3) m　② 115cm = (1) m (15) cm

③ 402cm = (4) m (2) cm　④ 2 m 30cm = (230) cm

⑤ 4 m= (400) cm　⑥ 3 m 8cm = (308) cm

③と⑥の空位がある問題に注意する。

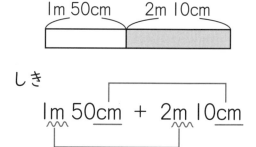

準備物	・1ｍものさし ・紙テープ QR ワークシート QR ふりかえりシート

ICT	筆算の形で長さの計算を示す場合，実物投影機を使用して拡大表示をすれば，長さの計算や長さの単位換算が苦手な児童も理解が深まる。

㋑ 4

1m 50cm の テープが あります。
40cm つかうと，
のこりは 何 m 何 cm ですか。

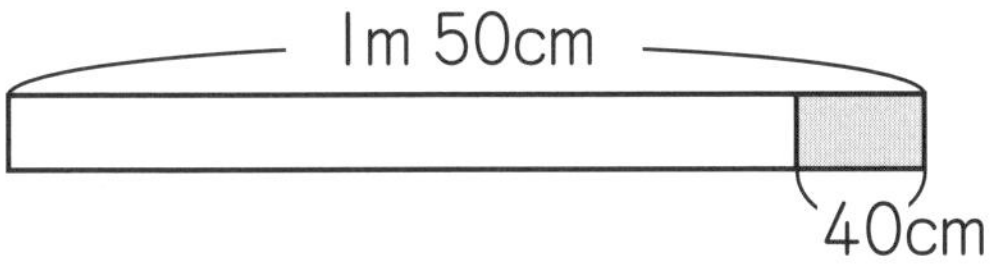

しき　1m 50cm － 40cm

答え　1 m 10cm

同(おな)じ たんいどうしで 計算(けいさん)する。

3 ㋐の問題の答えの求め方を考えよう

T　㋐の問題文をテープで表してみます。

机の長さを２本のテープで表して，つないで見せる。題意と求める長さを目でとらえさせる。

C　合わせるからたし算だね。
　式は，１ｍ 50cm ＋２ｍ 10cm になります。

C　cm と mm のときと同じように計算してみよう。

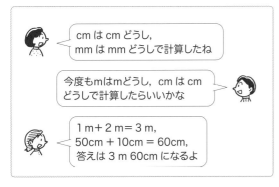

cm は cm どうし，
mm は mm どうしで計算したね

今度もmはmどうし，cm は cm
どうしで計算したらいいかな

１ｍ＋２ｍ＝３ｍ，
50cm ＋ 10cm ＝ 60cm，
答えは３ｍ 60cm になるよ

「長さのたんい」で学習した計算方法を児童から導きだせるようにしたい。

4 ㋑の問題の答えの求め方を考えよう

㋐と同じように，黒板に１ｍ 50cm のテープを貼り，長さを目で見えるようにする。

C　残りを求めるからひき算だね。

C　式は，１ｍ 50cm － 40cm です。

C　これも同じ単位どうしで計算したらいいね。
　50cm － 40cm ＝ 10cm，答えは１ｍ 10cm です。

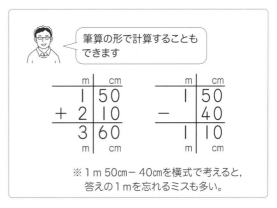

筆算の形で計算することも
できます

	m	cm
	1	50
＋	2	10
	3	60
	m	cm

	m	cm
	1	50
－		40
	1	10
	m	cm

※１ｍ 50㎝－ 40㎝を横式で考えると，
答えの１ｍを忘れるミスも多い。

ふりかえりシートを活用する。

第4時
1mものさしで測定

本時の目標
1mものさしを使って測定する活動を通して1mの量感を養う。

板書例

1mに ちかい 長(なが)さの ものを さがそう

1 <1mは どれくらい?>

からだの ものさしを
つかって よそうしよう

・ひろ…(1m 20cm)
・あた…(12cm)

2 ・先生の つくえの よこはば

よそう	1m 30cm
↓	
はかる	1m 35cm

POINT 長さを予想してから実測することで量感が身につきます。

1 身体のものさしを使って1mの長さを予想しよう

T 前の時間に自分の「ひろ」の長さを調べましたね。

量感のもととして，身体のものさしを復習する。

T 1mはどれくらいでしょう。両手で広げて作ってみましょう。

「ひろ」が1m20cmだったから，1mは少し短めのこれくらいかな
すごい!ピッタリ賞!

児童2，3人の両手の間を1mものさしで測って見せ，「1mピッタリ賞」「1mおしいで賞」などと評価する。

2 グループで「1mに近いもの探し」をしよう

T 先生の机の横幅はどのくらいでしょう。

C 私の「ひろ」より長そうだから，1m 30cmくらいかな。

予想をしてから，1mものさしで測定する。ものさしの当て方や継ぎ足し方を実演し，測定活動の参考にする。

T 今から班に分かれて「1mに近いもの探し」をしてもらいます。1mに近いものを3つ班で選び，後で測ってもらいます。

1mに近いものが見つかるかな
1mぴったりのものがあるかな
教室の窓はどうかな

1m探しの場所は，ある程度限定する方が安全である。

準備物
・1ｍものさし
・30cm ものさし
QR ワークシート
QR ふりかえりシート

ICT
児童用端末でグループが調べるものを写真撮影し，記録とともに全体共有すれば，さまざまなものの長さに関心を持って学習することができる。

3 4

＜どれが｜mに ちかいかな＞

	はかるもの	よそう	けっか
	先生の つくえの よこはば	1m20cm	1m35cm
	ゆかから 黒ばんの 下まで	1m	1m10cm
	ロッカーの よこ４つ分	1m10cm	1m20cm
はんで えらぶ	ゆかから まどの 下まで	1m	92cm
はんで えらぶ	まどわくの はば	1m	90cm
はんで えらぶ	かさ立ての よこはば	1m	1m5cm

｜mに
いちばん ちかい ものは
かさ立ての よこはば

1m 5cm

かんそう

※ 児童の感想を板書する。

3 予想をしてから測ってみよう

3～4人の班で，「測る人」「記録する人」を交代しながら活動する。共通して測定するものを教師があらかじめ３つくらい決めておく。記録用紙（ワークシート）の書き方を説明する。

活動時間を決めて，班で協力しながら活動する。

4 グループで測ったものを発表しよう

まずは，共通して測定したものの長さを確認する。

T　班で１ｍに近いと考えたものと，その長さを発表してください。

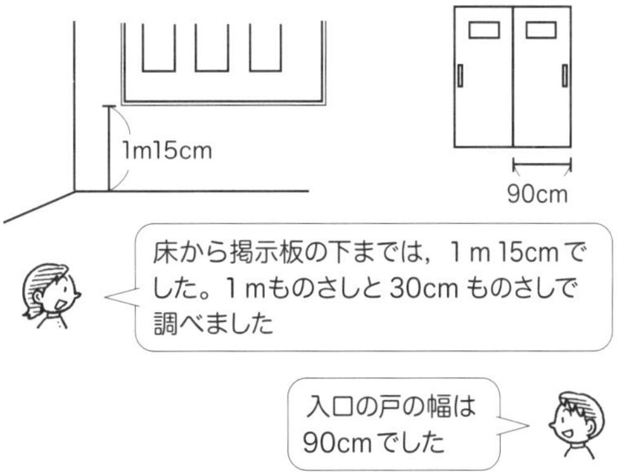

1m15cm
90cm
床から掲示板の下までは，１ｍ15cmでした。１ｍものさしと30cmものさしで調べました
入口の戸の幅は90cmでした

「１ｍぴったり賞」や「１ｍにいちばん近いで賞」を決める。
学習の感想を書く。
ふりかえりシートを活用する。

図をつかって考えよう

全授業時数 5 時間

◎ 学習にあたって ◎

＜この単元で大切にしたいこと＞

この単元は，問題文をテープ図に表し，たし算かひき算か判別しにくい問題（逆思考の問題など）の演算決定をすることが中心となります。時数としては，少ない小単元ですが，文→図，図→式といった抽象化する数学的思考力や図を使って説明する表現力が必要な単元です。教科書によって扱い方は少しずつ異なっています。

例えば

・1つの単元にまとめている教科書と，逆思考の問題と違いを求める問題（求差・求大・求小）の単元を分けて扱っている教科書

・違いを求める問題を扱っていない教科書

などです。

本書では，1本のテープ図を使って逆思考の問題を解き，さらにテープを2本にして違いを求める問題を解くという流れにしました。

＜数学的見方考え方と操作活動＞

本書では，まずテープ図を理解し使えるよう指導します。そして，逆思考の問題を解きます。問題文に書かれた順に沿ってテープ図をかいていきます。文→図，図→式と抽象化が進んでいきます。文→式は難しいですが，その中間に図が入ることで，思考の手助けになります。図を使って考えたり説明したりする力は高学年につながっていきます。

＜個別最適な学び・協働的な学びのために＞

子どもたちは何によって演算を決定しているのでしょう。言葉やキーワードに頼って演算を決定している子どもが多くいます。

たとえば，「全部で」「みんなで」→たし算，「のこり」→ひき算，「食べた」「あげた」→ひき算と，言葉からくるイメージで機械的に演算を決定してしまいます。

この単元では，たし算・ひき算を統一的にとらえ直し，演算決定を言葉のイメージではなく，「テープ図」を使って違いを明らかにしていきます。テープ図の□のある場所によって，たし算かひき算かが決まるということを，対話を通して学びます。

◎ 評　価 ◎

知識および技能	加法と減法の相互関係について理解し，テープ図を用いて逆思考の問題や求差などの問題を解決することができる。
思考力，判断力，表現力等	問題場面をテープ図に表して構造をとらえ，□を使った式を立てるなどして，表現することができる。
主体的に学習に取り組む態度	加法と減法の相互関係に関心を持ち，場面を図に表すことのよさに気づき，それを演算の決定や問題の解決に用いようとする。

◎ 指導計画　5 時間 ◎

時	題	目　標
1・2	テープ図に表す	加法と減法の相互関係を，テープ図を使って理解する。
3	テープ図の 3 用法	たし算・ひき算の問題文をテープ図に表して解くことができる。
4	逆算とテープ図	テープ図をもとに逆算（場面は減法で，計算は加法）の演算決定ができる。
5	求差，求大，求小とテープ図	求差，求大，求小の問題文をテープ図に表し，立式することができる。

第 1·2 時
テープ図に表す

本時の目標　加法と減法の相互関係を，テープ図を使って理解する。

板書例

テープ図(ず)に あらわして 何算(なにざん)かを 考(かんが)えよう

1

（1）
おはじきが 30 こ あります。
そのうち，赤い おはじきは 10 こ，
青い おはじきは 20 こです。

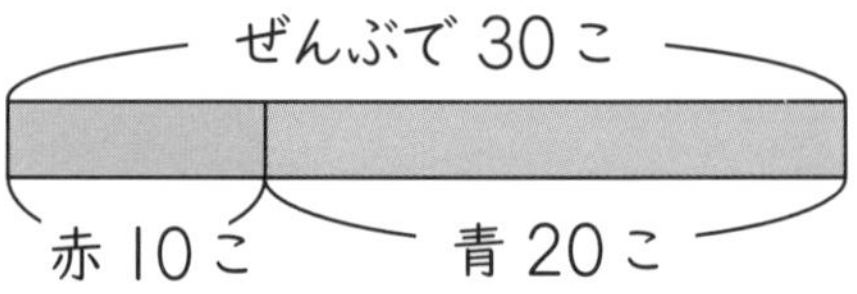

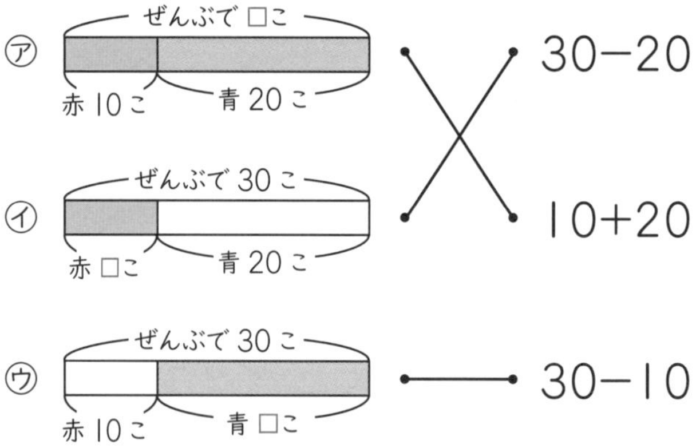

POINT　はじめに簡単な場面でテープ図と式の関係を考えます。実際に紙テープを提示し，テープ図とあわせて説明することで理解

1 隠した数を求める式はどれですか

ワークシートを使って学習する。
問題文1とテープ図を提示する。

T　□を求める式はどれでしょう。
C　㋐の全部の数を求めるのはたし算だね。
C　赤と青をあわせた数だから 10 + 20 です。

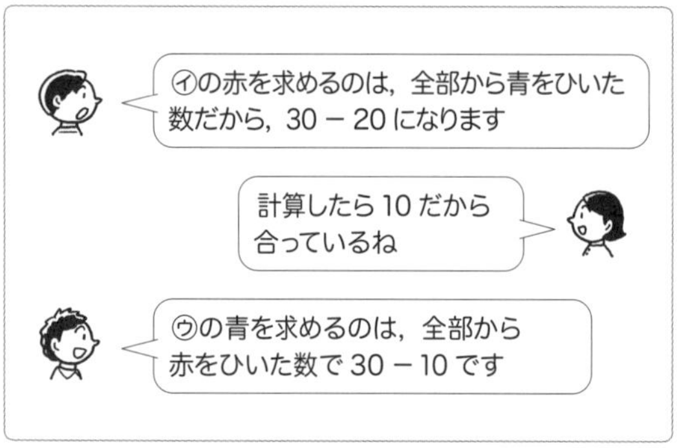

テープ図を見ると，全部の数が□のときはたし算で，赤や青が□のときはひき算ということがわかる。

2 テープはあわせて何 cm ですか

問題文2を提示する。黒板に赤い紙テープ 30cm と，青い紙テープ 15cm を重ならないようにつないで貼る。

T　問題文をテープ図に表します。みんなもノートにかきましょう。

「赤 30cm」「青 15cm」「あわせて□ cm」が図のどこになるかを児童に確認しながらかく。

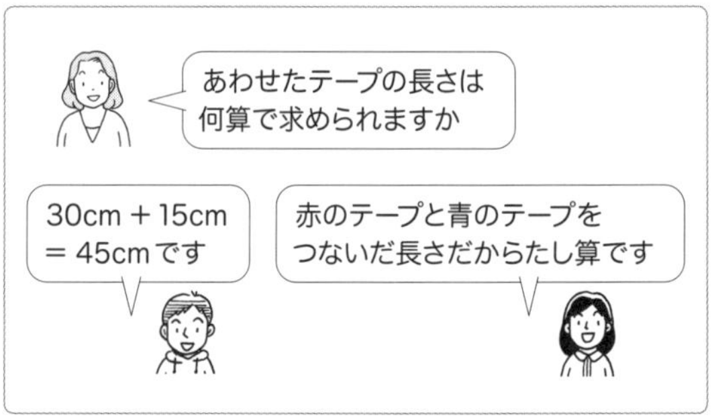

C　「あわせる」だからたし算だけど，テープ図を見てもたし算とわかるよ。
C　テープの全体を求めるときはたし算だね。

準備物	・紙テープ（赤，青，白） ・定規 QR ワークシート

ICT	テープ図シートを配信し，児童が書き込むことができるようにしたものを全体共有すると，児童の考えた図をもとに考えを交流しやすくなる。

2 赤い テープ 30cm と 青い テープ 15cm を かさならないように つなぎました。テープは あわせて 何 cm ですか。

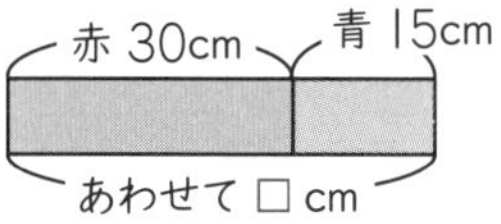

たし算

30 + 15 = 45

3 60cm の テープが あります。35cm きると，何 cm のこりますか。

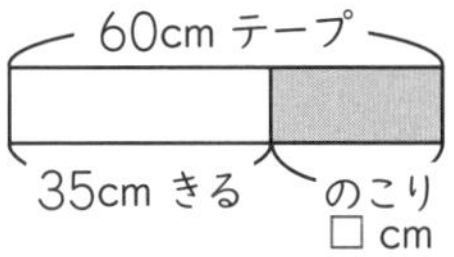

ひき算

60 − 35 = 25

4 赤い テープに 55cm の 青い テープを つなぐと 85cm に なりました。赤いテープは 何 cm ですか。

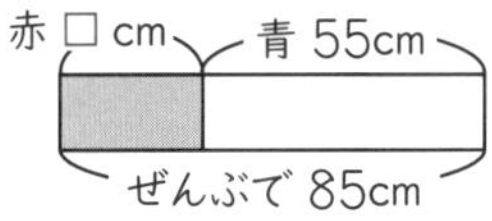

ひき算

85 − 55 = 30

テープ図にあらわすと，たし算か ひき算かが よく わかる。

が深まります。

3 残りのテープは何 cm ですか

問題文3を提示する。黒板に 60cm の紙テープを貼り，35cm 測ってはさみで切り取る。

T テープ図に表します。どんなテープ図になるでしょうか。

「60cm のテープ」「35cm 切る」「残りは□ cm」の順にテープ図をかいていく。

残りのテープの長さは何算で求められますか
60cm − 35cm = 25cm になります
切り取った残りの長さを求めるからひき算です

C これも，テープ図を見たらひき算で求めたらいいことがわかるよ。

4 赤いテープは何 cm ですか

問題文4を提示する。黒板に赤い紙テープ 30cm と，青い紙テープ 55cm を重ならないようにつないで貼る。

T これもテープ図に表してみます。赤は，…長さがわからないから「赤□ cm」ですね。

「赤□ cm」「青 55cm」「ぜんぶで 85cm」が図のどこになるかを児童に確認しながらかく。

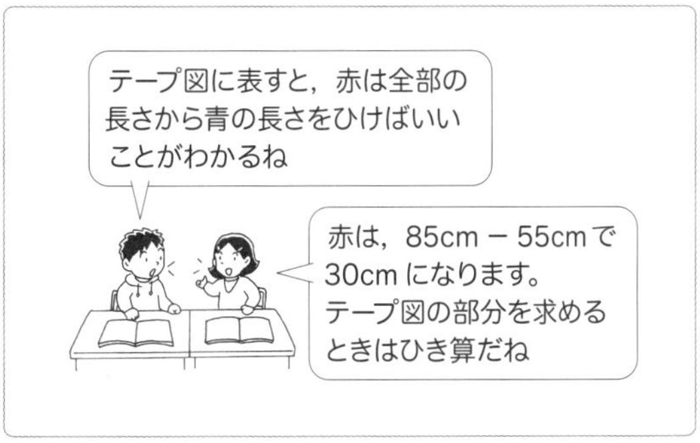

テープ図に表すと，赤は全部の長さから青の長さをひけばいいことがわかるね
赤は，85cm − 55cm で 30cm になります。テープ図の部分を求めるときはひき算だね

学習のまとめをする。

第3時
テープ図の3用法

本時の目標 たし算・ひき算の問題文をテープ図に表して解くことができる。

板書例

たし算か ひき算か テープ図で 考えよう

1 [1] おとなの さるが 25 ひき，子ざるが 19 ひき います。さるは ぜんぶで 何びきですか。

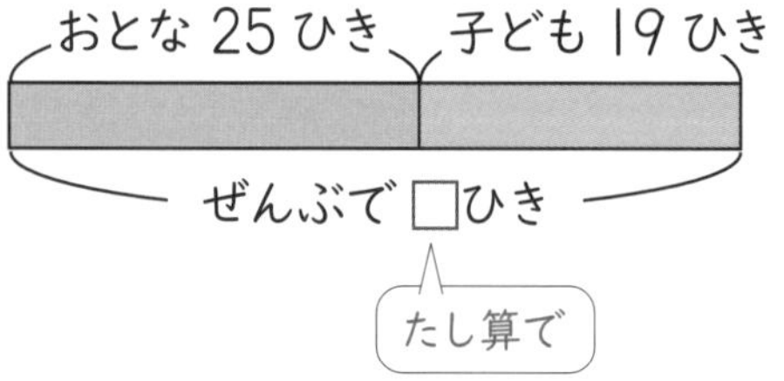

しき　25 ＋ 19 ＝ 44

答え　44 ひき

2 [2] ひろばに 子どもが 41 人 あそんで います。23 人が 帰りました。のこりは 何人ですか。

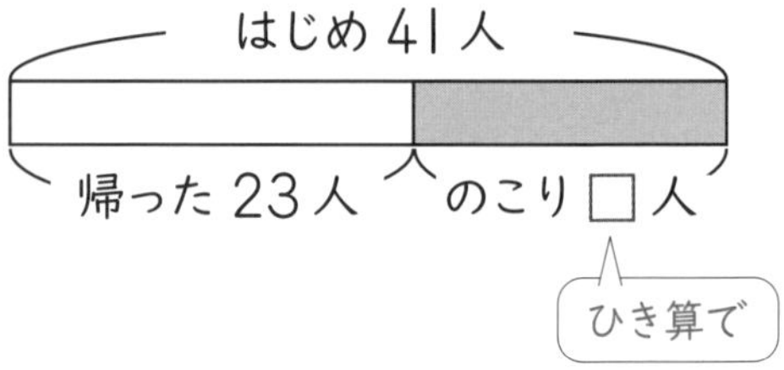

しき　41 － 23 ＝ 18

答え　18 人

POINT 問題文をテープ図で表せるようになれば，自信をもって立式できるようになります。

1 お話の順にテープ図をかいていこう

ワークシートを使って学習する。問題文[1]を提示する。

T　前の時間に問題文をテープ図に表して何算で求めたらいいか考えましたね。

C　テープ図に表したら，たし算，ひき算どちらで求めたらいいかがわかりました。

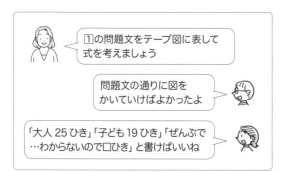

[1]の問題文をテープ図に表して式を考えましょう

問題文の通りに図をかいていけばよかったよ

「大人 25 ひき」「子ども 19 ひき」「ぜんぶで…わからないので□ひき」と書けばいいね

C　全部の数は，たし算で求めたらよかったね。

テープ図に言葉を書き入れることから始めて，徐々に図もかけるようにしていく。

2 お話の順にテープ図をかいていこう

問題文[2]を提示する。

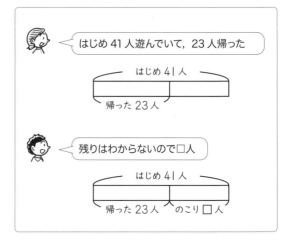

はじめ 41 人遊んでいて，23 人帰った

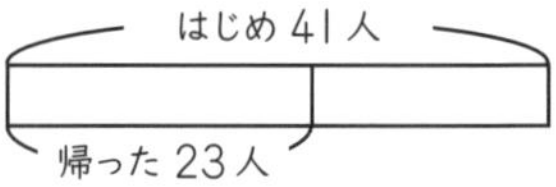

残りはわからないので□人

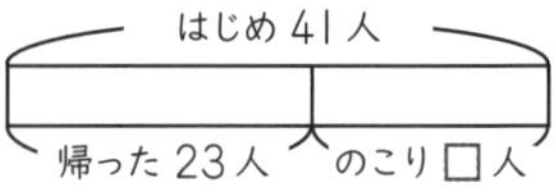

T　残りの人数は何算で求められますか。

C　図を見たら，全体から帰った人数をひいたらいいことがわかります。

C　部分を求めるのはひき算だったね。

準備物 QR ワークシート

ICT 3つのテープ図の練習問題を児童用端末に配信すると，図を使ってどのような計算になるのかを考える経験を積み上げることにつながる。

3

③ チョコレートが 43 こ ありました。
みんなで 何こか 食(た)べました。のこった
チョコレートは 26 こでした。何こ 食べましたか。

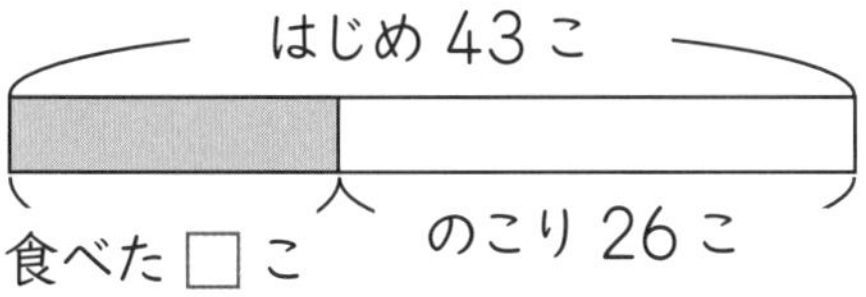

ひき算で

テープ図に あらわすと，
たし算，ひき算 どちらで
もとめたら いいかが わかる。

しき　43 − 26 = 17

答え　17 こ

3 お話の順にテープ図をかいていこう

問題文③を提示する。

はじめに 43 個あって，何個か食べた。
食べた数がわからないので□個

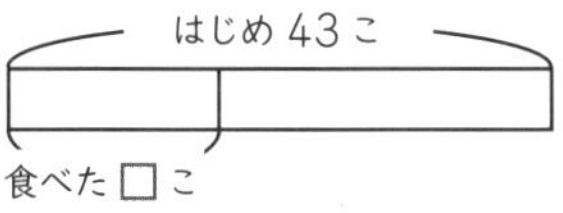

残りが 26 個。②とは
□の位置が反対だね

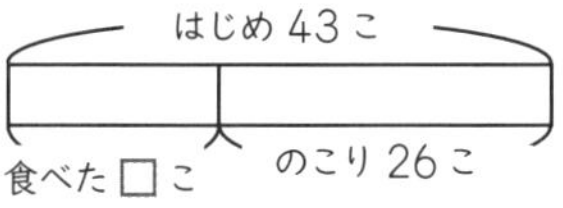

C　これも，全体から残りの数をひいたらいいので，ひき算になります。

文章の通りにテープ図に表し，図から立式できるようにする。また，立式の理由も説明できるようにする。

4 3つのテープ図を比べてみよう

問題文④を提示する。㋐〜㋒をお話の順にテープ図に表していく。

㋐
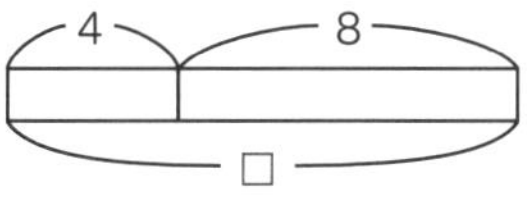

たし算でとく
4 + 8

㋑
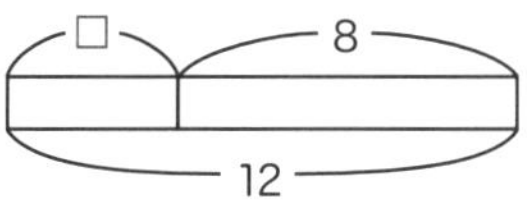

ひき算でとく
12 − 8

㋒
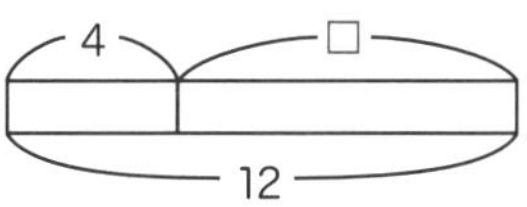

ひき算でとく
12 − 4

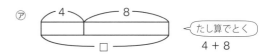

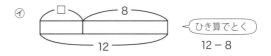

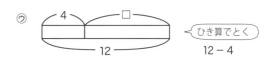

ここでは，3つのテープ図の型を確認するため，簡単な数値の問題を扱う。
学習のまとめをする。

第4時
逆算とテープ図

本時の目標 テープ図をもとに逆算（場面は減法で，計算は加法）の演算決定ができる。

板書例

たし算か ひき算か テープ図で 考えよう

1 ゆうとさんは ビー玉を 何こか もって いました。弟に 14 こ あげました。
のこりは 28 こです。
はじめに 何こ もって いましたか。

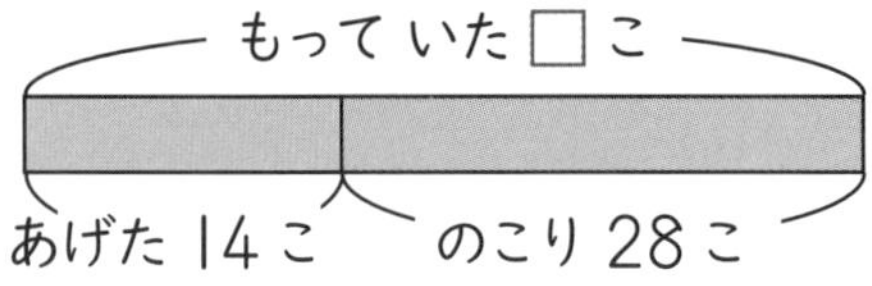

しき　14 + 28 = 42

答え　42 こ

2 テープを 何 m か 買って きました。
そのうち，14m つかいました。
まだ 6m のこって います。
買って きた テープは 何 m ですか。

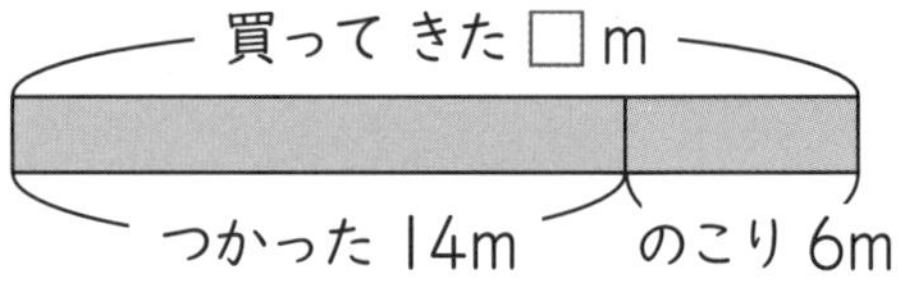

しき　14 + 6 = 20

答え　20 m

POINT 逆算は，子どもたちの苦手とする間違いの多い問題パターンです。テープ図に表すと，たし算で求めればよいことが一目

1 お話の順にテープ図をかいていこう

ワークシートを使って学習する。問題文1を提示する。

T　持っていた数は何個ですか。

C　わかりません。□個にします。

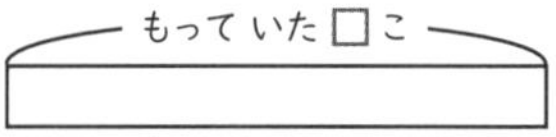

T　あげた数は何個ですか。

C　14 個です。

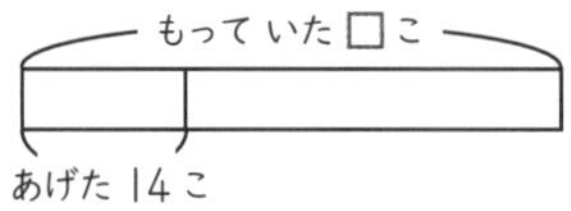

T　残りは何個ですか。

C　28 個です。

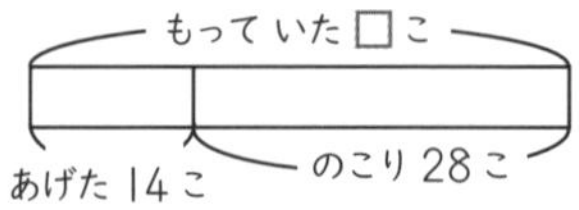

C　はじめのビー玉の数を求める問題だね。

前時までの学習で，ひとりで図をかける子どももいるが，1つ1つ確認しながら進めていく。

2 図から式を立てて答えを求めよう

T　はじめに持っていた数は，何算で求められますか。図を見て考えましょう。

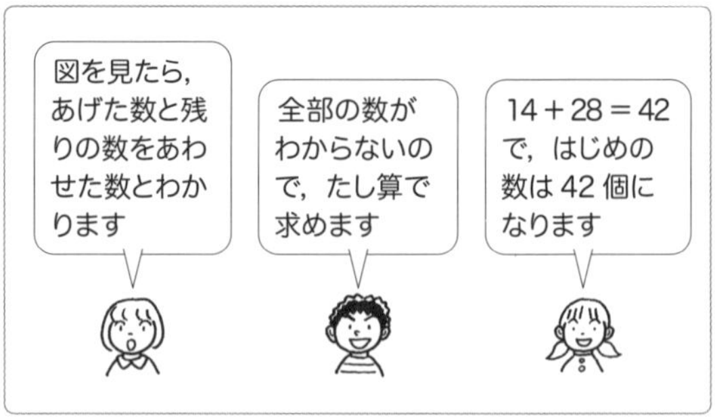

図を見たら，あげた数と残りの数をあわせた数とわかります
全部の数がわからないので，たし算で求めます
14 + 28 = 42 で，はじめの数は 42 個になります

「あげた」「のこりは」という言葉で「ひき算」と考えてしまう子どももいる。また，問題文をそのまま式に表すと，□ − 14 = 28 とひき算になる。テープ図に表して，たし算で求めることをはっきりと理解できるようにする。

準備物	QR ワークシート QR ふりかえりシート

ICT	3つのテープ図の練習問題を児童用端末に配信すると，3つの図を比較してどのような計算になるのかを考え，理解を深めることにつながる。

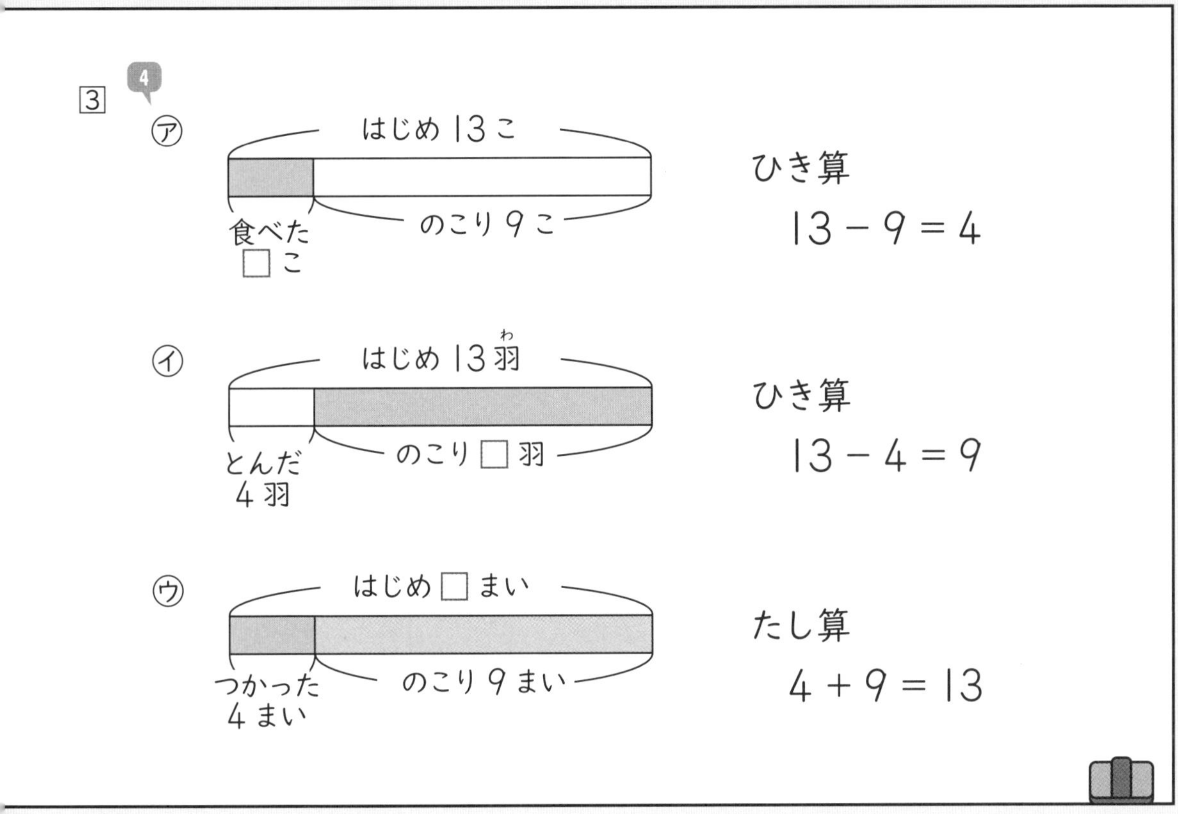

瞭然です。

3 お話の順にテープ図をかいて，答えを求めよう

問題文2を提示する。

T　今度は，自分で図をかいて考えましょう。

C　買ってきたテープは何mかわからないので，□mにする。

C　使ったのが 14 m で，残りが 6 m です。

全体で確認する。

T　買ってきたテープの長さは何算で求められますか。

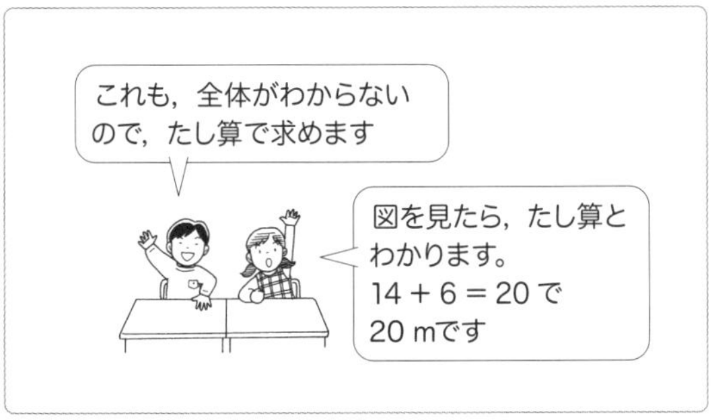

4 3つのテープ図を比べてみよう

問題文3を提示する。㋐～㋒をお話の順にテープ図に表していく。

T　3つの問題文をテープ図に表して，答えを求めましょう。

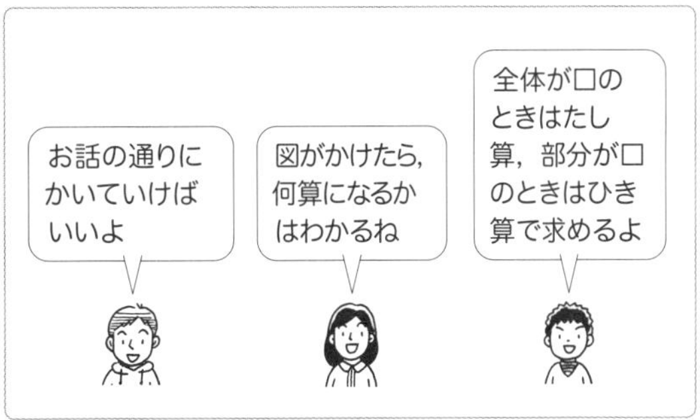

逆算を含む様々な型の問題文をテープ図に表し，図から正しく立式できるようにする。

ふりかえりシートを活用する。

第5時
求差，求大，求小とテープ図

本時の目標 求差，求大，求小の問題文をテープ図に表し，立式することができる。

板書例

もんだい文を テープ図に あらわして 考えよう

1 [1] 赤い テープは 45cm，青い テープは 35cm です。ちがいは 何 cm ですか。

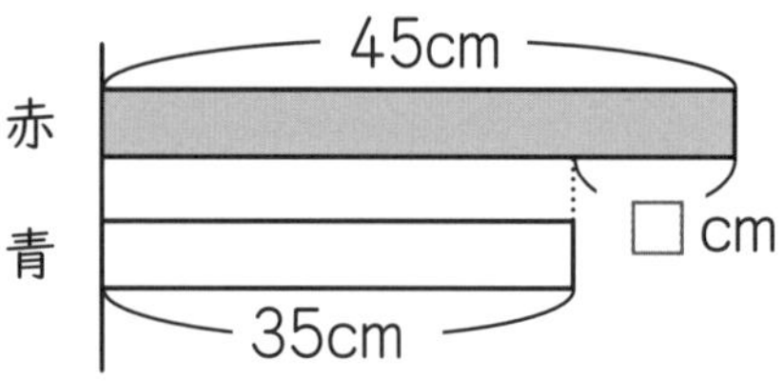

しき　45 − 35 = 10

答え　10cm

2 [2] みかんが 12 こ あります。いちごは みかんより 10 こ 多い そうです。いちごは 何こありますか。

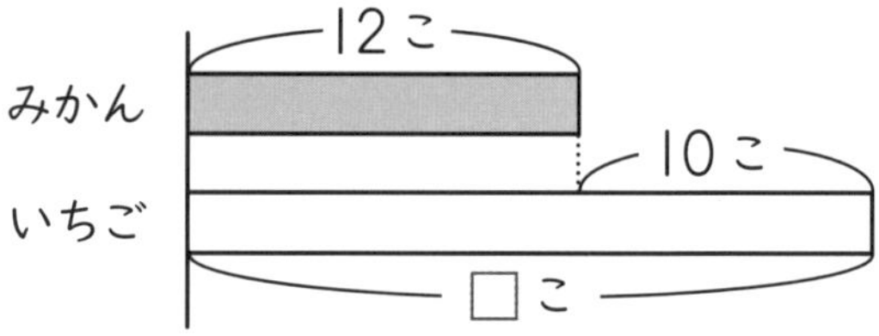

しき　12 + 10 = 22

答え　22 こ

POINT 「違い」「より多い」「より少ない」といった比べる問題を２本のテープで表し，立式に結びつけます。

1 問題文を２本のテープ図で表してみよう

ワークシートを使って学習する。問題文[1]を提示する。

T　ここに赤色の紙テープが 45cm，青い紙テープが 35cm あります。黒板に２本並べて貼る。

C　２本並べて比べると赤の方が長いね。違いもよくわかるよ。

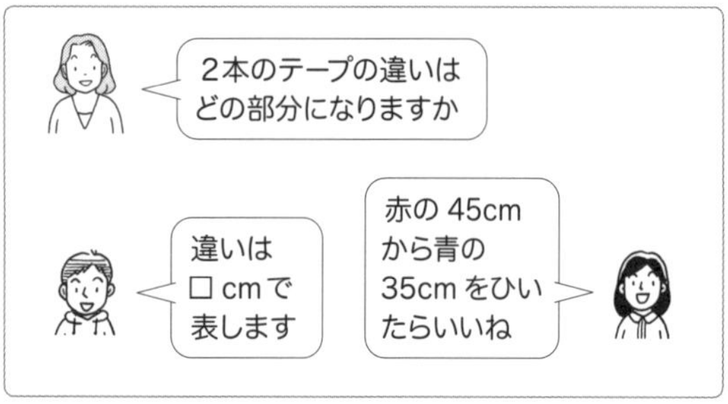

C　式は，45 − 35 = 10 で，違いは 10cm です。

比べる問題では，２つのテープを離して並べ，比べる意識をはっきりさせる。

2 テープ図に表して式を考えよう

問題文[2]を提示する。

T　何と何の数を比べている問題ですか。

C　みかんといちごの数を比べています。

T　テープ図に，わかっていることを書き入れましょう。

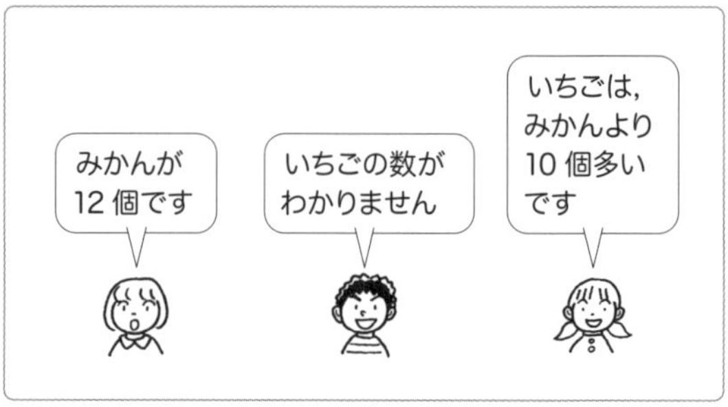

C　いちごは，12 ＋ 10 ＝ 22 で，22 個になります。

「より多い」「より少ない」の言葉の意味の難しさに戸惑う子どもも多い。どちらが多い（少ない）のかを，まずはっきりさせる。

準備物	・紙テープ（赤，青） QR ワークシート QR ふりかえりシート

ICT	新しいテープ図の型のため，児童用端末に図の枠を配信し，言葉や数値を書き入れることで，図の描き方の習熟を図ることができる。

3

3 けんさんは，カードを 24 まい もって います。たくとさんは，けんさんより 8 まい 少ないそうです。たくとさんは カードを 何まい もって いますか。

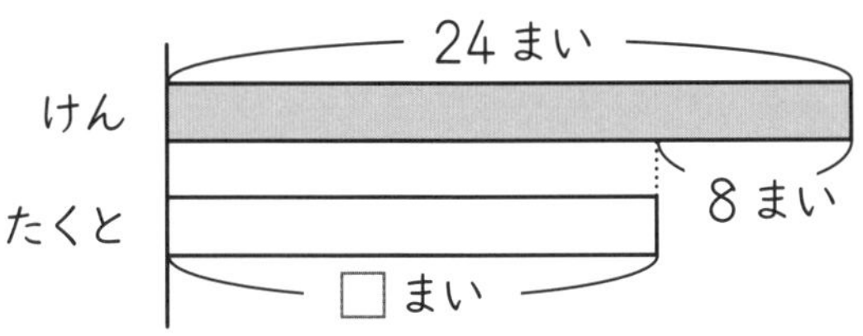

しき　24 − 8 = 16

答え　16 まい

4

4 赤い テープは，青い テープより 2 m 長いそうです。赤い テープは 7 mです。青い テープは 何mですか。

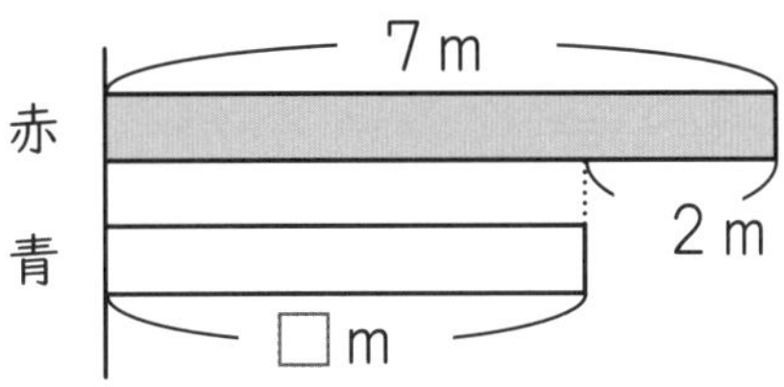

しき　7 − 2 = 5

答え　5 m

3 テープ図に表して式を考えよう

問題文3を提示する。

T　この問題は，何と何の数を比べていますか。
C　けんさんとたくとさんのカードの数です。
T　テープ図にわかっていることを書き入れて，図を完成させましょう。

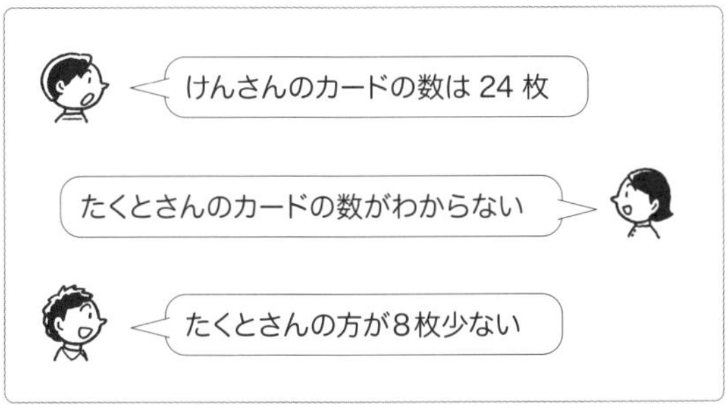

C　たくとさんの方が少ないから，24 − 8 のひき算で求めることができます。
C　図に表したら，たしたらいいのか，ひいたらいいのかがよくわかるね。

4 テープ図に表して式を考えよう

問題文4を提示する。

T　テープ図に表して，答えを求めましょう。
T　赤と青では，どちらが長いですか。
C　長いのは赤です。

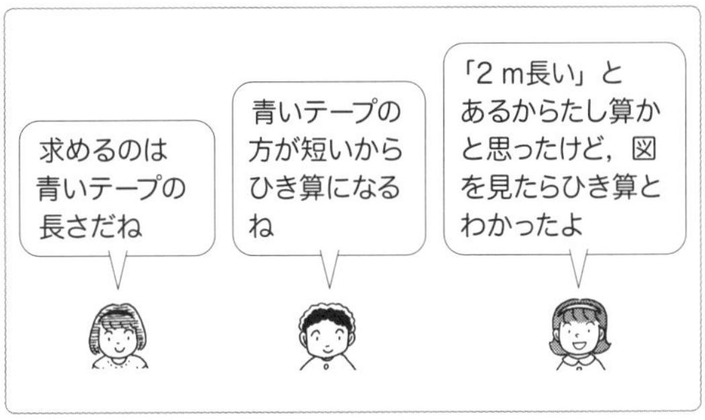

問題文を読むだけでは，2 者の関係がわかりづらい問題である。テープ図に表して，ひき算で求めることをはっきりさせる。

ふりかえりシートを活用する。

名前 ＿＿＿＿＿＿＿＿

1　おはじきが 30こ あります。
そのうち，赤い おはじきは 10こ，
青い おはじきは 20こです。

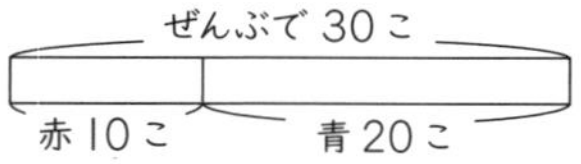

上の 図で，おはじきの 数を □で かくしました。
かくした 数を もとめる しきは どれでしょう。
図と しきを 線で むすびましょう。

㋐
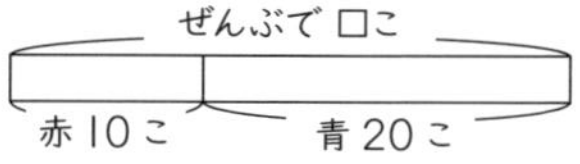

・　　・ 30 − 20

㋑
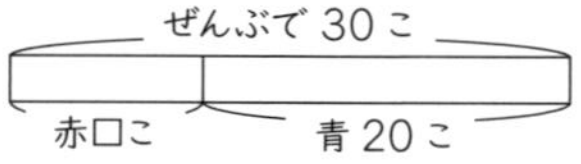

・　　・ 10 + 20

㋒
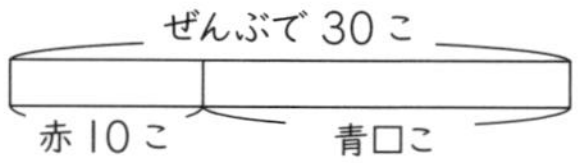

・　　・ 30 − 10

2　赤い テープ 30cmと 青い テープ 15cmを
かさならないように つなぎました。
テープは あわせて 何cmですか。

しき

答え ＿＿＿＿＿＿

3　60cmの テープが あります。35cm 切ると，
のこりは 何cmですか。

しき

答え ＿＿＿＿＿＿

4　赤い テープに 55cmの 青い テープを つなぐと，
85cmに なりました。赤い テープは 何cmですか。

しき

答え ＿＿＿＿＿＿

5　□を もとめる しきを 書きましょう。

㋐
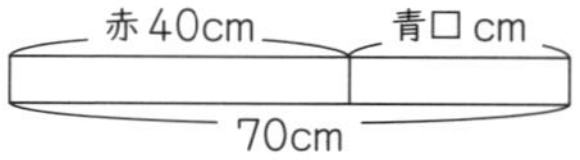

しき

㋑
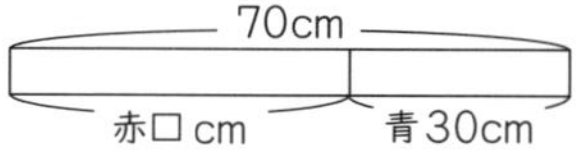

しき

㋒
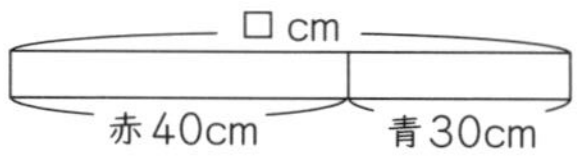

しき

第5時　ワークシート

名前 ＿＿＿＿＿＿＿＿

1　赤い　テープは　45cm です。
青い　テープは　35cm です。
ちがいは　何(なん)cm ですか。

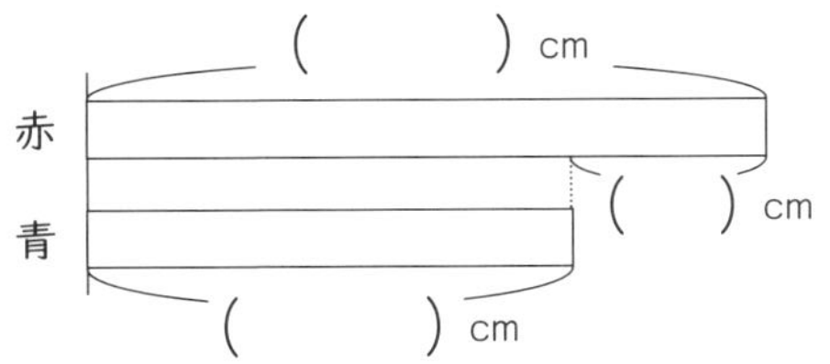

しき

答(こた)え ＿＿＿＿＿＿＿＿

2　みかんが　12こ　あります。
いちごは　みかんより　10こ　多(おお)いそうです。
いちごは　何こ　ありますか。

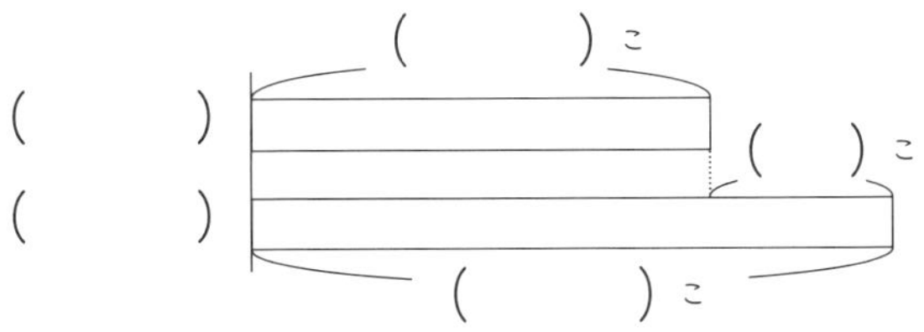

しき

答え ＿＿＿＿＿＿＿＿

3　けんさんは　カードを　24まい　もって　います。
たくとさんは　けんさんより　8まい　少(すく)ないそうです。
たくとさんは　カードを　何まい　もって　いますか。

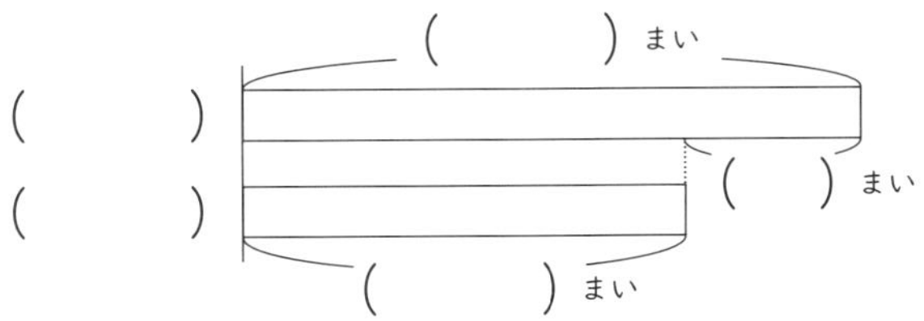

しき

答(こた)え ＿＿＿＿＿＿＿＿

4　赤い　テープは　青い　テープより　2m　長いそうです。
赤い　テープは　7m です。
青い　テープは　何m ですか。

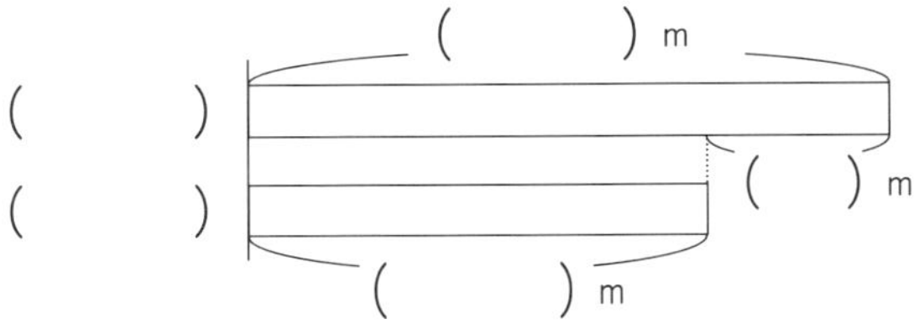

しき

答え ＿＿＿＿＿＿＿＿

分　数

全授業時数４時間

◎ 学習にあたって ◎

＜この単元で大切にしたいこと＞

前回の学習指導要領の改訂で，２年生でも分数を学習するようになりました。しかし，分数は大変難しい教材です。そのいちばんの原因は，普遍単位で表された量に基づく分数と割合で表された分数の混同です。学習の系統性でいくと，量に基づく分数で分数の加減乗除の意味を理解し，そのあとに割合（倍）を表す分数を理解することになります。しかし，日常の生活で使う分数が割合で表される分数であるため，加減乗除の学習や帯分数→仮分数で混乱し，つまずく原因になっています。２年生からどうしても分数を教えなければならないということであれば，せめて１Ｌや１ｍのように，量に基づいて指導し，折り紙やテープなどの操作を踏まえながら分数を指導するようにすべきだと考えます。

＜数学的見方考え方と操作活動＞

右図①のように，大きさの違うますの真ん中まで水を入れると，ほとんどの人がどちらも $\frac{1}{2}$ と答えます。そこで，$\frac{1}{2}+\frac{1}{2}$ はいくらですかと聞くと，困ってしまいます。これは割合で表した分数ですからたし算はできません。これでは，３年生の同分母分数の加減もできません。ましてや，分数×分数，分数÷分数では到底説明することはできません。右図②のように $\frac{1}{4}$ Ｌや $\frac{1}{4}$ ｍなど，基にする量の大きさが普遍単位で定まっていることが前提なのです。量に基づく分数でなければ，分数の加減乗除の学習は成立しません。

①
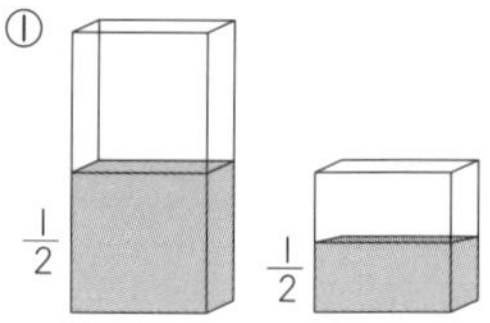

②
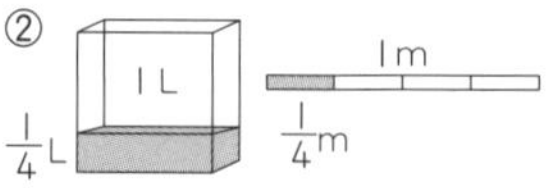

ところが教科書で初めて出会う分数が，ケーキやピザの「半分の大きさが $\frac{1}{2}$」というのは，割合で表される分数です。そのような分数のイメージが強くできてしまうと，後々困ることの方が多いことになります。

＜個別最適な学び・協働的な学びのために＞

1Lに見立てた折り紙や1mのテープを切り取るところを児童に見せます。1Lに見立てた折り紙で $\frac{1}{2}$ L，$\frac{1}{4}$ Lを作った後，1mのテープを２人に２本ずつ配り，テープを折って $\frac{1}{2}$ mや $\frac{1}{4}$ m，$\frac{1}{8}$ mを２人で共同して対話しながら作ります。

◎ 評　価 ◎

知識および技能	量の大きさとして $\frac{1}{2}$ や $\frac{1}{4}$ の意味を理解し，$\frac{1}{2}$ や $\frac{1}{4}$ の大きさを作ったり，分数に表したりできる。
思考力，判断力，表現力等	ある量を２等分することが $\frac{1}{2}$，４等分することが $\frac{1}{4}$ と考えることができる。
主体的に学習に取り組む態度	$\frac{1}{2}$ や $\frac{1}{4}$ の操作に関心を持ち，ある量を分数を用いて表そうとする。

◎ 指導計画　４時間 ◎

時	題	目　標
1	$\frac{1}{2}$ という大きさ	分数の意味と表し方を理解する。
2	$\frac{1}{4}$ という大きさ	操作活動などを通して，分数の意味と表し方の理解を深める。
3	$\frac{1}{3}$，$\frac{1}{8}$ という大きさ	$\frac{1}{3}$ や $\frac{1}{8}$ の大きさや表し方がわかる。
4	倍と分数	２つの数量の関係から，倍や分数の意味を理解する。

第1時 $\frac{1}{2}$という大きさ

本時の目標　分数の意味と表し方を理解する。

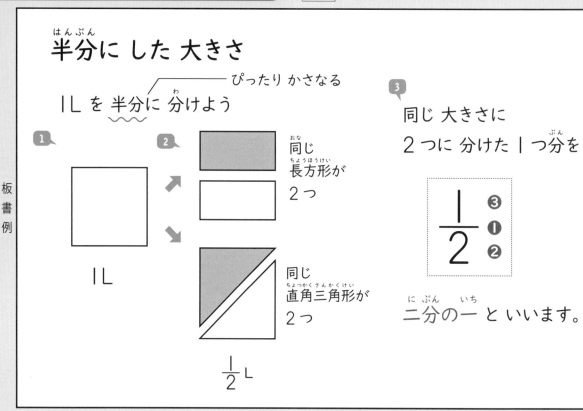

板書例

半分（はんぶん）に した 大きさ

1L を 半分に 分（わ）けよう　――ぴったり かさなる

1　2

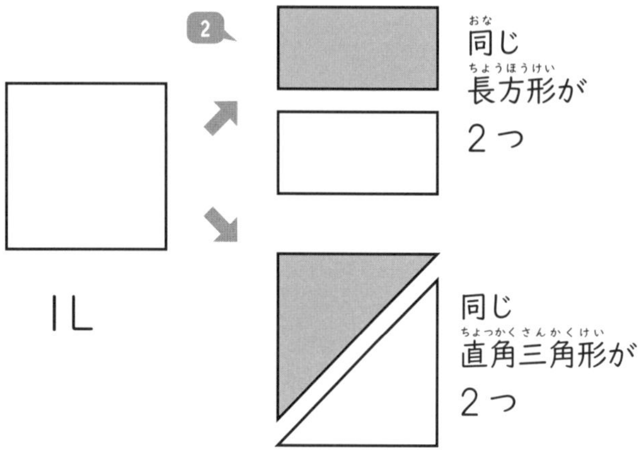

$\frac{1}{2}$L

3

同じ 大きさに
2つに 分けた 1つ分（ぶん）を

$\frac{1}{2}$　❸ ❶ ❷

二分（にぶん）の一（いち） と いいます。

POINT　1Lの$\frac{1}{2}$，1mの$\frac{1}{2}$など，1の大きさが変わらない分数で指導した方が3年生の学習にうまくつながります。

1　折り紙の1Lを半分に分けてみよう

立方体の1Lますに色水を入れたものを見せる。

T　ここに，1Lの水があります。みんなにも1Lを渡します。水はこぼれてしまうので，変身させます。ヘンシン！

1Lますの面に10cm × 10cmの折り紙（色水と同じ色）をあてて見せ，児童に折り紙を配る。

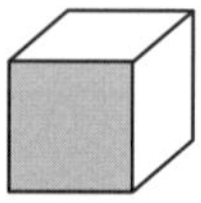

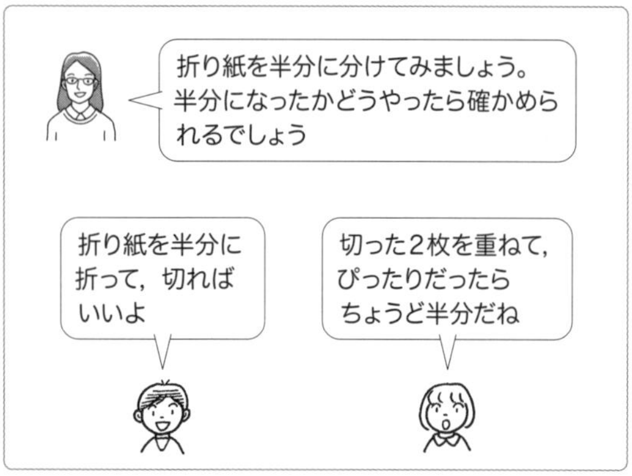

折り紙を半分に分けてみましょう。半分になったかどうやったら確かめられるでしょう
折り紙を半分に折って，切ればいいよ
切った2枚を重ねて，ぴったりだったらちょうど半分だね

2　違った形の半分を作ってみよう

T　折り紙の1Lだったら，もっと違った形の半分が作れないでしょうか。

折り紙をもう1枚ずつ児童に配る。

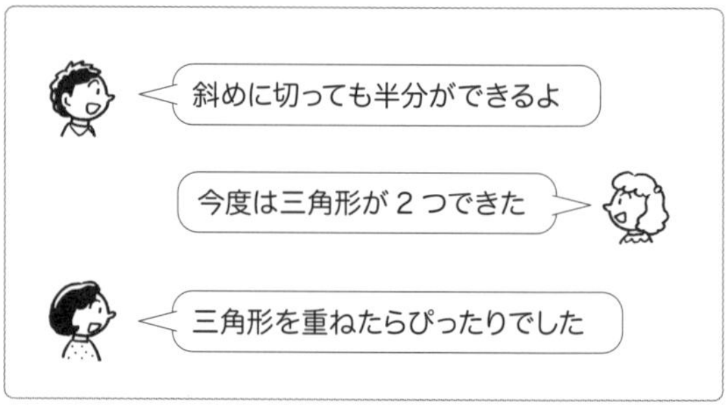

斜めに切っても半分ができるよ
今度は三角形が2つできた
三角形を重ねたらぴったりでした

T　折り紙の1Lを半分に分けると，どんな形がいくつできましたか。

C　同じ形の長方形や直角三角形が2つずつできました。

T　半分とは，同じ形に2つに分けることです。

ぴったり重ならないと半分ではないことをおさえる。

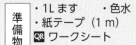

準備物	・1L ます　・色水　・折り紙 ・紙テープ（1 m）　・はさみ QR ワークシート

ICT	身近にあるものを使って，二分の一を表すものを用意し，児童用端末で撮影すると，分数の理解を深めることにつながる。

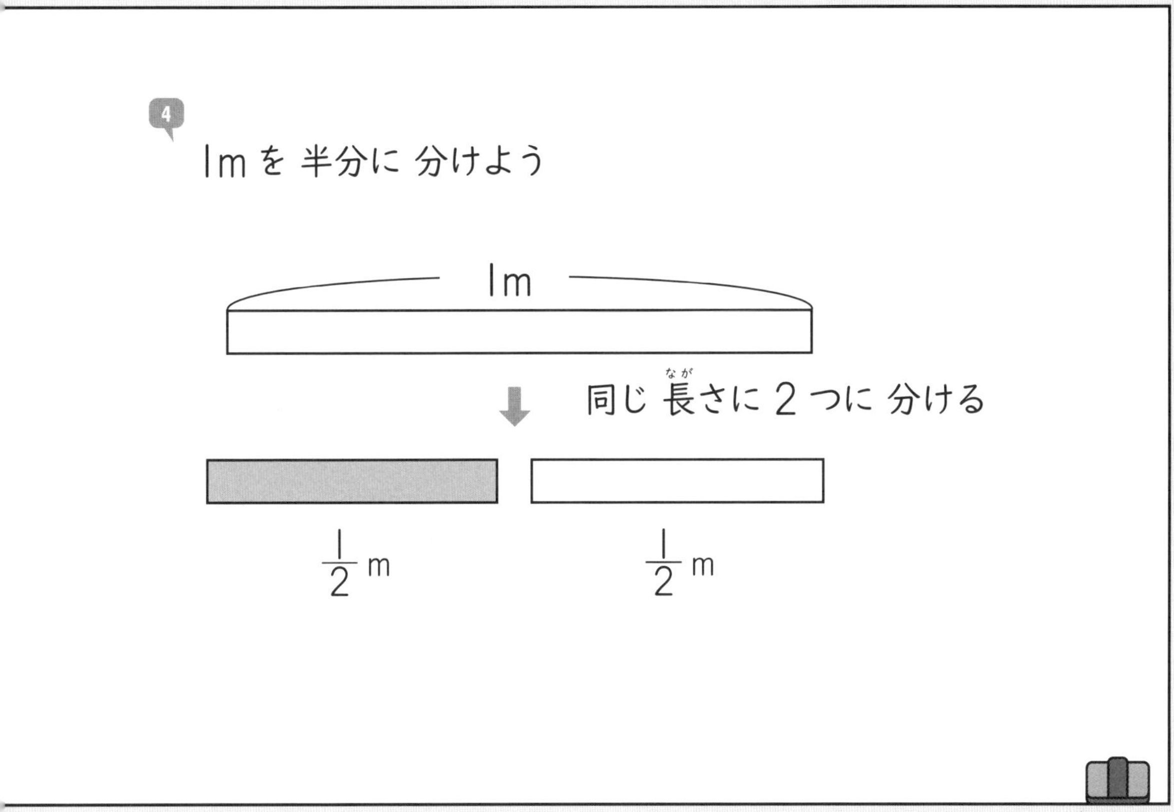

3 半分の大きさを数で表してみよう

T　1L を同じ大きさに 2 つに分けた 1 つ分を二分の一リットルといい，$\frac{1}{2}$ L と書きます。

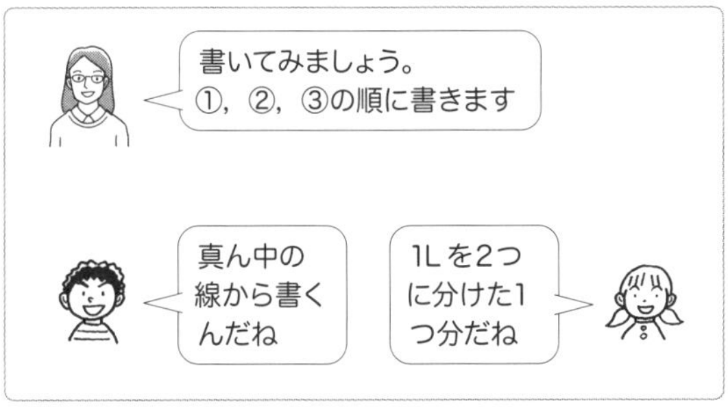

分数の書き方には特にきまりはないが，線を書くことが大切なため，慣れるまでは，線から書くようにするとよい。

1L や 1 mなど単位をつけずに指導する場合は，1 である「もとの大きさ」を明確にして，できるだけ大きさを変えずに示すことが大切である。

4 紙テープ 1 mの半分の長さを分数で表そう

1 mの紙テープを見せる。

T　この 1 mのテープを半分に折って 2 つに切ります。この 1 つ分はどれだけの長さといえばいいでしょうか。

C　切った 2 本のテープは同じ長さだね。

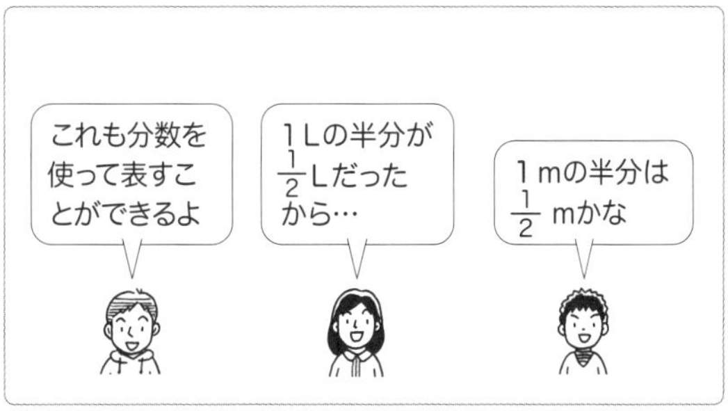

T　1 mを同じ大きさに 2 つに分けた 1 つ分を $\frac{1}{2}$ m といいます。

学習のまとめをする。

第2時 $\frac{1}{4}$ という大きさ

本時の目標　操作活動などを通して，分数の意味と表し方の理解を深める。

板書例

1Lの 半分(はんぶん)を また 半分に 分(わ)けてみよう

1

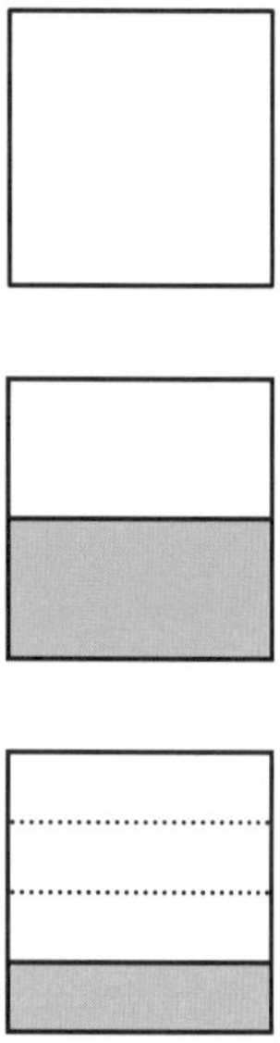

1L

$\frac{1}{2}$ L

$\frac{1}{4}$ L

四分(よんぶん)の一(いち)

分数(ぶんすう)

2 $\frac{1}{4}$ を つくろう

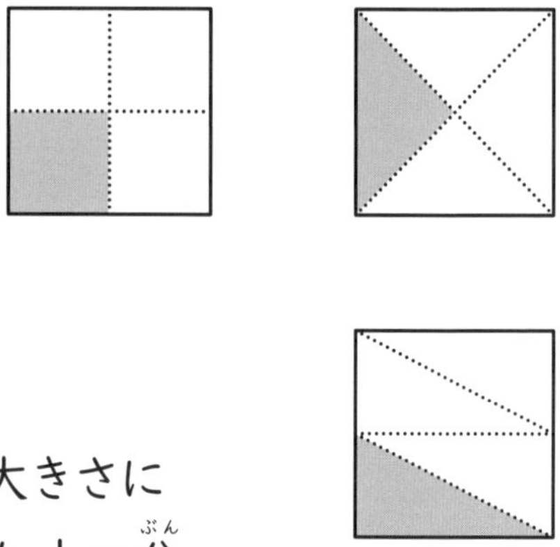

1Lを 同(おな)じ 大きさに
4つに 分けた 1つ分(ぶん)

※ 児童の発表に合わせてかく。

POINT 1Lますや1mテープを使って，分数を量として意識できるようにします。

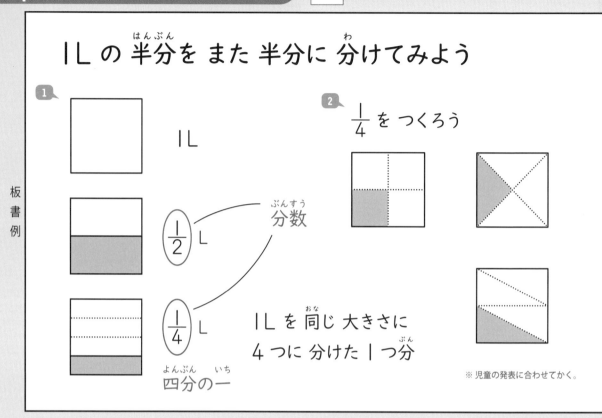

1 1Lの半分を，また半分に分けてみよう

立方体の1Lますに色水を入れたものを準備する。1Lを2等分して，さらにそれらを2等したものを見せる。

T （$\frac{1}{4}$ Lを示しながら）この1つ分は何Lといえばいいでしょうか。

C 1Lを同じ大きさに2つに分けた1つ分は $\frac{1}{2}$ Lだったね。

1Lますに入った $\frac{1}{4}$ Lの色水を4つ並べる。

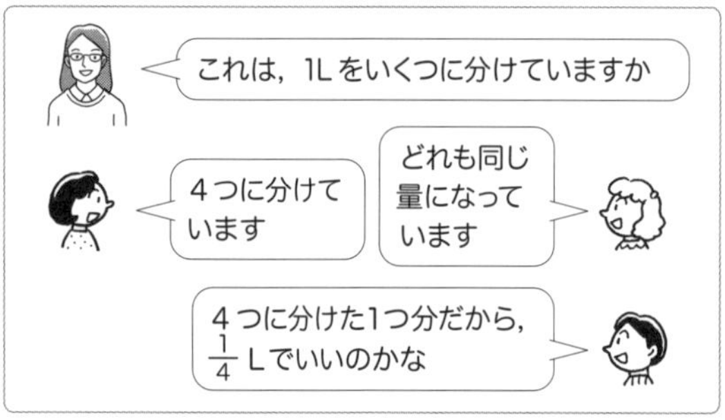

これは，1Lをいくつに分けていますか
4つに分けています
どれも同じ量になっています
4つに分けた1つ分だから，$\frac{1}{4}$ Lでいいのかな

T 1Lを同じ大きさに4つに分けた1つ分を $\frac{1}{4}$ Lといいます。

2 いろいろな形の $\frac{1}{4}$ を作ってみよう

折り紙（10cm × 10cm）を4枚ずつ児童に配る。

T 折り紙に変身させた1Lを配ります。どんな $\frac{1}{4}$（L）ができるでしょうか。

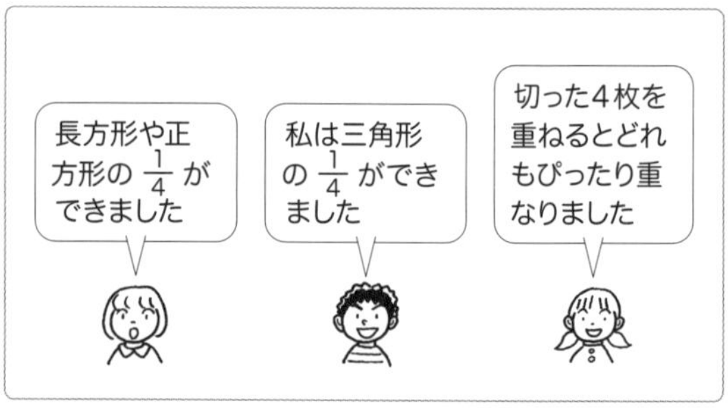

長方形や正方形の $\frac{1}{4}$ ができました
私は三角形の $\frac{1}{4}$ ができました
切った4枚を重ねるとどれもぴったり重なりました

児童が作った $\frac{1}{4}$ を発表する。

T $\frac{1}{4}$ や $\frac{1}{2}$ のような数を分数といいます。

C 4や2は，分けた数を表しているのかな。

準備物
- 1Lます×4個
- 折り紙
- はさみ
- QR ワークシート
- 色水
- 紙テープ（1 m）
- 色鉛筆

ICT
身近にあるものを使って，四分の一を表すものを用意し，児童用端末で撮影すると，分数の理解を深めることにつながる。

3

1mの $\frac{1}{4}$ を つくろう

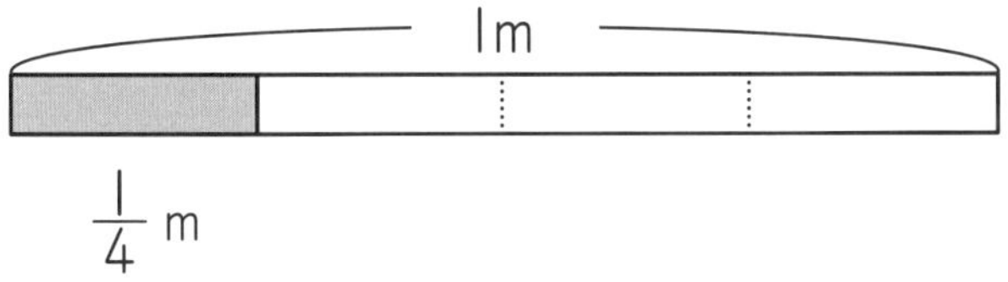

半分に
2回 おる

4

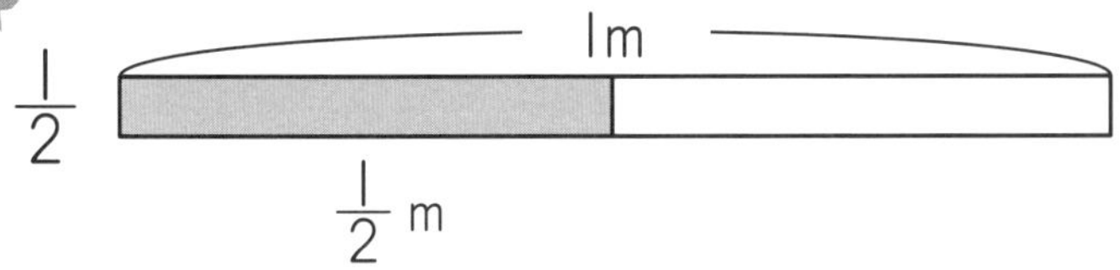

$\frac{1}{2}$ mを 2つ
あつめると 1 m

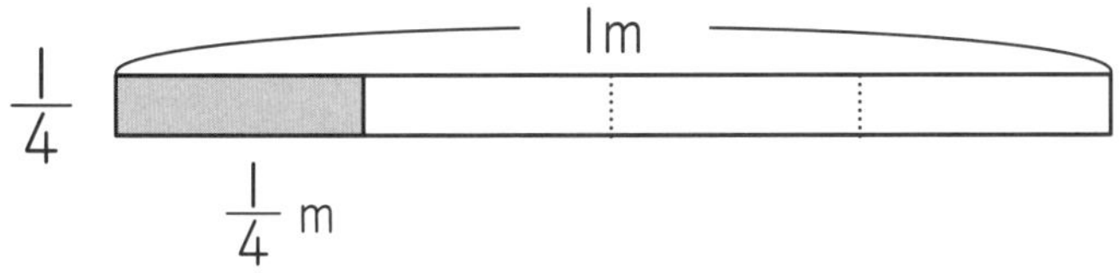

$\frac{1}{4}$ mを 4つ
あつめると 1 m

3 1 mのテープの $\frac{1}{4}$ の長さを作ってみよう

1 mの紙テープを児童に配る。各自で取り組む。

C　$\frac{1}{4}$ は，同じ大きさに 4 つに分けた 1 つ分の大きさなので，テープを同じ長さに 4 つに分けたらできるね。

テープを半分に折って，
また半分に折ったらできるよ
この1つ分が
$\frac{1}{4}$ mだね

1 回折って $\frac{1}{2}$，2 回折ったら $\frac{1}{3}$ と考える子どももいるかもしれない。できた $\frac{1}{4}$ をぴったり隣同士で重ねて同じになっているかを確認する。

4 $\frac{1}{2}$mがいくつ集まると 1 mになるか考えよう

ワークシート3の問題を活用する。

T　1 mの $\frac{1}{2}$ の長さ，1 mの $\frac{1}{4}$ の長さに色をぬりましょう。

C　$\frac{1}{2}$ mは 2 つに分けた 1 つ分，$\frac{1}{4}$ mは，4 つに分けた 1 つ分，1 つ分だけに色を塗るよ。

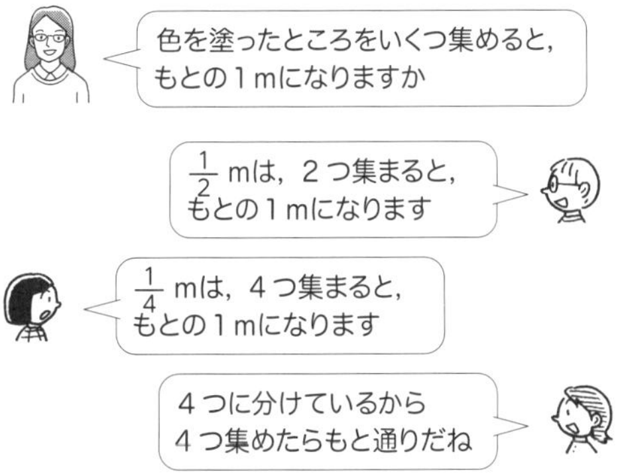

色を塗ったところをいくつ集めると，
もとの 1 mになりますか
$\frac{1}{2}$ mは，2 つ集まると，
もとの 1 mになります
$\frac{1}{4}$ mは，4 つ集まると，
もとの 1 mになります
4 つに分けているから
4 つ集めたらもと通りだね

学習のまとめをする。

第3時 $\frac{1}{3}$, $\frac{1}{8}$という大きさ

本時の目標　$\frac{1}{3}$や$\frac{1}{8}$の大きさや表し方がわかる。

板書例

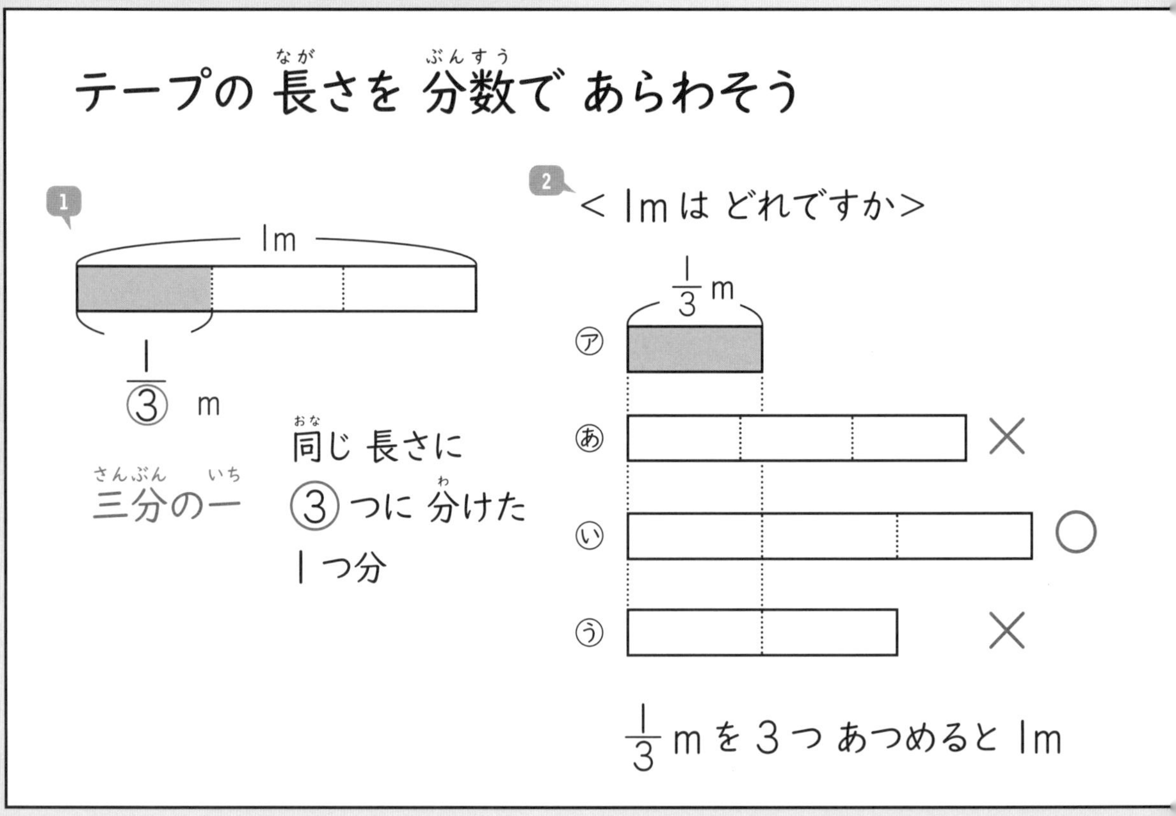

POINT 実際にテープを使った操作活動で理解を深めましょう。

1 テープの長さを分数で表そう

1 mの紙テープを準備する。

T　この1mのテープを，同じ長さに3つに分けました。

3等分してはさみで切り取り，どれも同じ長さであることを重ねて確かめる。

T　この1つ分の長さは何mといったらいいですか。分数で表してみましょう。

1mを３つに分けていて，どれも同じ長さになっています
４つに分けた1つ分は $\frac{1}{4}$，２つに分けた1つ分は $\frac{1}{2}$ だから，… $\frac{1}{3}$mになります

C　やっぱり，分けた数が「○分の1」の○の数字になるね。

2 もとの長さ１mのテープはどれですか

$\frac{1}{3}$ mの紙テープ（㋐）を児童に見せる。

T　㋐は，長さが$\frac{1}{3}$ mのテープです。では，1 mのテープはあ〜うのどれになるでしょう。

ワークシートを活用できる。

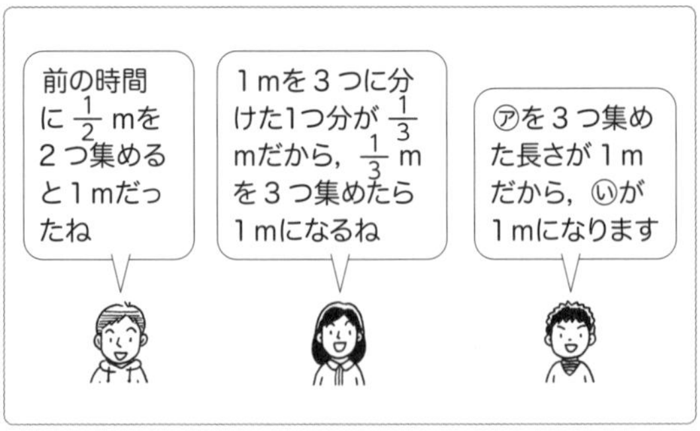

前の時間に $\frac{1}{2}$ mを２つ集めると１mだったね
１mを３つに分けた1つ分が $\frac{1}{3}$ mだから，$\frac{1}{3}$ mを３つ集めたら１mになるね
㋐を３つ集めた長さが１mだから，いが１mになります

黒板で，$\frac{1}{3}$ mを３つつないで１mの長さを確かめる。なぜ，あとうは違うのか説明できるようにする。

C　あは，１つ分の長さが違います。

C　うは，$\frac{1}{3}$ mが２つ分しかありません。

準備物	・紙テープ（1 m） ・はさみ QR ワークシート

ICT	デジタルコンテンツを活用して，いろいろな分数を読んだり書き表したりして，分数の理解と習熟を図る。

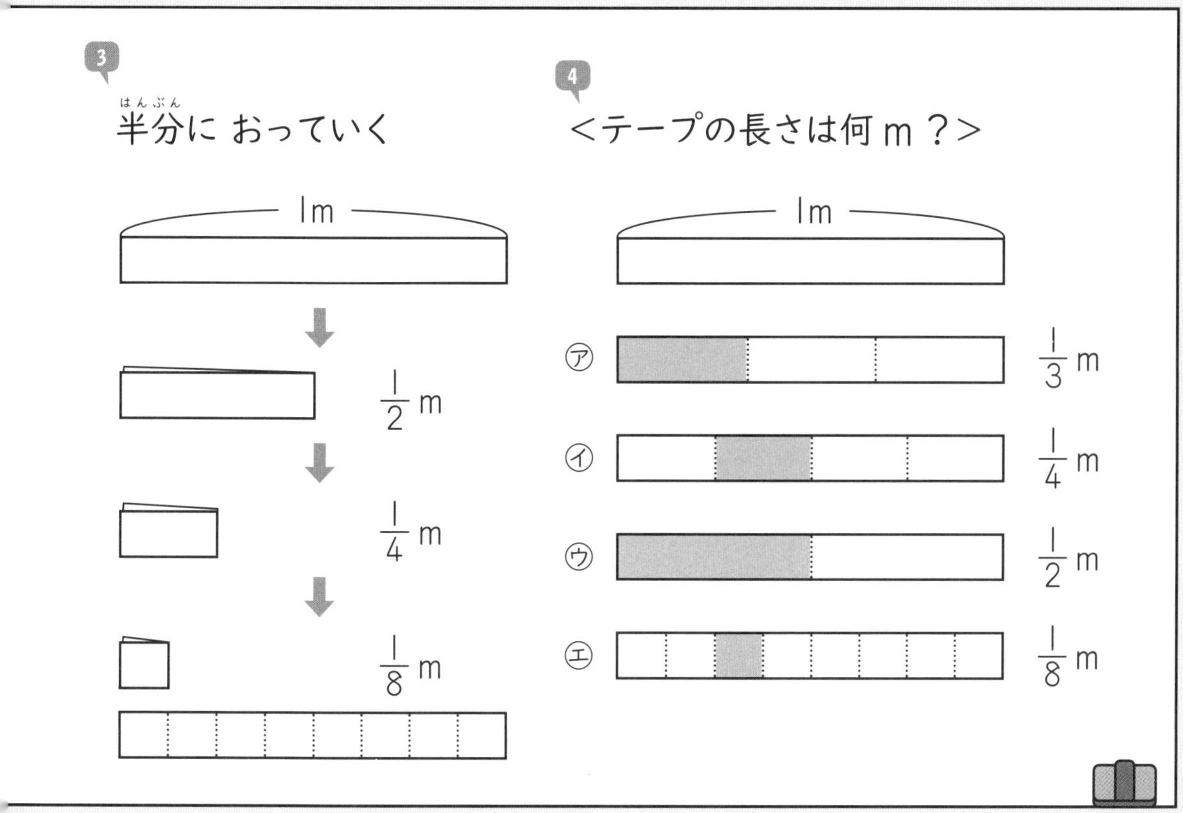

3 1 mのテープを3回折ってできるテープの長さを分数で表そう

T　1 mの紙テープを半分に折ります。この1つ分は何mといいましたか。
C　$\frac{1}{2}$ mです。
T　さらに，また半分に折りました。
C　1つ分は $\frac{1}{4}$ mです。
T　では，さらにもう1回折ってみます。

何mといえばいいでしょう

半分の，また半分の，さらに半分だから，…テープは8つに分かれているね

どれも同じ長さで分けられているから，8つに分けた1つ分で $\frac{1}{8}$ mです

実際に紙テープを8等分して切り，重ねて同じ大きさであることを確かめる。

4 分数で表した大きさを確かめよう

ワークシート3の問題を活用する。

T　色が塗ってある部分はそれぞれ何 m といえばいいですか。分数で表しましょう。

3つに分けた1つ分だから $\frac{1}{3}$ m

塗ってあるところが端じゃないけど，これも1つ分だから $\frac{1}{4}$ m

いくつに分けてあるかがわかれば答えられるね

C　1 mを同じ長さに5つに分けた1つ分は $\frac{1}{5}$ mというのかな。「○分の 1」の○には，ほかにもいろいろな数字が入りそうだね。

学習のまとめをする。

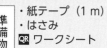

第4時
倍と分数

本時の目標　2つの数量の関係から，倍や分数の意味を理解する。

板書例

テープの 長さを くらべよう

1

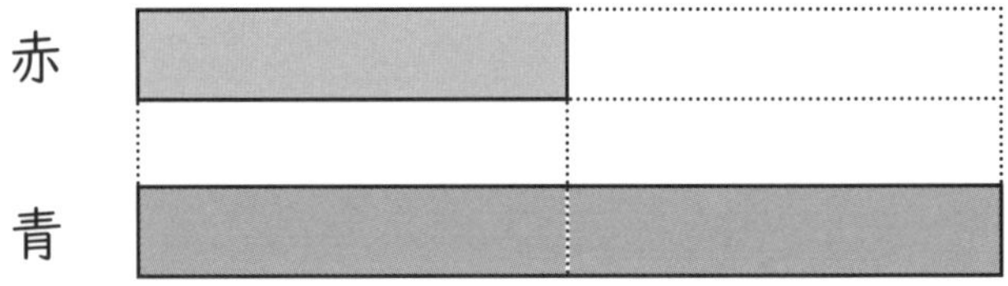

青の 長さは 赤の 長さの
何ばいですか

青は 赤の 2つ分
2ばい

2

赤の 長さは 青の 長さの
何分の 1 ですか

赤は 青の 半分
$\frac{1}{2}$

POINT　本時も，実際にテープを提示して「倍と分数」の関係を視覚的に表します。

1　2本のテープの長さを比べよう

赤色の紙テープ（30cm）と青色の紙テープ（60cm）を黒板に並べて提示する。

T　青色のテープの長さは，赤色のテープの長さの何倍ですか。

C　倍の問題は，かけ算で勉強したね。

C　青の長さが，赤の長さのいくつ分かを考えたらいいね。紙テープを動かして2つ分であることを確かめる。

青の長さは，赤の長さの2つ分になっています
2つ分ということは，青の長さは，赤の長さの2倍ということだね

ワークシートが活用できる。

2　赤のテープの長さは，青のテープの長さの何分の1といえますか

青は赤の2つ分ということは，赤は青の半分の長さだね
半分の大きさのことを，分数では $\frac{1}{2}$ で表したよ

青色のテープを半分に折り，赤色のテープと同じ長さになることを確かめる。

C　赤の長さは，青の長さを2つに分けた1つ分の長さになります。

T　赤の長さは，青の長さの $\frac{1}{2}$ になります。

赤と青のどちらをもとにするかで悩む子どもも多い。2本のテープを並べて，青の長さが，もとにする大きさであることをはっきりと示す。

準備物
・紙テープ（赤色，青色）
・はさみ
QR ワークシート

ICT
2本のテープを並べた画像を児童用端末に配信しておく。2つの数量関係から倍や分数の関係の意味理解と習熟を図ることができる。

3

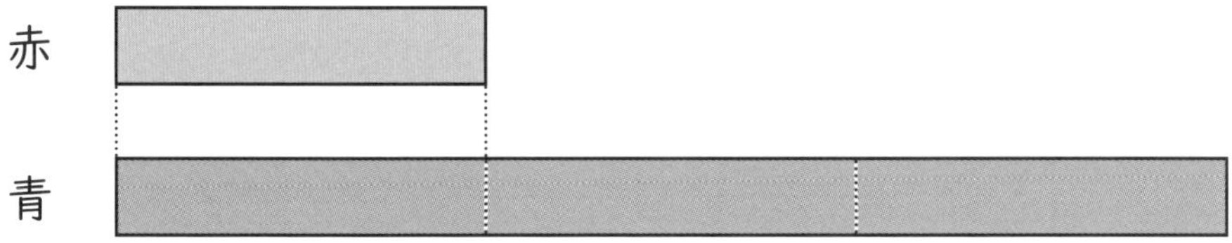
赤
青

4

青の 長さは 赤の 長さの（3）ばい

赤の 長さは 青 の長さの $\left(\frac{1}{3}\right)$

青を もとに する 大きさと する

3 2本のテープを比べよう

赤色の紙テープ（20cm）と青色のテープ（60cm）を黒板に並べて提示する。

T　青色のテープの長さは，赤色のテープの長さの何倍ですか。

C　青は，赤の3つ分の長さだから，青は赤の3倍です。3つ分であることを確かめる。

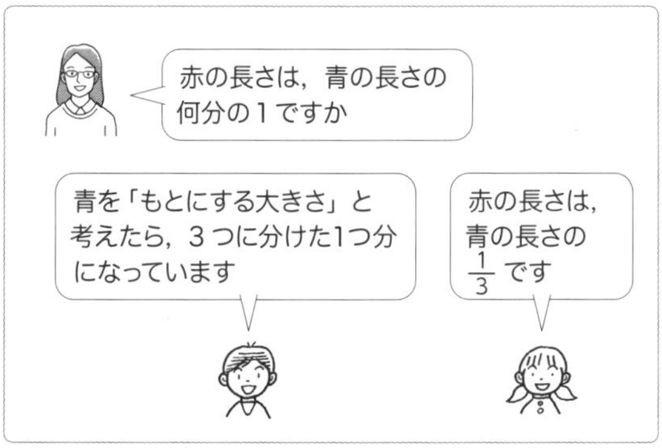
赤の長さは，青の長さの何分の1ですか
青を「もとにする大きさ」と考えたら，3つに分けた1つ分になっています
赤の長さは，青の長さの $\frac{1}{3}$ です

青色のテープを3等分して，赤色のテープと同じ長さになることを確かめる。

4 倍と分数の関係をまとめよう

C　青の長さは，赤の長さの何倍で，赤の長さは，青の長さの何分の1になるのか…。

T　ノートに2つの長さの関係をまとめておきましょう。

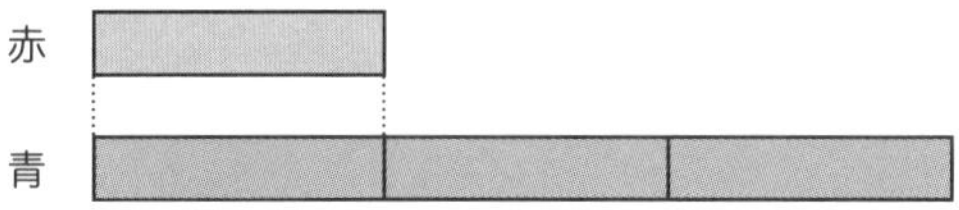
赤
青

青の長さは 赤の長さの　（3）ばい

赤の長さは 青の長さの　$\left(\frac{1}{3}\right)$

学習のまとめをする。

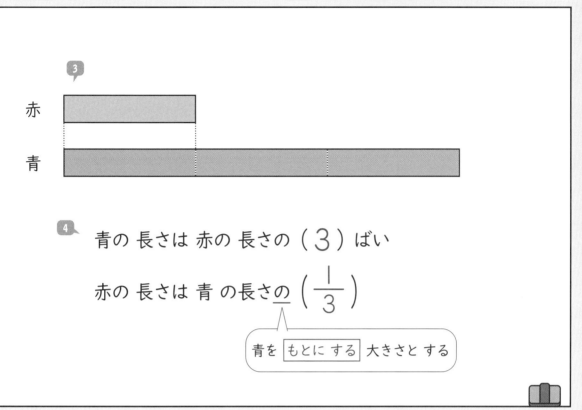

はこの形

全授業時数４時間

◎ 学習にあたって ◎

<この単元で大切にしたいこと>

図形を扱う単元では，学習する学年や図形は違っても，下のような学習のねらいは共通します。

① 観察や分類を通して図形を定義すること
② 図形を弁別すること
③ 図形の性質を調べること
④ 図形を構成したり，作図すること

本単元では，以下の内容を指導することになります。

❶ 箱（直方体）を構成する要素（面の数・辺の数・頂点の数・面の形は長方形と正方形）
❷ さいころ（立方体）を構成する要素（面の数・辺の数・頂点の数・面の形は正方形）
❸ 箱の形には，形も大きさも等しい面（向かい合った面）がある。
❹ 切り開いてできた平らな形（展開図）で，面の位置関係を読み取ることができる。
❺ 切り開いてできた平らな形を見て，どんな箱ができるか判断できる。

<数学的見方考え方と操作活動>

箱の面を写し取った長方形や正方形の形も大きさも等しい面に同じ色を塗り，それぞれの面の位置関係を視覚的にとらえられるようにします。

また，辺・頂点の指導にあたっては，棒や粘土玉で実際に直方体や立方体を作るとともに同じ形の箱（直方体・立方体）を用意して，相互の関係が理解できるようにします。

<個別最適な学び・協働的な学びのために>

形も大きさも等しい面に同じ色を塗って面を色分けすることで，児童が同じ色の面が向き合っていることを発見し，自分たちの言葉で面の位置関係をまとめることができます。

６つの面の様々な並べ方を工夫した展開図を発表し合い，面の位置関係のきまりについての学びを深めます。辺・頂点・面については，実物を通して学びを確かめます。

◎ 評　価 ◎

知識および技能	箱の形をしたものの構成要素について理解し，箱の面の形を紙に写し取り，その面をつなぎ合わせて展開図を作ったり，棒などを用いて箱の形を構成したりできる。
思考力，判断力，表現力等	面，辺，頂点などの構成要素に着目して，箱の形の特徴をとらえることができる。
主体的に学習に取り組む態度	身のまわりにあるものの形の中から，箱の形をしたものに関心をもち，その形の特徴を調べようとする。

◎ 指導計画　4 時間 ◎

時	題	目　標
1	箱の面	箱の形を構成する面の形や数を理解する。
2・3	箱を作る	直方体や立方体の箱を組み立てることができる。
4	箱の辺と頂点	ひごと粘土玉で箱の形を作り，箱の辺と頂点の数や特徴を調べる。

第1時 箱の面

本時の目標　箱を構成する面の形や数を理解する。

板書例

はこの 面を しらべよう

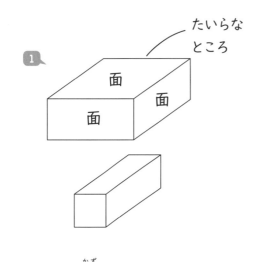

1

たいらなところ

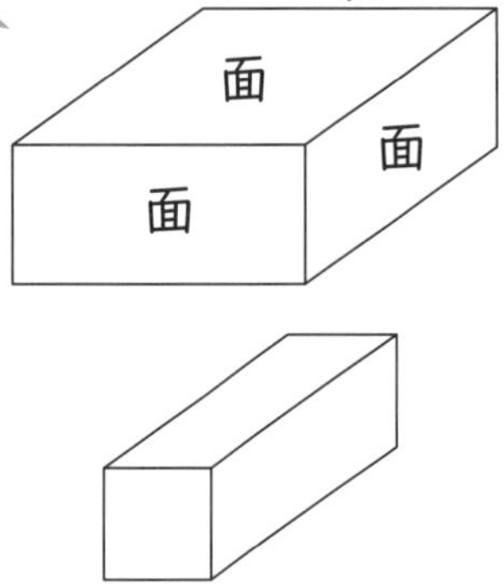

面の数　6つ

面の形　長方形や 正方形

2

はこの 面を うつしとろう

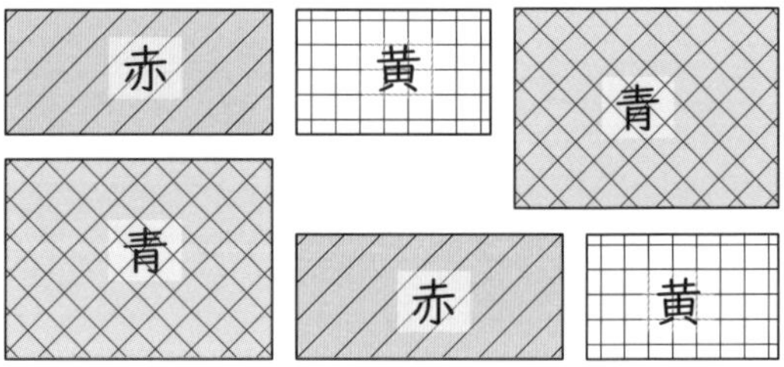

3

同じ 形の 面は　2つずつ

3しゅるい

POINT 切り取った長方形（箱の面）に色を塗ると，箱の6つの面のきまりがよくわかります。

1 箱の面の数と形を調べよう

教師が準備しておいた様々な形の直方体の箱を班に配る。

T　箱の平らなところを「面」といいます。箱には面がいくつあって，どんな形をしているか調べましょう。

面の数は6つだ
面の形はどれも長方形になっているよ
こっちの箱は正方形の面もあるよ

ほかの班と箱を交換して，何個か調べる。ノートにまとめておき，調べた結果を発表する。

どの箱も面が6つで，形は長方形か正方形であることを確認する。

2 箱の面の形を画用紙に写し取ろう

児童に石鹸箱のような6面が長方形の小さな箱を持って来るよう伝えておく。

ここでは，面の形が3種類で，すべて長方形の箱で調べる活動をする。

T　箱の6つの面を画用紙に写し取りましょう。同じ面を2回写さないように印をつけておきましょう。

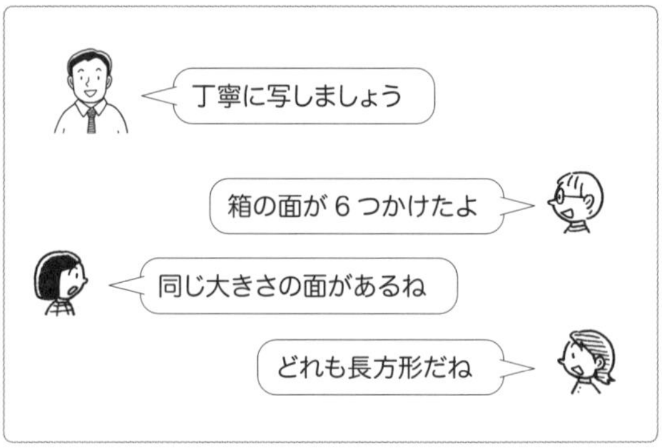

準備物	・直方体の箱（数種類）　・画用紙（児童数） ・６面が長方形の箱（児童持参）　・はさみ ・色鉛筆　・のり（またはセロハンテープ） QR 画像「箱の面を調べよう」

ICT	画像「はこの面を調べよう」を使用すれば，はこの面が６つで，向かい合った面の形は同じ形であることが理解できる。

4

もとの はこに はって みよう

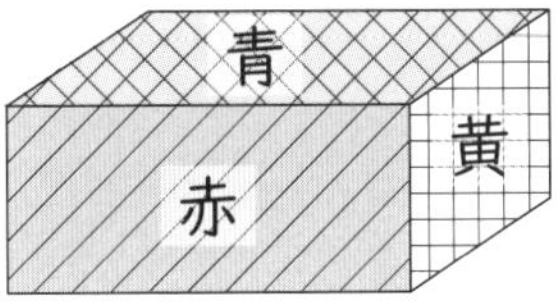

むかいあった 面が 同じ 色（いろ）

むかいあった 面は 同じ 形

はこの 面は，
長方形や 正方形で，
ぜんぶで ６つ ある。
むかいあった 面は
同じ 形で ある。

3 写し取った面を切り取って，形や大きさを比べよう

T　写し取った６つの面を丁寧にはさみで切り取りましょう。

C　やっぱり，同じ大きさの面があるよ。重ね合わせたらぴったりだ。

同じ形の面（長方形）に同じ色を塗りましょう
同じ形の面は２つずつで，３種類ありました
赤と青と黄色の３つの色に塗り分けたよ

C　私も，２つずつ３種類になりました。

QR 画像「はこの面を調べよう」を活用して，理解を深めることができる。

4 切り取った６つの長方形をもとの箱に貼ってみよう

違う面に貼らないように１枚ずつ確認して，対応する面にのりで貼っていく。

T　もとの箱に貼って，何か気づいたことはありますか。

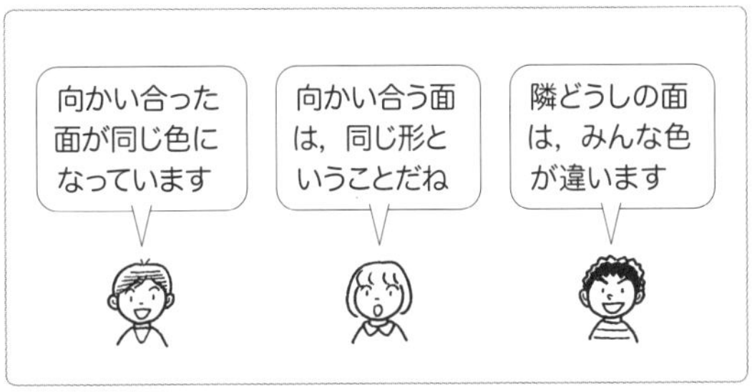

向かい合った面が同じ色になっています
向かい合う面は，同じ形ということだね
隣どうしの面は，みんな色が違います

C　私の調べた箱も同じで，向かい合う面が同じ色になりました。

違う形，大きさの箱でも，すべて同じ特徴を持つことをまとめる。

学習のまとめをする。

第2・3時

箱を作る

本時の目標　直方体や立方体の箱を組み立てることができる。

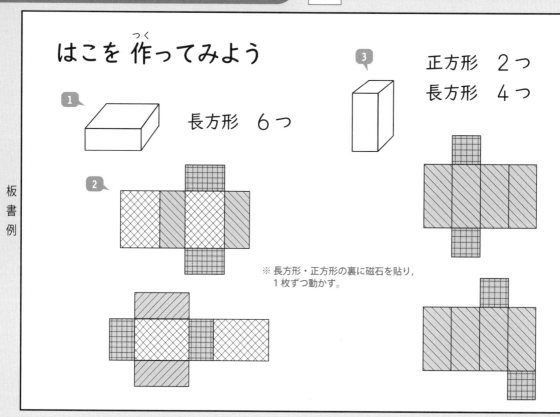

板書例

はこを 作(つく)ってみよう

1

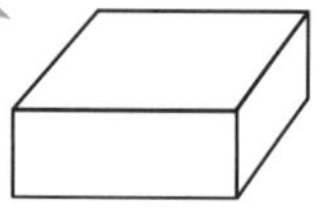

長方形　６つ

2

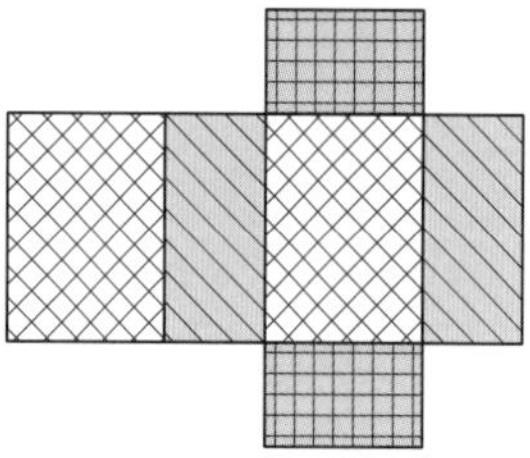

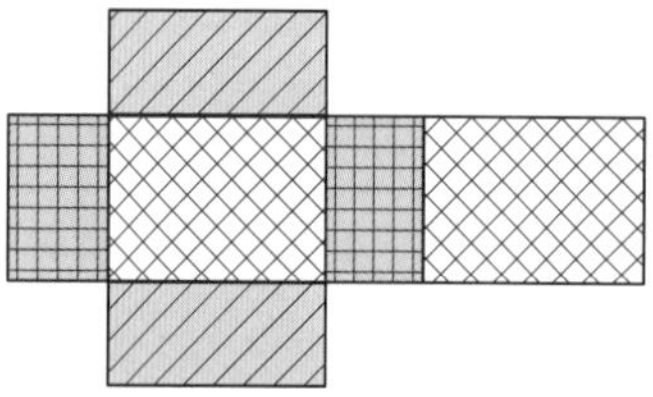

※ 長方形・正方形の裏に磁石を貼り，
　1枚ずつ動かす。

3

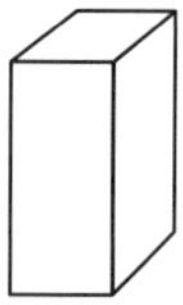

正方形　２つ
長方形　４つ

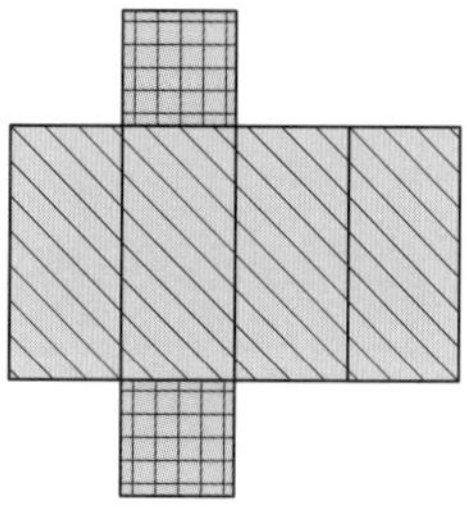

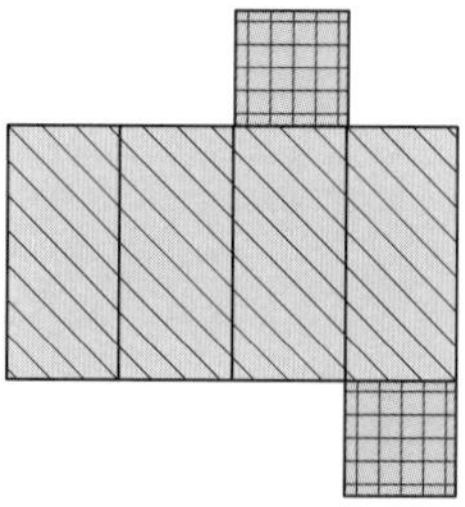

POINT　同じ形の面に同じ色を塗ると，並べ方のきまりを説明しやすくなります。

1 箱の面の形を切り取って，同じ形の面に同じ色を塗ろう

作業用プリント（長方形６つ）を画用紙に印刷したものを児童に配る。できれば，実際の直方体の積み木の面を写し取ったものがよい。

T　これは，この積み木の面の形を写し取ったものです。６つの面を切り取って，同じ形の面に同じ色を塗りましょう。

同じ形の面は２つずつだったね
これも同じ面が２つずつで，３種類あるよ
赤が2枚，青が2枚，黄色が2枚できました

T　この６枚の面をつなぎ合わせて箱を作ります。どんなふうにつなぎ合わせたらいいか考えましょう。

2 箱になるように６つの面を並べてみよう

もとになった積み木を見せてヒントとする。

T　テープでつないで組み立ててみましょう。箱になるでしょうか。

しばらく作業時間を取る。

T　できた人は，みんなに組み立てるコツを教えてください。

前の時間に箱の面を調べたとき，隣どうしの面は違う色になっていたね
同じ長さのところを合わせてつないだよ

C　ほかの並べ方もできないか考えてみよう。

考えた並べ方を黒板で児童が発表する。

準備物	・直方体の積み木または模型図（2種類）　・画用紙 ・はさみ　　・色鉛筆　　・メンディングテープ QR 作業用プリント　QR 資料「立方体の展開図」 QR 画像「はこの面を調べよう」　QR ワークシート	ICT	11 種類の並べ方と誤った並べ方を含んだ問題をフラッシュコンテンツで提示する。どういう並び方ならばこの形になるのか理解を深めることにつながる。

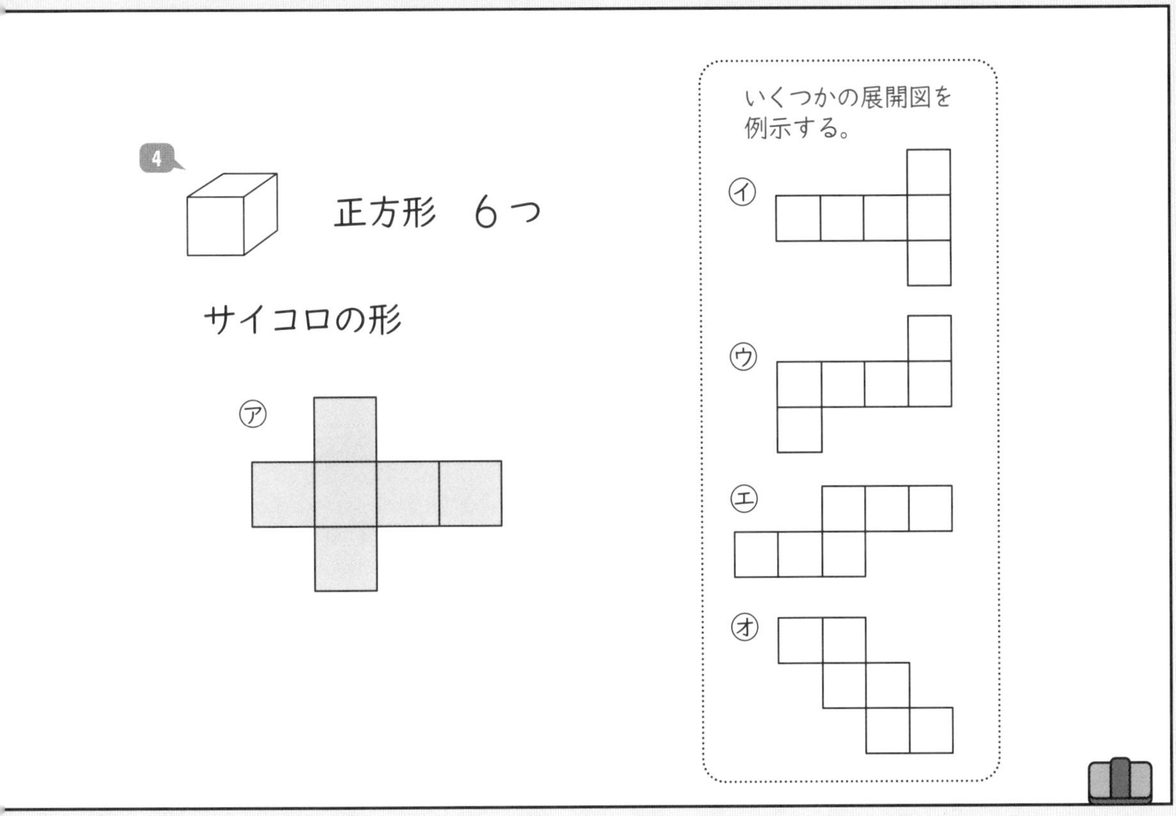

3 正方形と長方形の面をつなげて箱を作ってみよう

作業用プリント（正方形２つと長方形４つ）を画用紙に印刷したものを児童に配る。展開１と同じように切り取って，同じ形の面に同じ色を塗る。

C　今度は，正方形が入っているよ。

C　４つの長方形の面は全部同じ形です。

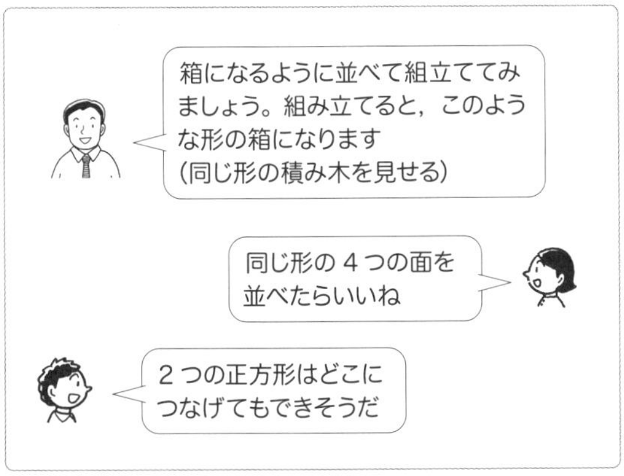

考えた並べ方を黒板で児童が発表する。

4 ６つの正方形の面をつなげて箱を作ってみよう

作業用プリント（正方形６つ）を画用紙に印刷したものを児童に配る。展開１と同じように切り取る。

C　全て正方形だね。組み立てたら，サイコロのような形になるのかな。

T　この箱の作り方は 11 種類あります。

QR「立体の展開図」参照

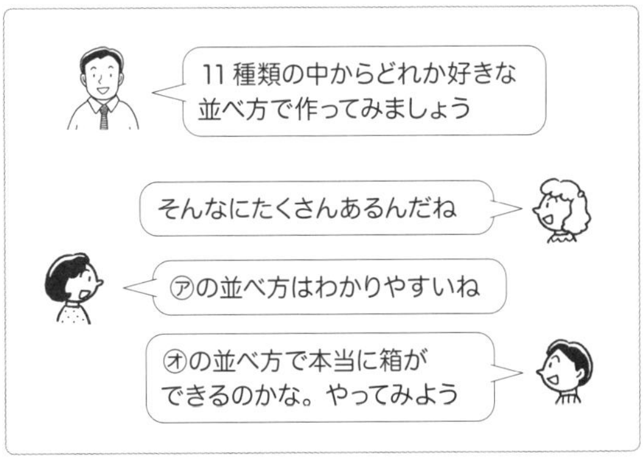

㋐の並べ方を全体で確認した後，違う並べ方にチャレンジしてみる。学習のまとめをする。ワークシートも活用する。

第4時
箱の辺と頂点

本時の目標　ひごと粘土玉で箱の形を作り，箱の辺と頂点の数や特徴を調べる。

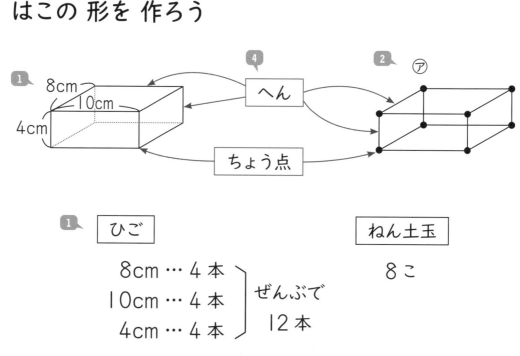

板書例

はこの 形(かたち)を 作(つく)ろう

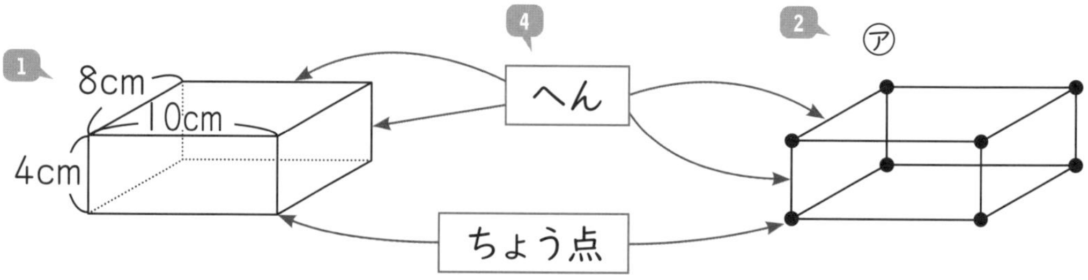

1 ひご

8cm … 4 本
10cm … 4 本
4cm … 4 本
ぜんぶで 12 本

ねん土玉

8 こ

POINT ひごと粘土玉で作る箱の形（直方体や立方体）と同じ形の箱を準備します。2つを比べながら説明することで，辺と頂点が

1 ひごと粘土玉は，それぞれいくついるか考えよう

T　この箱の形を，ひごと粘土玉を使って作ってみます。直方体の箱を見せ，縦 8 cm，横 10cm，高さ 4 cm の直方体の見取図を提示する。

T　材料は，8 cm，10cm，4 cm のひごと粘土玉です。

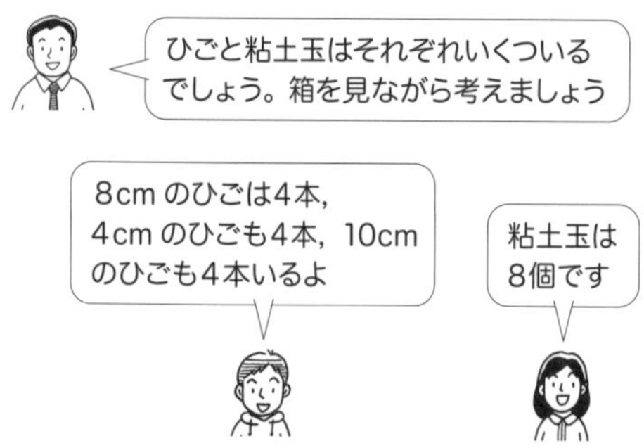

ひごと粘土玉はそれぞれいくついるでしょう。箱を見ながら考えましょう
8cm のひごは4本，4cm のひごも4本，10cm のひごも4本いるよ
粘土玉は8個です

C　ひごは全部で 12 本だね。

ワークシートも活用できる。

2 ひごと粘土玉を使って箱の形を作ってみよう

児童に，ひご（4cm × 4 本，8cm × 4 本，10cm × 4 本）と粘土を配る。粘土玉は，各自で作る。大きさが異なると辺の長さも変わるため，およその大きさを示しておく。ペアで活動してもよい。

T　箱や図を見ながら組み立てていきましょう。

粘土玉で，ひごをつないでいくよ。ひごの長さが3種類あるから，間違えないように組み立てないといけないね
あれ?ひごが斜めになっているよ。長さが間違っているね

ひごと粘土玉の図（㋐）も提示して，辺（ひご）の長さを確認する。

準備物	・ひご　・粘土　・直方体や立方体の箱 ・ひごと粘土玉の箱の形（教師用） QR ワークシート QR ふりかえりシート

ICT	デジタルコンテンツを活用して，辺や頂点，面といった学習用語を押さえる。また，面が６つ，辺が 12 本，頂点が８つあるなどの習熟を図る。

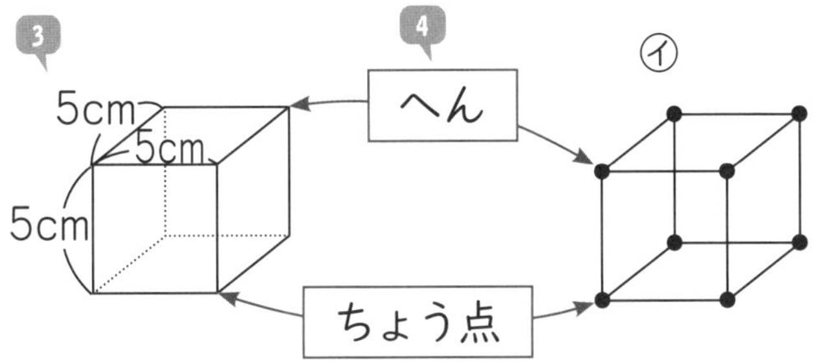

ひご

5cm … 12 本

ねん土玉

8 こ

4

はこの 形には
面（めん）が 6 つ，へんが 12，ちょう点が 8 つ あります。

わかりやすくなります。

3 ひごと粘土玉を使ってサイコロの形を作ってみよう

立方体の箱を見せ，１辺５cm の立方体の見取図を提示する。

T　材料のひごと粘土玉はそれぞれいくついりますか。

C　ひごは，全部同じ長さでいいね。

C　5cm のひごが 12 本と，粘土玉が８個いります。

作業時間を取る。ひごと粘土玉の図（㋑）も提示する。

4 箱の形の名前を覚えよう

ひごと粘土玉で作った箱の形を見せながら説明する。

T　このひごのところを辺といい，粘土玉のところを頂点といいます。

同じ形をした箱を見せ，辺と頂点の場所を示す。
立方体の形をした箱でも説明する。

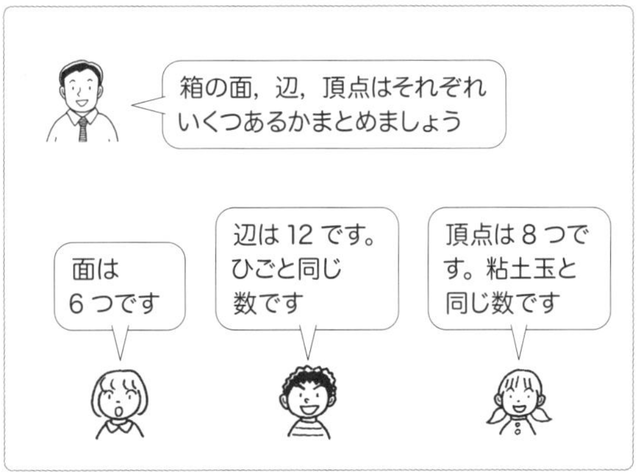

学習のまとめをする。
ふりかえりシートも活用する。

絵カード見本

◆ **複製，転載，再販売について**

本書およびデジタルコンテンツは著作権法によって守られています。

個人使用・教育目的などの著作権法の例外にあたる利用以外は無断で複製することは禁じられています。

第三者に譲渡・販売・頒布（インターネットなどを通じた提供・SNS 等でのシェア・WEB 上での公開含む）することや，営利目的に使用することはできません。

本書デジタルコンテンツのダウンロードに関連する操作により生じた損害, 障害, 被害, その他いかなる事態についても著者及び弊社は一切の責任を負いません。

ご不明な場合は小社までお問い合わせください。

【企画・編集】

原田 善造　　わかる喜び学ぶ楽しさを創造する教育研究所　著作研究責任者
新川 雄也　　元愛媛県公立小学校教諭

【ICT 欄執筆】

田中 稔也　　神戸市立小寺小学校教諭
南山 拓也　　西宮市立南甲子園小学校教諭
松森 靖行　　高槻市立清水小学校教諭　　※ 2024 年 3 月現在

旧版『喜楽研の DVD つき授業シリーズ 新版 全授業の板書例と展開がわかる DVD からすぐ使える　映像で見せられる　まるごと授業算数 2 年』（2020 年刊）

【監修者・著者】

石原 清貴　板垣 賢二　市川 良　新川 雄也　原田 善造　福田 純一　和気 政司

【授業動画】

石原 清貴　板垣 賢二

【撮影協力】

井本 彰

【発行にあたりご指導・ご助言を頂いた先生】

大谷 陽子

喜楽研の QR コードつき授業シリーズ

改訂新版　板書と授業展開がよくわかる

まるごと授業　算数　2 年（下）

2024 年 4 月 2 日　　第 1 刷発行

イ ラ ス ト：山口 亜耶
企画・編集：原田 善造　新川 雄也（他 5 名）
編　　　集：わかる喜び学ぶ楽しさを創造する教育研究所　桂 真紀

発　行　者：岸本 なおこ
発　行　所：喜楽研（わかる喜び学ぶ楽しさを創造する教育研究所：略称）
〒 604-0854　京都府京都市中京区二条通東洞院西入仁王門町 26 - 1
TEL 075-213-7701　FAX 075-213-7706
HP https://www.kirakuken.co.jp
印　　　刷：株式会社イチダ写真製版

ISBN：978-4-86277-472-9　　Printed in Japan